Georges Cuvier:
do estudo dos fósseis à paleontologia

Georges Cuvier:
do estudo dos fósseis
à paleontologia

Felipe Faria

editora 34

São Paulo, 2012

Projeto editorial: Associação Filosófica Scientiæ Studia
Direção editorial: Pablo Rubén Mariconda e Sylvia Gemignani Garcia
Projeto gráfico e capa: Camila Mesquita
Editoração: Guilherme Rodrigues Neto
Revisão: Beatriz de Freitas Moreira

Serviço de Biblioteca e Documentação da FFLCH-USP

F224
Faria, Felipe
  Georges Cuvier: do estudo dos fósseis à paleontologia /
Felipe Faria; prefácio de Gustavo Caponi. – São Paulo : Asso-
ciação Filosófica Scientia Studia : Editora 34, 2012 (1ª edição).
272 p. (Coleção História da Ciência).

  ISBN 978-85-61260-06-4 (Associação Scientiæ Studia)
  ISBN 978-85-7326-487-6 (Editora 34)

1. História da ciência. 2. Biologia - história. 3. Paleontologia.
4. Fósseis. 5. Cuvier, Georges 1769-1832. 6. Caponi, Gustavo.
I. Título. II. Título: Georges Cuvier: do estudo dos fósseis à
paleontologia. III. Série.

                                        CDD 560

Associação Filosófica Scientiæ Studia
Rua Santa Rosa Júnior, 83/102
05579-010 • São Paulo • SP
Tel./Fax: (11) 3726-4435
www.scientiaestudia.org.br

editora■34
Rua Hungria, 592
01455-000 • São Paulo • SP
Tel./Fax: (11) 3816-6777
www.editora34.com.br

Para Simone

Sumário

Georges Cuvier
(1769-1832)

Prefácio

Thomas Kuhn teria gostado de ler este livro de Felipe Faria. Nele, tanto a constituição e a consolidação da paleontologia, quanto a sua transformação no que hoje entendemos por esse campo de estudos são narradas e analisadas segundo o padrão de conformação e desenvolvimento da ciência delineado em *A estrutura das revoluções científicas*. É claro, entretanto, que Felipe Faria procurou, e conseguiu realizar, algo muito mais ambicioso e relevante do que um mero exercício de historiografia kuhniana. Ele simplesmente se valeu dela para dar uma estrutura inteligível ao devir da paleontologia, desde sua constituição nos inícios do século xix, até sua transformação no período que segue à revolução darwiniana.

Em meio século, a paleontologia percorreu um caminho análogo àquele que as disciplinas estudadas por Kuhn percorreram em dois ou três séculos; e eis aí que aparece, e ganha relevo, a imponente figura de Georges Cuvier, o inevitável protagonista principal da obra de Faria. Antes de Cuvier e suas primeiras aplicações dos métodos da anatomia comparada ao estudo dos fósseis, que ocorreram nos últimos anos do século xviii e primeiras décadas do século xix, a paleontologia definitivamente inexistia. Os fósseis eram evidentemente conhecidos e, em geral, ao fim do século xviii, aceitava-se sua origem orgânica. Tudo isso é mostrado muito bem pelo autor. Mas, como ele também mostra, os naturalistas não sabiam ainda o que fazer com essas relíquias, nem ousavam integrá-las ao grande inventário da natureza, cuja construção, a partir de Lineu, converteu-se no principal programa da história natural. Em geral, os fósseis só eram oportunidade de especulações, e amiúde eram citados, como tinha feito Buffon, para justificar as mais arriscadas conjecturas sobre uma hipotética história da natureza.

Porém, com Cuvier, toda essa liberdade de conjecturar e de imaginar acabou. Ele estabeleceu as bases, permitindo ver a viabilidade e a fertilidade, de uma nova tarefa, na qual todos os naturalistas podiam engajar-se e colaborar de forma articulada: a *determinação* de fósseis, isto é, a sua reconstrução e classificação. Mostrando como os restos desses seres extintos podiam ser estudados por meio dos mesmos métodos da anatomia comparada que se aplicavam aos seres atuais, métodos para cujo desenvolvimento e padronização ele mesmo tinha feito contribuições definitivas e indisputáveis, Cuvier deu indicações suficientes, e muito claras, de como as *leis das correlações dos órgãos*, válidas para os seres atuais, podiam aplicar-se na reconstrução desses organismos dos quais ficavam somente fragmentos mais ou menos incompletos. Como resultado dessa reconstrução, tais seres podiam ser incorporados nas coordenadas taxonômicas que também já regiam a classificação dos seres atuais.

Alheio a qualquer teorização transformista, Cuvier concebeu a paleontologia como uma ciência da organização e não como uma ciência histórica, tal como nós, darwinianos, o fazemos hoje. Em chave cuvieriana, *determinar* um fóssil era estabelecer que tipo de organismo tinha sido aquele ser agora extinto: mamífero ou réptil, animal herbívoro ou carnívoro, de vida aquática ou terrestre. Mas isso, que agora poderia parecer-nos pouca coisa, significou um gigantesco, e bem consolidado, avanço no conhecimento e compreensão dos seres organizados, cujo passado, conforme Cuvier, podia e devia ser iluminado com as mesmas luzes que iluminavam seu presente. O que valia para os seres vivos atuais devia valer também para os já desaparecidos. Foi assim que aquilo que antes era só motivo de especulação, e até de fabulação, transformou-se em campo de pesquisas empíricas mutuamente articuláveis e controláveis. Pesquisas cujos resultados, ademais, eram acumuláveis. Cuvier estabeleceu os exemplares de uma atividade na qual muitos podiam engajar-se, e, como mostra Faria, também trabalhou, insistente e exitosamente, para que isso assim acontecesse.

Em seu trabalho teórico, Cuvier assentou os primeiros exemplares, e também as bases metodológicas e os objetivos cognitivos da primeira paleontologia; e, como também era grande estrategista e administrador, tampouco deixou de arregimentar em comunidade naturalistas "menores" que deviam trabalhar na edificação da catedral, cujos planos e alicerces ele tinha delineado. Cuvier sabia que uma ciência não fala em primeira pessoa do singular. Por isso, promoveu a articulação da comunidade que seria o sujeito da nova ciência; e ele mostrou como essa comunidade podia e devia trabalhar na base de métodos unificados e com objetivos compartilhados. Foi, entretanto, pelo trabalho da própria comunidade, e pela legitimidade e mútuo apoio que seus resultados podiam conquistar, que, em pouco tempo, começaram a surgir dados que não se encaixavam muito bem no quadro teórico inicialmente previsto por Cuvier.

Os fósseis falavam − e, graças aos métodos cuvierianos, faziam-no com clareza − de uma sucessão temporal de faunas e floras, na qual o próprio homem estava envolvido. E essa progressão não tinha como ser encaixada dentro das coordenadas da história natural na qual essa primeira paleontologia estava inserida. As anomalias não demoraram a aparecer, e elas, como Felipe Faria também aponta, só puderam ser incorporadas dentro de um quadro teórico coerente quando a paleontologia viu-se revolucionada e cooptada pela nascente biologia evolucionaria. Com esta, a ciência fundada por Cuvier mudou radicalmente seus objetivos cognitivos. Atropelada pela revolução darwiniana, que convulsionou todo o campo da história natural, a paleontologia, como também a anatomia comparada, deixou de ser uma ciência da organização e transformou-se em ciência histórica. A partir daí, um fóssil já não seria um simples quebra-cabeça organizacional. Sem deixar de ser isso, porque nunca poderia deixar de sê-lo, um fóssil passou a ser, fundamentalmente, uma peça dentro do quebra-cabeça maior da genealogia. Uma peça a ser devidamente colocada nessa árvore da vida em cuja reconstrução toda a história natural engajou-se depois do advento do darwinismo. Ainda assim, para conseguir isso, a aplicação dos métodos cuvierianos continuaria sendo um recurso imprescindível.

Articulação cuvieriana, consolidação, crise e reformulação darwiniana da paleontologia: eis aí a história que a bem documentada obra de Faria reconstrói e permite fazer compreender com detalhe e rigor.

Gustavo Caponi

Agradecimentos

O autor agradece ao Conselho Nacional de Desenvolvimento Científico e Tecnológico (CNPq), e a Sociedade Brasileira de Paleontologia, pelo apoio financeiro que resultou na publicação desta obra. Agradece também a Gustavo Caponi, por compartilhar as ideias e pelo incentivo e atitudes exemplares, que sempre o orientarão em sua vida acadêmica. Agradece ainda a Jerzy Brzozowski, João Francisco Botelho e demais membros do Grupo Fritz Müller-Desterro de Estudos em Filosofia e História da Biologia pelas sugestões e discussões, que enriqueceram seus conhecimentos sobre a filosofia e a história da biologia. Agradece, por fim, a Simone Maidel por todo o apoio dado e pelos seus primorosos registros fotográficos dos fósseis, esculturas e monumentos relacionados a Georges Cuvier.

Introdução

"Não é o senhor Cuvier o maior poeta de nosso século?"

Com este questionamento, Honoré de Balzac lança o leitor de seu livro *La peau de Chagrin* (*A pele de jumento*), de 1831, em um universo de mundos desaparecidos. Georges Cuvier (1769-1832) é citado quando Balzac discorre sobre o abatimento que produz nos filósofos a visão científica das criações desconhecidas. Aspectos temporais e de continuidade biológica, levantados pelos trabalhos de Cuvier, seriam responsáveis por um questionamento do protagonista sobre a humanidade, a vida e a morte (cf. Balzac, 1833, p. 73-4).

Possibilitadas pelos métodos e o programa de pesquisa de Cuvier, as reconstruções paleontológicas puderam trazer à luz criaturas e mundos até então inimagináveis. Como seria de esperar, o mundo científico e até mesmo os poetas não perderiam tempo em utilizar as inspirações que aquele conhecimento científico possibilitava. Um conhecimento que era evidenciado como importante na obra de Balzac, não só por sua indagação, mas também por sua referência a outro naturalista francês, que no século XVI já havia tratado do tema dos fósseis. Bernard Palissy (1510-1590) é citado na mesma obra como "o gênio das maravilhas em porcelana", e não como defensor, tal como o era, da hipótese de uma origem orgânica dos objetos petrificados semelhantes a animais e plantas, uma posição, de certo modo, avançada para sua época (cf. Balzac, 1833, p. 59).

Palissy produziu importantes trabalhos sobre os materiais que compunham as cerâmicas e porcelanas, e em decorrência desses estudos ele acabaria por interessar-se pelos fósseis, defendendo mais tarde que se originassem de organismos outrora vivos. Mas não só a defesa dessa ideia apontava para um avanço na interpretação da origem dos fósseis, como também requeria, para a história do globo terrestre, uma concepção de um passado muito mais extenso, em termos temporais, do que a aceita em sua época. Contudo, ele pertenceu a um momento da história do estudo dos fósseis em que não se havia formado nenhuma consonância sobre quais problemas, teorias, métodos e programas de pesquisa deveriam ser adotados para que os estudos produzissem dados que permitissem a compreensão dos fósseis enquanto fenômenos naturais.

É o período que o filósofo da ciência, Thomas Kuhn (1922--1996), define como pré-paradigmático ou pré-científico, onde várias hipóteses, teorias e escolas de pensamento competem pela adesão dos estudiosos envolvidos. Provavelmente em decorrência da falta de visibilidade gerada pelas discussões que se seguiram durante a vida de Palissy, Balzac não tenha percebido a relevância que Palissy poderia ter tido para o tipo de estudo que culminou com os trabalhos de Cuvier.

Thomas Kuhn defende que após um período como esse ocorre a instalação de um paradigma, definido por ele mesmo como "as realizações científicas universalmente reconhecidas, que durante algum tempo fornecem problemas modelares para uma comunidade de praticantes de uma ciência". Para esse autor, uma disciplina científica estará formada somente no momento em que um grupo de cientistas realizar suas investigações sob a orientação de um paradigma. Os resultados obtidos nos trabalhos da comunidade são compartilhados por ela e servem de inspiração para ulteriores pesquisas, fornecendo uma promessa de sucesso ao explicá-los. Essa promessa emana da própria capacidade de resolução dos problemas definidos implicitamente dentro daquele campo de pesquisas e contribui, desse modo, para a adesão de pesquisadores daquela área de estudos. É o período ao qual Kuhn denomina de ciência normal (Kuhn, 2003, p. 13, 30-1, 67-8 e 138).

Entretanto, deverá haver um momento em que esse paradigma não poderá responder aos questionamentos produzidos por um novo dado, ou informação, frequentemente produzido por uma descoberta, realizada pela própria comunidade ou mesmo por algum praticante externo a ela. Quando esse momento chegar, instala-se uma crise, na qual, nos mesmos moldes do período pré-paradigmático, várias escolas de pensamento passam a propor soluções teóricas e metodológicas diferentes e a concorrer para a adesão de um número crescente de estudiosos dispostos a resolver o novo problema. Na ocasião em que uma das soluções propostas receber a aceitação por parte da comunidade científica, começa a formar-se um novo paradigma que a partir de então passará a orientar os estudos dessa comunidade, a qual caminhará, desse modo, para a prática de mais um período de ciência normal.

Essa é a "estrutura das revoluções científicas" proposta por Kuhn em 1962 e que foi discutida ao longo de toda sua carreira por vários filósofos da ciência, tais como: Karl Popper, Paul Feyerabend, Larry Laudan, Imre Lakatos, Stephen Toulmin, dentre outros. Em tais discussões, tornou-se evidente que os outros modelos propostos para a compreensão do desenvolvimento de uma área científica (defendidos por filósofos como Popper, Laudan e Lakatos) não se centravam no desenvolvimento de uma disciplina científica, como fez Thomas Kuhn, mas sim na competição e convivência de teorias científicas dentro do âmbito de uma disciplina científica.

Tal abrangência pode ser um indicativo de que o modelo kuhniano de análise do desenvolvimento científico seja adequado para esclarecer em qual momento histórico o estudo dos fósseis, atualmente a cargo da paleontologia, passou a reunir os pressupostos que fizeram com que o conhecimento produzido em seu domínio recebesse aceitação da comunidade científica, confirmando assim, seu *status* científico atual. De qualquer forma, a aplicação do modelo kuhniano mostra-se também necessária, pois é difícil encontrarmos atualmente alguma discussão sobre o desenvolvimento científico em que as ideias de Thomas Kuhn não sejam invocadas. Para analisar como a paleontologia saiu de seu estágio pré-paradigmático e chegou aos dias de hoje, quando pode contar com farto arcabouço teórico e metodológico, a estrutura revolucionária de Thomas Kuhn pode auxiliar na compreensão desse processo histórico. Seu esquema bem definido permite a visualização nítida de determinadas etapas do processo histórico, mesmo que em outras essa nitidez não se faça tão pronunciada ou mesmo não exista. Independentemente da possibilidade de uma plena aplicação, os estágios em que a estrutura de Kuhn pode ser visualizada no estudo dos fósseis permitem demonstrar de que forma essa área de estudos desenvolveu-se ao longo do tempo.

Com a utilização do modelo kuhniano foi possível detectar o momento no qual o estudo dos fósseis reuniu as condições para produzir conhecimento aceito pela comunidade envolvida com aquele estudo e, portanto, validado cientificamente. Esse momento ocorre a partir da aceitação dos trabalhos de Georges Cuvier, que seria reforçado e continuado por uma comunidade científica formada por ele em torno de seus método e programa de pesquisa, cuja elaboração seria decorrente de seu grande objetivo cognitivo no âmbito da história natural, ou seja, atingir a compreensão das formas possíveis de organização corporal que ocorreram durante toda a história da Terra. Para cumpri-lo, Cuvier iniciaria seus estudos na área da anatomia comparada, os quais o levariam a trabalhar com os fósseis.

Desde o início, Cuvier sabia das dificuldades que iria encontrar ao adentrar um campo de estudos que necessitava de observações e coletas de campo, em áreas e estratos geológicos cada vez mais distantes e de difícil acesso. A solução para transpor tais dificuldades era a formação de uma rede de cooperação de trabalhos, nos moldes das que já existiam há muito tempo, mas que operavam em pequena escala. Em virtude da amplitude de suas pesquisas, Cuvier lutou para formar uma rede global de cooperação. E o termo global tem aqui um duplo sentido, pois ele também conseguiria formar uma rede de naturalistas que aderiram aos seus métodos e teoria, e que funcionaria como uma comunidade científica, nos moldes do que Kuhn defendeu, ou seja, na qual os julgamentos profissionais são relativamente unânimes. Com essa unanimidade, os trabalhos produzidos por Cuvier e pelos membros dessa comunidade científica fortaleciam, cada vez mais, o paradigma que se instalou no estudo dos fósseis, tornando esse campo de estudos a ciência da paleontologia.

Durante a instalação do paradigma, assim como depois, Cuvier utilizou diversos recursos que estavam à sua disposição. Além da aplicabilidade, precisão e proficuidade de seus métodos, que por si sós já serviam como fonte de convencimento para a adesão ao seu programa de pesquisa, ele utilizaria recursos retóricos como demonstrações públicas, dedicatórias às autoridades da ciência etc. Com essa estratégia, ele tencionava ampliar a rede de cooperação e, consequentemente, estabelecer uma comunidade científica aderida a suas ideias. Também utilizou algumas das posições administrativas que assumiu, em concomitância com sua carreira como historiador natural, para estabelecer contatos com naturalistas estrangeiros e visitar museus e gabinetes de história natural, localizados fora de Paris, quando realizava suas viagens de trabalho. Uma situação que alguns historiadores de nossa atualidade preferem inadequadamente descrever como uma utilização de sua autoridade no campo administrativo, objetivando uma imposição de suas ideias no campo científico. Porém, este não é o único estigma ao qual a imagem atual de Cuvier está inadequadamente vinculada. Criacionismo, literalismo bíblico, oposição ao evolucionismo são algumas doutrinas que lhe são imputadas. Distorções editoriais, modificações teóricas e até o simples desconhecimento do que o próprio Cuvier escreveu são causas a serem consideradas na tentativa de compreender como um personagem que primou pelo rigor científico newtoniano pode, ao mesmo tempo, ser vinculado a escolas de pensamento que se baseavam no que ele mais lutava para expurgar da ciência: a especulação.

O impacto de seus trabalhos e ideias teve evidentemente ressonância no campo da história natural, mas além da ciência, a percepção da condição humana também seria alterada em decorrência dos resultados de suas pesquisas. Um tempo profundo, ou seja, um passado pré-humano extremamente longo e, portanto, distante do presente, provocaria uma nova percepção do papel do homem no mundo natural. A visão dos mundos desaparecidos, que Cuvier fez ressurgir, deslocou a existência do homem para um pequeno intervalo de tempo no decorrer da história do globo. Com base no Gênese essa existência era praticamente coeva da criação da Terra. Antes de Cuvier, o mundo pré-adâmico era composto de uma narrativa instantânea, que metaforicamente remetia à ideia de apenas seis dias, mas após suas reconstruções paleontológicas, ficou difícil não perceber que essa cifra podia passar dos milhões de anos.

A aceitação de um tempo profundo para a história do globo terrestre também abriu espaço para que geólogos como Charles Lyell (1797-1875) pudessem pensar na possibilidade da compreensão da configuração geológica atual mediante a ocorrência, no passado, de processos físicos de ação lenta e gradual. Este gradualismo serviria também a diversas teorias transformistas, e posteriormente a teorias evolucionistas que, de acordo com a complexidade dos mecanismos operadores propostos, necessitavam de um grande intervalo de tempo para que os processos transformadores ocorressem. Processos que deixavam vestígios e que Cuvier interpretava como se fossem "documentos históricos". Eram os fósseis, que a partir de seus trabalhos podiam ser reconstruídos, apontando assim, para formas de organização corporal diferentes das atuais. Para ele, esses dados deveriam ser utilizados para compor um sistema de classificação taxonômica, porém, para os transformistas e, posteriormente, para os evolucionistas, eram dados que podiam ser utilizados na composição de sequências evolutivas. Charles Darwin (1809-1882) assim o faria.

Capítulo 1

O estudo dos fósseis

1.1 O SIGNIFICADO DOS FÓSSEIS

Evidentemente não podemos definir em que momento ocorreu o primeiro contato de um ser humano com um fóssil, mas sabidamente ocorreu ainda na pré-história humana. Algumas escavações em sítios arqueológicos da Europa produziram descobertas de inúmeros fósseis, possivelmente utilizados como utensílios, objetos de adorno ou em práticas de magia e rituais de sepultamento (cf. Gayrard-Valy, 1994, p. 12; Oakley, 1965, p. 10-6, 117). Tais formas de utilização, certamente indicam que de alguma maneira os homens pré-históricos atribuíam um valor extraordinário aos fósseis. Estes provavelmente despertaram a curiosidade humana, e sua consequente valorização, em função de sua raridade ou de sua semelhança com organismos vivos ou parte deles. Além desses fatores, sua textura e composições líticas seguramente também influenciaram os homens pré-históricos nessa ação valorativa (cf. Oakley, 1965, p. 9-10).

Esta valorização parece ter sido grande, pois tanto para a prática da magia, confecção de adornos ou em sepultamentos os objetos utilizados, geralmente são tratados como fetiche, como devem ter sido tratados os fósseis que foram descobertos indicando estarem associados àqueles tipos de práticas humanas. No caso dos objetos e fósseis utilizados na magia ou como adornos ou utensílios, essa indicação pode ser dificultada, pois eles podem ser encontrados isoladamente, sendo assim muito mais difícil estabelecer sua forma de utilização pelos homens pré-históricos e consequentemente verificar a possível valorização que lhes poderiam atribuir. Porém, no caso do sepultamento, essa valorização torna-se ainda mais evidente, devido a associação direta que os fósseis têm com o ser humano sepultado.

Além dessa associação, a maneira como os fósseis podem estar dispostos em relação ao esqueleto humano pode indicar uma prática ritualística, reforçando ainda mais a hipótese de uma atribuição de valor. A utilização dessa prática pôde ser verificada com o resultado de escavações feitas em sítios arqueológicos europeus como a *Grotta dei Fanciulli* (Gruta das crianças) em Grimaldi na Itália e *Dunstable Down* na Inglaterra. Nessas escavações foram descobertos esqueletos humanos circundados por fósseis de ouriços-do-mar e gastrópodes, respectivamente, os quais pelos padrões de disposição e perfuração indicam terem sido intencionalmente enterrados em conjunto com os despojos humanos, muito provavelmente cumprindo uma prática ritualística de sepultamento (cf. Oakley, 1965, p. 117).

Outro forte indício de valorização dos fósseis pode ser observado por meio da distribuição geográfica de alguns deles, encontrados em sítios arqueológicos de localidades distantes de seu mais provável local de origem. Gastrópodes fósseis eocênicos (54 a 33 milhões de anos atrás), endêmicos da região de Cherbourg no norte da França, foram encontrados em estratos gravetianos (por volta de 28.000 a 22.000 a.C.) de cavernas da região de Grimaldi no sul da Itália, assim como fósseis desse mesmo grupo, somente encontrados em estratos geológicos eocênicos da Ilha de Wight na Inglaterra, foram descobertos no sítio arqueológico magdaleniano (por volta de 17.000 a 10.000 a.C.) de Laugerie Basse, localizado na região da Dordogne no sudoeste francês. Procurando explicar como esses fósseis foram parar em locais tão distantes de sua origem, Keneth Oakley, em seu trabalho sobre o folclore envolvendo os objetos fossilizados desde a pré-história humana, propôs que eles devem ter sido trocados entre os povos habitantes dessas localidades longínquas, e que a troca acontecia em função da atribuição de alguma forma de valor àqueles fósseis (cf. Oakley, 1965, p. 11). Uma hipótese bem razoável, visto que as culturas às quais pertenciam esses homens pré-históricos já alcançavam um estágio de desenvolvimento avançado, expresso, por exemplo, em suas manifestações artísticas feitas por meio de esculturas, pintura, altos e baixos-relevos.

Esta e outras conclusões puderam ser elaboradas porque, mesmo sem estabelecer um meio formal para o registro de sua cultura, os grupos humanos pré-históricos deixaram registradas várias de suas manifestações culturais. Por meio dos produtos de sua atividade e de sua arte é possível interpretar, mesmo que de forma parcial, a relação que o homem desenvolveu com vários fenômenos naturais, inclusive com os fósseis. Mas ainda que parcial, essa interpretação já permite verificar que os fósseis despertaram uma valorização por parte dos homens pré-históricos, a qual, mesmo sendo modificada, perdura até os dias de hoje.

A partir do surgimento da escrita, a humanidade passou a registrar sua expressão cultural de uma forma mais concisa e duradoura e, assim, passou a assinalar com maior vigor para a posteridade sua compreensão do mundo e dos fenômenos que nele se desenrolam. O recurso gráfico permitiu uma interpretação mais apurada do fato histórico possibilitando, assim, uma compreensão mais fiel das reflexões humanas, até mesmo sobre os objetos fossilizados. Por meio do aumento de precisão nas interpretações, foi possível constatar a existência de uma continuidade de significados que os fósseis podiam ter para o homem antigo.

Os povos da Antiguidade frequentemente procuravam compreender a natureza e seus fenômenos por meio de suas mitologias e crendices, vinculando suas explicações ao desígnio dos deuses e divindades (cf. Aymard & Auboyer, 1993a, p. 37, 64-9, 76, 112). Era o que acontecia com vários fósseis de grandes animais como os mamutes, que frequentemente eram interpretados como sendo os despojos de gigantes mitológicos (cf. Oakley, 1965, p. 123; Mayor, 2000, p. 195-202, 211-4). Uma dessas interpretações ocorreu durante o período arcaico da civilização egeia (do séc. xxx a.C. ao séc. v a.C.), quando marinheiros da região da Acaia (Grécia) exploraram uma caverna no Monte Etna na Sicília (Itália), encontrando alguns ossos fossilizados de grandes dimensões. Entre eles havia um enorme crânio que apresentava uma abertura na fronte, muito semelhante à fenda única do olho de um gigante ciclope. Na verdade, tratava-se de um crânio fossilizado de um proboscídeo, provavelmente um mamute, que apresenta, em destaque na posição central, sua grande fenda nasal característica, que os marinheiros aqueus imaginaram ser a fenda orbital.[1] Séculos mais tarde o historiador grego Tucídides (460-400 a.C.) afirmou que esses ossos fossilizados teriam pertencido a Polífemo, o gigante ciclope que havia devorado alguns dos homens da tropa de Ulisses, e que teve seu único olho cegado pelo astuto grego no lendário poema de Homero (cf. Gayrard-Valy, 1994, p. 15-6).

Adrienne Mayor, ao discorrer sobre como os antigos gregos e romanos relacionavam-se com os fósseis, comenta que alguns historiadores constataram que uma das bases da formação dos mitos de gigantes e monstros colossais dessas culturas é o contato precoce que as civilizações helênicas tiveram com fósseis de grandes animais. Para tal conclusão, a

---

1 Proboscídeo: ordem de grandes quadrúpedes mamíferos, que inclui os elefantes viventes e as formas extintas, como, por exemplo, os mamutes, os mastodontes, e outras.

autora leva em consideração que a região da península do Peloponeso apresenta grandes extensões de rochas sedimentares, condição excelente para a ocorrência de afloramentos fossilíferos, e que os locais onde os mitos narram que os seres gigantescos foram destruídos coincidem com vários sítios paleontológicos do entorno do Mediterrâneo e do interior do continente europeu (cf. Mayor, 2000, p. 3-10).

Mas não só a mitologia era utilizada para explicar os fenômenos naturais, como, por exemplo, os fósseis. Com o advento de uma racionalidade em estreita relação com o acúmulo de conhecimentos proporcionado pela utilização da escrita, diversos pensadores da Antiguidade começaram a levantar hipóteses sobre a origem dos fósseis, elaboradas com base em causas naturais, da maneira como as entendiam.

Alguns deles percebiam os fósseis como se fossem originados por organismos vivos, principalmente aqueles que apresentavam uma maior semelhança com os viventes, tais como as conchas, peixes e vegetais fossilizados. Baseados nesta percepção, Pitágoras de Samos (c. 570-500 a.C.), Xenófanes de Cólofon (c. 560-470 a.C.) e Heródoto de Halicarnasso (c. 480-420 a.C.) chegaram, independentemente, à conclusão de que os fósseis de organismos marinhos, principalmente conchas fossilizadas, encontradas em localidades distantes da costa e/ou em locais elevados, atestavam que aqueles locais haviam sido no passado fundos de mar (cf. Mayor, 2000, p. 210-1, 264; Papavero et al., 2000, p. 76-8).

Mais tarde, Aristóteles (384-322 a.C.) tratou a questão da origem dos fósseis de peixes sem relacioná-la às mudanças na configuração geológica. Para ele os peixes fósseis eram o resultado da atividade em vida desses animais que, de algum modo, adentravam a terra através de fissuras e por lá permaneciam até serem transformados em rocha por "forças petrificantes" (cf. Papavero et al., 2000, p. 108-9). Seu substituto no Liceu, Teofrasto (372-287 a.C.), nascido no povoado de Éresos, próximo a vários afloramentos fossilíferos de vegetais, na ilha de Lesbos, na Grécia, seguramente discutiu questões relacionadas em trabalhos que foram sendo perdidos ao longo do tempo. Em seu tratado "sobre as pedras", ele se refere a uma raiz petrificada indiana, afirmando que ela "não seria muito diferente, em sua natureza, de um coral" (Teofrasto apud Caley & Richards, 1956, p. 5). Grande parte de suas conclusões sobre os fósseis chegaram até nós por meio dos trabalhos de outro pensador da Antiguidade, que abordaria o assunto citando as ideias de Teofrasto.

Em seu grande compêndio, o *Naturalis historiae* (*História natural*), o romano Plínio, o Velho (23-79 d.C.), cita que Teofrasto havia estabelecido que o "marfim fossilizado" poderia ser branco ou negro e que "pedras ósseas são ocasionalmente encontradas". Também cita que, no território espanhol, existiam rochas que, ao serem "partidas em pedaços", exibiam "impressões de folhas de palmeiras" (cf. Plínio, 1857, p. 358).

Após essas indicações, Plínio discorre sobre um tipo de fóssil, há muito tempo conhecido pelos antigos. Eram os dentes de tubarões fossilizados, que há séculos despertavam a curiosidade de diversos povos da Europa. Desejosos de esclarecer sua origem, eles imaginaram que esses fósseis, os *Glossopetrae*, não eram gerados na terra, onde se encontravam, mas tinham caído dos céus durante um eclipse lunar. Acreditavam que eles detinham propriedades mágicas, que seriam "extremamente necessárias para os propósitos da selenomância", mas seriam incapazes de "silenciar os ventos", como muitos acreditavam (cf. Plínio, 1857, p. 449-50).[2]

---

2 Selenomancia: arte ocultista que consiste em adivinhar acontecimentos futuros pela observação e interpretação dos movimentos e posições da Lua (cf. Houaiss, 2001).

Plínio afirma que muitos acreditavam que fósseis como os *Ostracites* (conchas bivalves fossilizadas) poderiam ser topicamente utilizados para o amaciamento da pele e, se misturados com mel, "eram curativos das dores e das ulcerações do mamilo", e ainda, se fossem ingeridos na forma de bebida, teriam a capacidade de cessar uma hemorragia (cf. Plínio, 1857, p. 360). As propriedades mágicas e curativas atribuídas a outro tipo de objeto fossilizado, o âmbar, também atraíram sua atenção. Na forma de amuleto, esse fóssil poderia curar delírios, problemas de micção e de garganta. Triturado e misturado com mel, curava doenças de ouvido e auxiliava no tratamento contra "o obscurecimento da vista". Mas essas propriedades curativas não eram o único ponto de interesse de Plínio sobre os fósseis. A questão da sua origem é discutida em quase todo o texto que trata dos âmbares, os quais Plínio defende serem resultado da solidificação de resinas de árvores, principalmente coníferas, que, nesse processo, poderiam aprisionar organismos, inclusive vertebrados (cf. Plínio, 1857, p. 397-404).

Apesar da precisão da explicação, é possível perceber que vários povos antigos ainda continuavam concebendo que os fósseis podiam conter poderes mágicos e, assim, prosseguiam atribuindo-lhes propriedades curativas. Essas crenças, assim como a relação mítica estabelecida entre os fósseis de grandes mamíferos e as lendas de dragões, grifos e outras criaturas monstruosas, permaneceram durante toda a Antiguidade, atravessando a Idade Média e estendendo-se por parte da modernidade.

Permaneciam também as interpretações naturalistas baseadas na atuação de "forças petrificadoras", que representariam uma espécie de força plástica atuante na natureza, das quais as celestiais seriam as mais poderosas, conforme a estrutura hierárquica neoplatônica. Durante os tempos medievais, tais princípios formativos – as "forças" – receberam novas abordagens e denominações (*vis plastica, virtus formativa, succus lapidescens, succus lapidificus, humor lapidescens, aura lapidifica, aura petrifica* etc.) de acordo com a forma líquida ou vaporosa com a qual o princípio atuava. Por exemplo, a denominação *succus* estava relacionada à existência de um fluido, atuando nas entranhas da Terra, que teria, em certas condições, o poder de transformar várias substâncias em rocha. A denominação *humor*, por outro lado, referia a um princípio formativo, originado pelo fogo subterrâneo profundo, que alguns pensadores acreditavam existir nas profundezas da Terra. E, finalmente, o termo *aura* denominava um princípio eólico, que carregaria consigo a propriedade formativa (cf. Adams, 1938, p. 90-2; Rudwick, 1985a, p. 24-6).

Mesmo que existissem defensores da ideia de que as forças petrificadoras eram os principais agentes geradores dos fósseis, vários autores renascentistas continuaram a defender que os fósseis eram organismos, outrora vivos, que tinham, portanto, uma origem orgânica, independentemente de quais eram as forças ou agentes que estavam envolvidos no processo. Italianos como Ristoro d'Arezzo (1210-1290), Giovanni Boccaccio (1313-1375), Leonardo da Vinci (1452--1519), Girolamo de Fracastoro (1478/83-1553), dentre outros, sustentavam que as conchas e outros organismos marinhos fossilizados, que eram encontrados no alto de montanhas ou em locais distantes da costa marinha, eram os restos petrificados de organismos que por lá viveram. Esses pensadores não estavam somente chegando a conclusões sobre a origem dos fósseis, mas também descobrindo a dinâmica geológica, a qual era ainda muito pouco compreendida na época.

Entretanto, os italianos não foram os únicos que chegaram a essas conclusões. Em terras gaulesas, o oleiro francês Bernard Palissy concluiria semelhantemente, quando descobriu fósseis de plantas, peixes e conchas marinhas em sua busca por jazidas minerais no interior da França (La Rocque, 1969, p. 238). Ao estudá-los, afirma que aqueles fósseis eram os restos de organismos que passaram por um longo processo de petrificação que envolvia etapas de dissolução, salinização e congelamento (Cuvier & Saint-Agy, 1841, p. 234-5; 1844, p. 37-40, 219-20). Com essa explicação, ele procurava refutar uma hipótese que tentava explicar a distribuição dos fósseis e que se tornava popular à medida que a origem orgânica dos fósseis ia sendo aceita.

Para aqueles que defendiam que os fósseis eram os restos petrificados de organimos e que estavam comprometidos com o literalismo bíblico, havia a alternativa de explicar a distribuição randômica e inesperada de fósseis marinhos em locais distantes da costa, por meio do mito diluviano narrado no Gênese. Para os diluvianistas, o dilúvio mosaico era o responsável pelo carregamento e soterramento dos diversos organismos que pereceram naquele evento catastrófico e que foram posteriormente fossilizados. Palissy não aceitava essa ideia e prosseguia em sua defesa da origem orgânica dos fósseis, cujos organismos originadores haviam sido submetidos a processos, físicos e químicos, que não podiam ser efetivados caso houvesse uma movimentação violenta dos agentes envolvidos, que se daria com a ocorrência de uma catástrofe como um dilúvio. Além disso, este evento teria ocorrido de forma súbita, não permitindo a conclusão dos processos imaginados por Palissy, que necessitavam de um enorme período de tempo.

Apesar dessa demanda epistemológica interna à hipótese de Palissy ter como elemento um fator de historicidade, este ainda não seria introduzido nas discussões sobre os fósseis que ocorriam na época. Questões ligadas à temporalidade só começariam a ser levantadas quando o próprio conceito de fóssil passou a ser discutido e estabelecido. Até esse momento todos os objetos petrificados obtidos por meio de escavação, ou que se encontravam expostos na superfície terrestre, eram denominados pelo termo *"fossilia"*, uma derivação da palavra *"fossus"* que, por sua vez, significa "escavação". Os espécimes mais valorizados eram cobiçados por nobres, que os colecionavam, expondo-os em gabinetes organizados, muitas vezes de maneira classificatória, indo dos mais semelhantes aos organismos vivos até os mais dessemelhantes (cf. Edwards, 1967, p. 1-2, 40; Leibniz, 1997 [1749], p. 251, nota 3).

Foi exatamente com essa ideia espectral que Conrad Gesner (1516-1565) elaborou sua obra *De rerum fossilium, lapidum et gemmarum* (*Sobre as coisas fósseis, as pedras e as gemas*), de 1565. Nesse livro, Gesner utiliza o termo fóssil para descrever qualquer objeto ou material "notável" escavado da terra ou encontrado em sua superfície, utilizando-o assim, de certa forma, na direção da concepção atual. A utilização do termo fóssil nesse sentido torna-se clara quando percebemos que, ao escrever sua obra, Gesner utilizou apenas sua própria coleção suplementada por alguns espécimes "notáveis" que pertenciam às coleções de seus colaboradores, ou seja, apenas classificando os objetos mais valorizados, que compunham as coleções. Mas, apesar de ter publicado o que foi provavelmente a primeira ilustração ocidental de um fóssil relacionado a um ser vivo, expondo um dente de tubarão fossilizado (*Glossopetrae*) em comparação a um tubarão vivente, no seu livro *Historiae animalium liber III, qui est de piscium & aquatilium animantium natura* (*História animal em três livros, sobre a natureza dos peixes e animais aquáticos*) de 1558, Gesner não defendeu a ideia de que os fósseis assemelhados a organismos, ou parte deles, fossem exclusivamente de origem orgânica. Como vários de seus contemporâneos, ele trabalhava com a ideia de que os fósseis poderiam ser dispostos em um espectro que ia dos mais assemelhados aos organismos viventes, que ele compreendia como de origem orgânica, até aqueles que não apresentavam semelhança alguma com qualquer organismo conhecido, como, por exemplo, as gemas e os metais. Na posição central desse espectro, estariam os fósseis, com características intermediárias e que suscitavam dúvidas quanto à sua origem. Essa ideia de Gesner auxiliou muito o avanço na compreensão do fenômeno natural dos fósseis, mas, ainda assim, os de origem orgânica continuavam a não ser percebidos como fatores históricos, pois suas semelhanças com os viventes faziam com que fossem interpretados como pertencentes à fauna e flora atuais.

O fator de temporalidade tornou-se evidente somente com os trabalhos do médico e anatomista dinamarquês Nicolaus Steno (1638-1686), que, ao estudar as camadas de terra ou estratos, comparou rochas com conteúdo fossilífero com rochas afossilíferas, concluindo que estas últimas formaram-se antes da existência da vida na Terra. Tal estudo foi exposto em sua obra *De solidarum intra solidum naturaliter contento* (*Dos sólidos naturalmente contidos no interior de sólidos*) de 1669, que lançou as bases da estratigrafia, enunciando as leis naturais que governam a formação de uma sucessão estratigráfica na crosta da Terra (Steno, 1939 [1671], p. 37-44). Eram elas:

(1) Um determinado estrato pode somente formar-se sobre uma base sólida;

(2) O estrato inferior deve, portanto, estar consolidado antes de um depósito mais recente ser precipitado sobre ele;

(3) Algum estrato deve cobrir toda a Terra ou ser limitado lateralmente por outros depósitos sólidos;

(4) Durante o período de acumulação de um depósito existe sobre ele somente água, com a qual ele se precipita.

33

Sob a orientação destas leis foi possível constatar o caráter temporal na disposição dos fósseis, pois os mesmos eram escavados de estratos localizados em diferentes profundidades, ou seja, formados em diferentes ocasiões. Steno sugeriu, assim, que os fósseis poderiam ser investigados sob uma escala de tempo relativamente lógica, sugerindo também haver um estreito vínculo entre a história dos fósseis e os estudos geológicos (cf. Rudwick, 1985a, p. 98-9).

Mas para uma compreensão que relacionasse a história dos estratos à dos fósseis ainda restava dirimir quais seriam aqueles gerados por organismos e quais não tinham sua origem orgânica, outra conclusão em que Steno esteve envolvido quando publicou um estudo em 1667, sob o título *Canis charchariae dissectum caput* (*Cabeça de um tubarão cachorro dissecada*), no qual compara dentes fossilizados de tubarões com os de tubarões atuais, concluindo que os dentes fósseis tinham origem orgânica (cf. Rudwick, 1985a, p. 75-7).

O trabalho de Steno corroborava os resultados dos estudos de Fabio Colonna (1567-1650), publicado em 1616, sob o título *De Glossopetrae dissertatio* (*Dissertação sobre os Glossopetrae*). Colonna defendia a origem orgânica dos fósseis de dentes de tubarões, alegando que os mesmos eram frequentemente encontrados em conjunto com fósseis de gastrópodes e bivalves marinhos em determinadas camadas de terra (Edwards, 1967, p. 25; Rudwick, 1985a, p. 43-4; Zittel, 1901, p. 19). É importante destacar que por terem seus esqueletos compostos por cartilagem, um material com baixo potencial de fossilização, praticamente os únicos restos fossilizáveis dos tubarões, são seus dentes. Em função desta condição havia uma grande dificuldade de identificar a verdadeira natureza dos *Glossopetrae*. A relação que Colonna estabelece entre eles e os moluscos fossilizados ia nesse sentido e recebeu grande aceitação, pois os moluscos deixavam poucas dúvidas sobre sua origem orgânica. Os bivalves fósseis estudados por ele apresentavam as estruturas de união das valvas, indicando com isso uma pretérita atividade biológica, que poderia ser estendida aos fósseis de dentes de tubarão, uma vez que eles compunham, em conjunto com aquelas conchas, uma assembleia fossilífera (cf. Rudwick, 1985a, p. 42-4).

Conclusões desse tipo, envolvendo os fósseis e seu contexto estratigráfico, pautadas na autoridade atribuída a Steno, provavelmente funcionaram como recurso retórico para a aceitação da hipótese da origem orgânica dos fósseis e, consequentemente, para a validação do conhecimento produzido. Mas, ainda assim, o anatomista dinamarquês enfrentou algumas críticas às suas conclusões, típicas de um período pré-paradigmático de uma disciplina científica, onde nenhum consenso sobre o fenômeno estudado era alcançado pela comunidade em formação de estudiosos daquela disciplina. Uma dessas críticas ocorre no ano de 1671, quando ao tomar posse na presidência da *Royal Society of London for the Improvement of the Natural Knowledge* (Sociedade Real de Londres para o Progresso do Conhecimento da Natureza), o médico e naturalista inglês Martin Lister (1638-1712) comenta os trabalhos de Steno. O foro utilizado por ele em terras britânicas não poderia ser melhor.

A Sociedade Real de Londres fora fundada em 1660, por um grupo de filósofos naturais interessados em estabelecer um foro para debates de questões científicas. Seis anos mais tarde, algo semelhante ocorreria nas terras do rei-sol, com a criação da *Académie des Sciences de Paris* (Academia de Ciências de Paris) por Jean-Baptiste Colbert (1619-1683). Mas à diferença da França, a atividade científica inglesa não recebia o investimento do Estado e, assim, o grupo de fundadores da Sociedade Real de Londres, que se reunia anteriormente de maneira informal sob o nome de *Invisible College* (Colégio

Invisível), recebeu somente em 1662, por meio de uma *royal charter* (carta real), a autorização para a publicação de seus primeiros livros. Entre eles, estava o *Micrographia* (1665) de Robert Hooke (1635-1703) (cf. Purrington 2009, p. 33-6), que apresentava de forma inédita uma comparação da estrutura interna de lenhos petrificados com a de lenhos atuais, a qual fora verificada por meio do que parece ser o primeiro exame microscópico de um fóssil (Edwards, 1967, p. 28-9; Rudwick, 1985, p. 82). Este e outros trabalhos sobre fósseis, que eram debatidos nas reuniões da Sociedade Real de Londres, tornaram a discussão de Lister muito mais inteligível aos seus membros. Além disso, a forma de divulgação dos trabalhos e discussões também contribuía muito para o esclarecimento de seus membros.

Cinco anos após sua fundação, a Sociedade Real de Londres passou a publicar o periódico *Philosophical Transactions of the Royal Society of London*, que se tornaria um importante meio de divulgação dos trabalhos de seus membros, pois tinha como proposta divulgá-los em todos os países da Europa (cf. Sprat, 1667, p. 71-6; Thomson, 1812, p. 1-6, 109-20). Tendo à disposição um potencial recurso de divulgação tão abrangente, os naturalistas ingleses prontamente começaram a publicar seus trabalhos nele. Passaram, assim, a integrar discussões, como a de Lister sobre as ideias de Steno, a qual foi, provavelmente, a primeira contribuição ao estudo dos fósseis publicada em um periódico científico (cf. Rudwick, 1985a, p. 90).

Naquele comentário, Lister discute a origem orgânica dos fósseis baseando-se em seus estudos sobre os moluscos. Inclina-se a aceitar a interpretação de Steno sobre a origem orgânica dos mesmos, mas aponta a dificuldade de compreensão do processo de petrificação. Para ele, os fósseis com os quais Steno havia trabalhado eram muito semelhantes às formas de vida atuais, ou a parte delas e, portanto, poderiam ter origem orgânica, de acordo com a ideia de espectro de Gesner. Mas mesmo concordando com tal ideia, ele não se convenceu da origem orgânica dos fósseis de amonites,[3] que muitas vezes apresentavam um estado de preservação tão incomum, principalmente os nacarados, que o faziam duvidar de que no passado tivessem sido seres vivos (cf. Adams, 1938, p. 259).

Um contemporâneo de Lister, o naturalista John Ray (1627-1705), abordou a questão da origem orgânica dos fósseis em seu livro *Observations topographical, moral and physiological, made in a journey through part of the Low Countries, Germany, Italy and France* (*Observações topográficas, morais e fisiológicas feitas em uma expedição por partes dos Países Baixos, Alemanha, Itália e França*), de 1673. Observando, à semelhança de Colonna, que alguns bivalves fossilizados mantinham a estrutura de articulação idêntica àquela das formas viventes, concluiu que seria um absurdo sugerir que tal estrutura presente naqueles fósseis não houvesse desempenhado a mesma função e que, portanto, eles não fossem no passado parte de organismos vivos (cf. Rudwick, 1985a, p. 94). Assim sendo, inclinou-se em optar pela origem orgânica dos fósseis, mesmo que isso levantasse a polêmica do seu desaparecimento. Para resolver essa questão, sugeriu que os correspondentes das formas de vida representados apenas por fósseis estariam em algum local no planeta ainda não explorado pelo homem (cf. Leibniz, 1997, p. 149, nota 4). Mais tarde, resol-

---

3 Amonites: ordem de moluscos surgida no Devoniano (417 a 354 milhões de anos atrás) e extinta durante a extinção em massa que se deu no limite Cretáceo/Terciário ("K/T") há aproximadamente 65 milhões de anos. Os animais desta ordem, pertencentes à classe dos cefalópodes (polvos, lulas etc.), apresentavam uma concha externa de carbonato de cálcio, enrolada em espiral plana e dividida em câmaras, semelhante aos atuais náutilos.

veu alterar sua posição passando a defender a origem inorgânica, muito provavelmente sob a influência das ideias de seu colaborador, o naturalista Edward Lhwyd (1670-1709), propostas em seu livro de 1699, *Lithophylacii britannici ichnographia* (*Icnografia da litofilia britânica*). Lhwyd propunha uma hipótese intermediária entre as hipóteses orgânica e inorgânica para a origem dos fósseis, na qual estes seriam produzidos no interior da terra a partir de um tipo de "semente", a qual seria formada pela captação de estruturas reprodutivas dos organismos, tais como ovas, esporos, sementes etc., e induzida pela emissão de vapores subterrâneos, que ao se condensarem transportariam essas estruturas até o interior da terra, petrificando-as. Lhwyd havia discutido a fundo a ocorrência de fósseis que pouco se assemelhavam a espécies conhecidas e, baseado em sua hipótese, afirmou que eles também teriam sido formados daquela maneira. Ainda nessa obra, descreveu várias plantas fósseis desconhecidas, principalmente samambaias do Secundário, as quais ele acreditava terem sido geradas nas entranhas da Terra.[4] Para Lhwyd, sua hipótese também seria capaz de explicar a razão de serem encontrados esses e outros fósseis em locais onde suas formas viventes não ocorriam, tais como os amonites, belemnites e outros, encontrados por todo o continente europeu.[5]

---

4 Até este momento da história, os estudos geognósticos ainda apresentavam pouco desenvolvimento, sendo que as rochas ou formações estavam divididas em três categorias: Primárias, Secundárias e de Transição – discutidas adiante. As samambaias descritas por Lwhyd inseriam-se em estratos que atualmente são reconhecidos como do Carbonífero (354 a 290 milhões de anos atrás).

5 Belemnites: moluscos cefalópodes extintos entre o final do Cretáceo (65 milhões de anos atrás) e o Eoceno (54 a 33 milhões de anos atrás), que apresentavam uma concha em formato cônico (Allaby, 2008, p. 59). Sendo a única parte dura do animal, essa concha, ao fossilizar-se, assemelhava-se à ponta de uma flecha, uma característica que proporcionava a esse fóssil inúmeras associações com lendas e mitos (Oakley, 1965, p. 14-5).

Foi, assim, possível desprezar a ideia de uma possível descoberta dessas espécies em locais até então inexplorados pelo
homem (cf. Edwards, 1967, p. 33; Rudwick, 1985a, p. 117-22;
Adams, 1938, p. 258).

1.2 A ORIGEM ORGÂNICA E OS SISTEMAS DA TERRA

Seguiram-se debates e, nesse contexto, outros pensadores
modernos optaram por incorporar a ideia da origem orgânica a uma escola de pensamento já existente. Denominada
teologia natural, ela pretendia explicar a ocorrência de fenômenos naturais por meio da ação de Deus e, de forma circu-
lar, utilizar essas explicações como comprovação da existência, atuação e da perfeição do Criador. Quando os teólogos
naturais aceitaram a origem orgânica dos fósseis, logo passaram a utilizá-la nesse sentido, pondo-se a defender a ocorrência do dilúvio bíblico. Sugeriram que os fósseis seriam os
restos de seres pré-diluvianos que pereceram durante aquele evento e que tiveram sua distribuição, universalizada, em
decorrência do mesmo. A configuração da distribuição universal dos fósseis e as localidades distantes do mar, nas quais
eram encontrados muitos fósseis de organismos marinhos,
testificavam para os diluvianistas, a vastidão de áreas atingidas pelo dilúvio mosaico (cf. Woodward, 1723, p. 76-129).
Contudo, em pouco tempo, esses estudiosos receberam vários questionamentos sobre as camadas em que se desenter-
ravam os fósseis que eles alegavam serem as testemunhas do
dilúvio. Tais questionamentos acabariam por produzir ainda
mais debates, típicos do período pré-paradigmático de uma
disciplina científica.

Em outros estudos, que abrangiam questões estratigráficas, os naturalistas já haviam chegado a alguns avanços no

sentido de reduzir os aspectos conflitantes desses debates. Eles haviam conseguido estabelecer consensualmente, principalmente após a aceitação dos resultados dos trabalhos de Steno, a existência de uma sequência nos estratos geológicos, a qual podia ser interpretada de forma cronológica (cf. Steno, 1939 [1671], p. 37-44). Mas se, por um lado, essa constatação gerava consensos, por outro, provocava ainda mais discussões, pois para vários naturalistas os fósseis encontrados em diferentes estratos poderiam ser compreendidos como originários de diferentes épocas, e não de um único evento como afirmavam os diluvianistas (cf. Buffon, 1780, p. 171-246).

Seguiram-se mais debates e pouco foi o avanço com relação ao significado que os fósseis podiam ter para a compreensão do mundo natural. Mesmo tendo reconhecida sua origem orgânica, fatores como crenças religiosas continuavam a influenciar a compreensão dos fósseis. Mediante a interpretação diluvianista, por exemplo, eles seriam apenas os restos dos seres habitantes do mundo antediluviano. Poderiam narrar apenas um período de história que podia ser considerado estático em termos de modificações, ou seja, segundo a interpretação diluvianista todo o mundo antediluviano podia ser analisado como um único evento e não merecia, portanto, uma narrativa histórica.

Além da inexistência de um sentido histórico no significado dos fósseis, outra abordagem moderna ainda não lhes era aplicada. Mesmo considerando que se originaram organicamente, a alocação de seu estudo dentro de uma área das atuais ciências biológicas não acontecia naquele momento histórico, uma vez que os fósseis estavam sendo utilizados como indicadores de estratos geológicos ou como possíveis provas da ocorrência do dilúvio mosaico. Em ambas as utilizações era necessário relacioná-los aos extratos para que fossem identificados e classificados. A área a que pertenciam os estudos de identificação e classificação de objetos escavados era a mineralogia. Apesar da reconhecida origem orgânica, os fósseis, no sentido atual do termo, continuavam sendo objeto de uma subárea de estudos de espécimes, frequentemente denominada orictognosia, orictologia, fossilologia ou fossilogia (cf. Rudwick, 2005, p. 61).[6] Na prática, os fósseis – orgânicos ou não – eram descritos, identificados e posteriormente classificados segundo propriedades químicas e físicas. Era uma atividade que se concluía com os trabalhos realizados no gabinete ou no museu, mediante análises químicas feitas com o material coletado em campo. Nessa prática, os fósseis orgânicos também podiam ser determinados segundo sua morfologia externa e classificados em níveis taxonômicos paralelos aos das classificações zoológica e botânica – classe, ordem, família etc. – mas sem implicar algum tipo de relação taxonômica entre o fóssil e o mundo animal ou vegetal (cf. Rudwick, 2005, p. 61-4). Tratava-se de uma tendência tão forte que até mesmo Carl von Linné (1707-1778), na edição de 1768 do seu *Sistema naturae* (*Sistema natural*), relacionou as formas fósseis por ele conhecidas, tais como, por exemplo, os *Ichthyolytus* (peixes), os *Carpolithus* (frutos e sementes) e os *Phytolithus* (vegetais), arranjando-as de acordo com sua ocorrência no sistema de sucessão de rochas que a prática da mineralogia empregava (cf. Edwards, 1967, p. 41).

Nesse sistema de sucessão de rochas, que era uma reunião de propostas desenvolvidas por diversos naturalistas como Steno, John Woodward (1665-1722), Johann Jakob Scheuchzer (1672-1733), Giovanni Arduino (1714-1795) e Johann Gottlob Lehmann (1719- 1767), as formações geo-

---

6 Segundo Houaiss (2001), "Oricto" é o antepositivo do grego *Oruktós*, que significa cavado da terra, mineral, fóssil ou cavar. "Gnosia" é o pospositivo de *gnôsis*, que siginifca conhecer, conhecimento, ciência etc.

lógicas conhecidas estavam divididas em três categorias. As rochas afossilíferas, aparentemente muito antigas, que apareciam tipicamente nas regiões montanhosas, e muitas vezes sem serem estratificadas, eram denominadas "primárias" ou "primitivas" e tiveram sua origem atribuída à consolidação original da crosta terrestre ou ao período anterior ao dilúvio. As rochas com conteúdo fóssil e estratificadas, encontradas tipicamente em colinas, foram denominadas "secundárias" ou "estratificadas" e teriam sido originadas em uma época posterior ao dilúvio. As rochas dos depósitos superficiais e regulares, tipicamente confinadas às terras baixas e geralmente não consolidadas, receberam o nome de "terciárias" ou "aluviais" e tiveram sua origem em uma época recente ou pós-diluviana (cf. Adams, 1938, p. 376; Schneer, 1969, p. 10).

Em sua obra sobre "o significado dos fósseis", Martin Rudwick propõe que essa síntese, que ocorre em trabalhos de muitos autores do século XVIII, emanava da linha de interpretação de Steno, mediada pelas ideias diluvianistas de Woodward e Gottfried Wilhelm Leibniz (1646-1716). A grande razoabilidade de tal proposta evidencia-se quando levamos em conta que com essa síntese produziu-se uma perspectiva, geralmente aceita, de classificação das rochas baseada no mito diluviano, sem que houvesse um compromisso com a defesa do mito (cf. Rudwick, 1985, p. 90-1). Isso aconteceu de tal maneira que até mesmo aqueles autores que baseavam suas hipóteses da formação das rochas e de seus estratos em fenômenos, tais como os vulcões, fizeram constar em suas explicações o efeito de inundações, independentemente de estarem relacionadas ao dilúvio (cf. Adams, 1938, p. 376).

Anos após a aceitação desse sistema de classificação de rochas, Abraham Gottlob Werner (1749-1817) propôs uma quarta formação que compreenderia os estratos das rochas localizadas entre as primárias e secundárias, onde "os primeiros restos dos seres organizados misturavam-se com os diversos precipitados" (La Métherie, 1802, p. 446). Esses precipitados, aos quais se referia Werner, gerariam as rochas componentes da formação que ele denominou de transição, pois conforme suas ideias elas seriam geradas da mesma maneira que as outras rochas, ou seja, pela precipitação de materiais suspensos do mar primevo que havia coberto o globo em um tempo longínquo (cf. Cuvier, 1861, p. 123-7). Werner se contrapunha às ideias de James Hutton (1726--1797), que defendia uma origem ígnea para as rochas formadas em uma eternidade de processos cíclicos ocorridos ao longo da história do globo terrestre (cf. Hutton, 1795, p. 196-200).

Apesar da constatação da primariedade biológica nas rochas de transição, Werner deu pouca importância aos fósseis, à diferença de outros naturalistas que começavam a perceber que podiam identificar algumas formações de rochas de acordo com o conteúdo fóssil. Guillaume-François Rouelle (1703--1770), Antoine-Laurent Lavoisier (1743-1794) e Jean-Louis Giraud-Soulavie (1751-1813) estudaram as formações rochosas de Paris e outras localidades e chegaram, independentemente, à conclusão de que as rochas de *transição*, secundárias e terciárias apresentavam restos de organismos fossilizados que diferiam entre si e podiam ser utilizados como parâmetros para a distinção das próprias formações (cf. Lavoisier, 1793 [1789], p. 355-68; Soulavie, 1781, p. 7-8).

A classificação das formações de rochas fazia parte do ramo de estudos da Terra que lidava com sua estrutura tridimensional e que era denominado de geognosia. Esse ramo também tratava das relações estruturais apresentadas pelas formações rochosas e, apesar da noção histórica que o resultado dos trabalhos de Steno pudesse impor às análises estra-tigráficas, os estudos geognósticos não faziam tal abordagem. O mesmo ocorria com a geografia física, outro ramo dos es-tudos da Terra, que abordava a distribuição espacial dos tra-ços da superfície do globo, tais como as montanhas, os vales, os vulcões etc.

A última área dos estudos da Terra pertencia, de certa for-ma, ao escopo da filosofia natural, pois era um estudo envol-vendo relações causais entre fenômenos naturais. A física da Terra complementava epistemologicamente as descrições feitas pelas áreas da mineralogia, da geognosia e da geografia física. Os dados produzidos por elas acumularam-se de tal forma que provocaram uma demanda de explicação sobre suas origens e processos; demanda suprida com hipóteses propostas com base nos estudos da física da Terra (cf. Rud-wick, 1996, p. 3-8; 2005, p. 99-101); estudos causais produ-ziram as condições para que várias hipóteses fossem reuni-das em uma estrutura teórica mais complexa, que procurava explicar todos os processos envolvidos nos fenômenos estu-dados. Trata-se dos "sistemas da Terra" ou "geoteorias", que já vinham sendo propostos desde o século XVII, após Nicolau Copérnico (1473-1543) ter apresentado sua cosmologia, no livro *De revolutionibus orbitum coelestium* (*Das revoluções das esferas celestes*) de 1543. Os sistemas da Terra pretendiam ex-plicar todas as principais características físicas e biológicas do globo terrestre. Origens, causas, processos etc. deveriam ser plausivelmente explicados baseando-se apenas em pro-cessos naturais. Tal formulação apresentava uma estrutura hipotético-dedutiva, que procurava proporcionar um conhe-cimento capaz de produzir a inteligibilidade do mundo físico terrestre (Rudwick, 2005, p. 136-8). O tratamento da Terra como um corpo físico abriu espaço para que os filósofos na-turais publicassem trabalhos propondo cosmologias, que também contemplavam os processos envolvidos na formação da Terra. Assim o fez René Descartes (1596-1650) em seu livro de 1644 o *Principia philosophiae* (*Princípios de filosofia*) e Thomas Burnet (1635-1715) em seu *Telluris theoria sacra* (*A sagrada teoria da Terra*), surgido entre os anos de 1680 e 1689. Tratando o globo terrestre como um corpo físico, eles propunham que os processos envolvidos em sua formação eram também físicos e obedeciam a leis naturais (cf. Rudwick, 2005, p. 134).

Com o avanço que os estudos da Terra obtiveram em todas as áreas, eles proporcionaram uma abundância de elaborações de sistemas da Terra, que continuavam carregando o nome e o sentido de estudos cosmológicos ou cosmogônicos. Continuavam, também, sendo elaborados com base em reflexões feitas em gabinete e com pouca utilização dos dados obtidos com os estudos feitos em campo.

Criticando essa situação, Jean-André de Luc, ou De Luc (1727-1817), cunharia o termo geologia para denominar o gênero de estudos que tratava especificamente dos processos envolvendo o globo. Mas à diferença dos sistemas da Terra, De Luc propunha que a geologia devia limitar-se aos dados produzidos com precisas observações de campo e nos sólidos princípios advindos da física, abandonando as especulações (De Luc, 1778, p. vii-viii; 1792, p. 228).

Por meio dessas observações, ele projetou uma narrativa histórica que contava ter havido uma alteração entre as terras continentais e o fundo dos oceanos, o que teria ocorrido subitamente (cf. De Luc, 1779, p. 8-9). Evidentemente, não era a primeira vez que um naturalista pensava que, em sua história, o globo terrestre havia sido submetido a uma "revolução", ou seja, a um processo físico capaz de alterar drasticamente sua configuração geológica, como, por exemplo, inundações, terremotos, vulcanismo etc. Contudo, a ideia de estabelecer uma revolução como marco divisório entre um mundo sem a existência do homem, que só poderia ser conhecido por meio de seus vestígios, e outro mundo no qual o registro da história humana podia ser usado para acessá-lo, surgiu com os trabalhos de De Luc e avançou com outros naturalistas como, por exemplo, Déodat Gratet de Dolomieu (1750-1801), que propôs que seis revoluções haviam transformado o globo ao longo de sua história, sendo que a última, além de apresentar os vestígios mais bem preservados e, consequentemente, os mais inteligíveis, deveria ser considerada o ponto demarcatório entre um passado pré-humano e um período onde o homem já registrava sua história (cf. De Luc, 1779, p. 10; Dolomieu, 1791, p. 404; Cuvier, 1858, p. 264; Rudwick, 2005, p. 154).

Os fósseis nos trabalhos de Dolomieu e De Luc eram utilizados apenas como indicadores de estratos e de suas transformações – as revoluções. Ambos entendiam que a última das revoluções podia ser relacionada ao dilúvio mosaico, porém refutavam a ideia de que fossem geradas por forças sobrenaturais, como a ação divina. A ideia de um "dilúvio geológico" – uma grande inundação provocada por causas naturais – começava a ser defendida, e logo passaria a receber grande adesão por parte dos naturalistas.

Resultassem os fósseis de um dilúvio geológico ou de um dilúvio mosaico, os dados por eles produzidos continuavam corroborando as hipóteses operantes no estágio pré-paradigmático em que se encontravam os estudos. Ora, os dados provinham da mineralogia e podiam ser utilizados pelos defensores de muitas hipóteses, pois havia uma "proliferação de articulações concorrentes", nesse momento em que nenhum paradigma conseguira ainda articular-se (cf. Kuhn, 2003, p. 123).

1.3 AS ÉPOCAS DA NATUREZA

De certo modo, antes mesmo que os fósseis passassem a ser utilizados como o são atualmente no campo da biologia moderna, eles já tinham começado a receber uma abordagem histórica. Em seu "Sistema da Terra", apresentado no primeiro volume da grandiosa obra *Histoire naturelle* (*História natural*), George-Louis Leclerc, conde de Buffon (1707--1788), defende, utilizando uma narrativa histórica, que a ação de processos físicos existentes atualmente seria suficiente para explicar a distribuição universal dos fósseis (Buffon, 1749, p. 610-2). As ideias de Buffon ecoaram, não somente em função da divulgação que sua obra recebeu, mas também pela importância do cargo que ele ocupava em uma das instituições científicas mais importantes de sua época.

Fundado em 1635, por um édito real de Luis XIII, sob o nome de *Jardin Royal des Plantes Médicinales* (Jardim Real das Plantas Medicinais), o *Jardin du Roi* (Jardim do Rei) acabou conhecido também pelo nome abreviado *Jardin des Plantes* (Jardim das Plantas). A instituição tinha como objetivo inicial o cultivo e estudo de plantas medicinais, mas com o passar do tempo tornou-se uma instituição voltada aos estudos de história natural. Buffon ocupou o cargo de intendente desta instituição a partir de 1739, quando foi encarregado de elaborar uma descrição da coleção do Gabinete de História Natural, a qual deu origem a sua *História natural*. Iniciada em 1749, essa obra foi intensamente redigida até a morte, resultando em uma obra composta de quarenta e quatro volumes, cuja publicação − póstuma − foi concluída somente em 1804 (cf. Caponi, 2010, p. 26-8). Buffon, durante três décadas de estudo, fez algumas modificações em suas afirmações, mas manteve a defesa de que os fósseis deveriam ser tratados historicamente.

Assim como na história civil, consultam-se os títulos, investigam-se as medalhas, decifram-se as inscrições antigas, para determinar as épocas das revoluções humanas e constatar as datas dos eventos morais; da mesma maneira, na história natural, é preciso escavar os arquivos do mundo, tirar das entranhas da Terra os velhos monumentos, recolher seus fragmentos e reunir em um corpo de provas todos os índices das mudanças físicas que podem fazer-nos remontar às diferentes épocas da natureza (Buffon, 1778, p.1).

Em 1778 Buffon publica um suplemento ao quinto volume de sua *História natural*, intitulado *Époques de la nature* (*Épocas da natureza*). Como toda a obra, o suplemento torna-se uma referência para os trabalhos de história natural, inclusive para os estudos sobre os fósseis. Nas sete "épocas" apresentadas pela narrativa histórica de Buffon, diversos fenômenos geológicos são explicados e suas causas apontadas, sempre com base em processos naturais. Um resfriamento do globo terrestre é considerado central para geração de diversos processos geológicos e biológicos, sendo que os fósseis são utilizados como marcos de determinadas épocas caracterizadas por um constante decréscimo térmico. Por exemplo, os grandes amonites são considerados típicos de uma época muito cálida, onde o desenvolvimento no meio aquático havia sido intenso. Os fósseis de proboscídeos e de outros grandes quadrúpedes, típicos de regiões tórridas, são encontrados em estratos mais superficiais e representam uma época em que as regiões mais setentrionais da Europa e da América do Norte ainda apresentavam temperaturas mais quentes.

Essas hipóteses relacionam-se às ideias transformistas de Buffon que, além de considerarem que, durante a história da Terra, algumas espécies podem ter originado outras, também levam em consideração que as condições, que ela apresenta-

va quando jovem, possibilitaram o surgimento de "molécu-
las orgânicas", as quais, sob a ação das leis da matéria, originaram os seres vivos, dotando-os inicialmente de grande
porte, como atestavam os fósseis de grandes quadrúpedes e
amonites (cf. Buffon, 1778, p. 115; Caponi, 2010, p. 99-110).
Por meio de processos, tais como, por exemplo, a "degene-
ração", as espécies originais poderiam transformar-se ao
longo do tempo, conforme as condições físicas às quais eram
submetidas, diminuindo em sua pujança inicial e limitando
o porte das espécies. Entretanto, é importante ressaltar, como
fez Gustavo Caponi em seu livro sobre Buffon, no qual discute a relevância de suas ideias e de seu limitado transformismo,
que é um erro concluir que, para o naturalista francês, as semelhanças entre as espécies de uma mesma família de animais pudessem ser explicadas pela ideia de que elas compar-
tilham um ancestral comum. Esta é uma ideia que teria de
aguardar quase um século para ser utilizada (cf. Caponi, 2010,
p. 131-2).

De qualquer modo, em sua obra *Épocas da natureza*, Buffon
não é conclusivo quanto a se os grandes quadrúpedes são pertencentes a espécies viventes ou já desaparecidas. Na verdade, em seus estudos envolvendo fósseis, Buffon estava muito
mais preocupado em comprovar suas hipóteses biogeográ-
ficas e do resfriamento global do que na questão do desaparecimento de espécies, que já há algum tempo era debatida
entre os naturalistas. Nem mesmo a precisa distinção entre
as espécies, sabidamente viventes, receberia satisfatória
atenção de sua parte. Era mais importante estabelecer, em
sua descrição, quais eram as características corporais desses
animais que estavam relacionadas ao clima das localidades
que habitavam (cf. Buffon, 1754, p. 13-5). Buffon procede
desse modo quando aborda a descoberta de um fóssil de proboscídeo, encontrado nas margens do rio Ohio na América

do Norte, ao utilizá-la na corroboração de sua teoria biogeográfica (cf. Buffon, 1778, p. 169-71).

O naturalista que se aprofunda nessa questão é Louis Jean Marie Daubenton (1716-1799), o anatomista colaborador de Buffon na *História natural*. Daubenton, por meio de várias comparações anatômicas, descreve o "animal de Ohio" como um espécime de elefante vivente, apesar das diferenças morfológicas que o fóssil apresentava. Para ele, tais diferenças não ultrapassavam os limites da variação intraespecífica ou poderiam ser atribuídas a uma mistura desse fóssil com o de outro animal (cf. Daubenton, 1764, p. 209-24). Alguns anos mais tarde, o anatomista William Hunter (1718-1883) estuda outros fósseis de proboscídeos provenientes de Ohio e constata que as diferenças morfológicas que Daubenton atribuíra à mistura de fósseis não procediam, e que o "animal de Ohio" deveria ser uma espécie totalmente desconhecida. Nas comparações anatômicas que fez com os dentes do animal, Hunter chega à conclusão de que se tratava de um "animal carnívoro tão grande quanto um elefante comum" e que "toda sua geração estava extinta" (cf. Hunter, 1769, p. 37 e 45).

Apesar de seu desinteresse pela questão da extinção, Buffon utiliza a conclusão de Hunter na defesa de suas hipóteses, pois o desaparecimento do *American incognitum*" ou "pseudoelefante", como Hunter denominara o animal descoberto em Ohio, poderia estar relacionada às consequências do esfriamento global que ele defendia em sua teoria da Terra. Tanto ele, quanto Daubenton e Hunter, mesmo chegando a conclusões diferentes, compararam e relacionaram essa descoberta aos famosos fósseis de mamutes encontrados na Sibéria e que alimentavam um comércio de "marfim fóssil" já existente há séculos, mas do qual, os europeus começaram a participar somente a partir do segundo quarto do século XVIII (Cohen, 2002, p. 92). Esses fósseis também não haviam sido identificados como espécies inequivocamente extintas, apesar dessa ser uma conclusão adotada por muitos naturalistas, que se baseavam nas diferenças morfológicas muito marcantes que existiam entre os mamutes siberianos e os elefantes viventes. Havia aqueles que defendiam a possibilidade de que animais como o mamute siberiano, o "animal de Ohio" e outros, somente identificados na forma fóssil, não estavam extintos, pois ainda poderiam ser encontrados habitando alguma parte do globo terrestre intocada pelo homem.

É notável como o debate prosseguiu por décadas, até que questões como a de identificação de espécies, tais como o mamute, o mastodonte e os elefantes viventes, fossem definitivamente dirimidas. Mas a implicação de identificar espécies desaparecidas resultava em alterar o funcionamento de uma economia natural, que à época era pensada como harmônica, onde cada ser tinha um lugar a ocupar e um papel a cumprir (cf. Caponi, 2006, p. 10-1, 32). A ausência desse papel a cumprir deveria ser suprida de alguma forma, e esta era uma questão provocadora de debates envolvendo argumentos que vão do campo das ciências até o das convicções religiosas.

1.4 Uma agenda para o futuro

Mesmo não sendo possível alcançar a resolução das várias questões provocadas pelo debate sobre os fósseis de grandes quadrúpedes, estas geraram algumas implicações, como, por exemplo, uma incursão no campo biológico. A extinção era um fenômeno que resultava em uma necessária reorganização da economia natural, uma alteração com implicações profundas no campo de estudos que atualmente denominamos de ciências biológicas. Contudo, tratava-se de apenas um passo inicial no sentido de alocar os fósseis no futuro campo das ciências biológicas, em detrimento do campo de estudos relacionados ao reino mineral, nos quais eles figuravam até então. Daubenton fizera grandes progressos nesse sentido com suas comparações anatômicas, mas, ainda assim, seu esforço não foi suficiente para produzir uma alteração epistemológica de tal porte.

De fato, outra alteração estava ocorrendo, porém, de forma gradual. A partir do final do século XVIII, os fósseis começariam a receber uma nova abordagem, defendida sistematicamente por figuras eminentes como Horace-Bénédict de Saussure (1740-1799), naturalista suíço, cuja eminência não emanava somente de seus grandes feitos alpinistas, como, por exemplo, ter sido o primeiro naturalista a escalar a montanha mais alta da Europa, o Mont Blanc (1787), mas resultava também da relevância e precisão, que tinham os dados geológicos, metereológicos, barométricos, entre outros, coletados por ele durante a escalada. Foi com os dados coletados em campo, que Saussure pôde calcular que a montanha tinha 4.780 metros de altitude, aproximando-se, em muito, da medida moderna de 4.807 metros (cf. Rudwick, 2005, p. 18-9).

Defendendo que os dados coletados em campo são fundamentais para a elaboração de toda e qualquer teoria da Terra, Saussure publica em 1796 uma agenda a ser implementada nos estudos e trabalhos envolvendo as ciências da terra. Nesse trabalho, Saussure propôs que os vestígios e indícios de processos e eventos geológicos ocorridos no passado devem ser utilizados como "monumentos históricos" (cf. Saussure, 1796, p. 6-7). Os fósseis faziam parte dessa reivindicação e, segundo ele, se estabelecida precisamente a relação entre os fósseis e os estratos das formações em que eram encontrados, "as relativas idades e épocas de surgimento de diferentes espécies" (cf. Saussure, 1796, p. 32-4) poderiam ser estabelecidas.

A agenda de Saussure teve boa penetração no mundo científico, ajudada pela autoridade que adquiriu com a divulgação de trabalhos descrevendo as observações feitas em suas "viagens pelos Alpes". Além disso, o veículo utilizado para a publicação também contribuiu para o resultado. O *Journal des Mines* era o periódico mensal publicado pela *Agence des Mines* (Agência das Minas), entre os anos de 1798 a 1815, quando então voltou a ser chamado de *Annales des Mines*. A função da agência era supervisionar a política mineira da França e o periódico era um penetrante instrumento de fomento da atividade, pois alcançava grande público em diversos países, interessado em matérias que cobriam áreas diversas da mineralogia, história natural, metalurgia etc. (cf. Hatin, 1866, p. 574; Rudwick, 2005, p. 246).

Saussure utilizou esse meio de comunicação para demonstrar para um grande público, e também para a comunidade científica, como eram importantes para a geologia as observações feitas em campo, as quais ele fazia metodicamente com a utilização de instrumentos e anotações. Além de serem mais valiosas em termos heurísticos, induziam-no a aplicar uma abordagem, de certa maneira, histórica na descrição dos processos, inclusive das revoluções, que resultaram na configuração geológica da região estudada (cf. Saussure, 1779, p. i-iv).

Essa era também uma defesa que Dolomieu fazia em seus trabalhos e cursos ministrados, décadas mais tarde, na *École des Mines* (Escola das Minas), a instituição de ensino mantida pela Agência das Minas com a finalidade de formar pessoal técnico para os trabalhos de mineração, e divulgar o conhecimento das áreas envolvidas, ou seja, as ciências da terra (cf. Dolomieu, 1797, p. 256-62; Aguillon, 1889, p. 434-8).

As ideias de Dolomieu foram muito bem recebidas pelos estudiosos desse âmbito científico, mas ainda assim, durante algum tempo vários elaboradores de sistemas da Terra continuariam baseando-se em reflexões feitas no gabinete. Apesar da boa recepção deste trabalho, a divulgação das ideias e propostas de Dolomieu seria dificultada por diversas contingências de sua vida pessoal.

Ele teria sua carreira extrêmamente prejudicada por seu compulsório afastamento temporário, imposto por um incidente militar ocorrido durante a Campanha do Egito (1798--1801). Nessa ocasião, Napoleão requisitou-o para negociar a rendição da Ordem de Malta, da qual pertencia desde sua infância. Após o cumprimento da missão, Dolomieu, em seu retorno para França, foi aprisionado em Taranto, na Sicília — estado que mantinha guerra contra a França — e denunciado pelo Grão-Mestre daquela ordem. Somente vinte e um meses, e após várias negociações, ele será solto e retornará a Paris, porém sua saúde já muito debilitada não lhe permitiria viver muito tempo. Ele morre em 1801, somente oito meses após sua libertação (cf. Jaussaud & Brygoo, 2004, p. 189-90).

Saussure, por sua vez, também não atingiria suas metas. Em 1794, ele tem de abandonar o trabalho de campo em razão de sua debilitada saúde, que o impede de locomover-se. Cinco anos mais tarde ele morre, sem conseguir a pretendida nomeação para o *Institut National des Sciences et Arts* (Instituto Nacional de Ciências e Artes) na França, o que teria aumentado ainda mais sua projeção como homem de ciência e, consequentemente, propiciado uma melhor condição de divulgação de sua defesa da utilização dos dados coletados em campo em detrimento das reflexões feitas no gabinete (cf. Rudwick, 2005, p. 346).

Para que a geologia estivesse isenta desse tipo de prática "científica" e para que os fósseis passassem a receber uma utilização sistemática, visando produzir conhecimentos que elucidem a trajetória geo-histórica do globo terrestre ou, ainda, conhecimentos sobre a organização corporal dos seres vivos, haveria a necessidade de surgir um consenso. Este já começa a ser alcançado, no mesmo ano em que Saussure publica sua agenda e Dolomieu inicia seus cursos sobre os afloramentos minerais na Escola das Minas. Em 1796, um jovem naturalista francês, nascido em Montbéliard e recém-desvinculado da comuna de Bec-aux-Cauchois na Normandia, efetivaria o início de uma carreira na qual reunirá as condições necessárias para tornar o estudo dos fósseis uma disciplina científica.

Figura 1. Georges Cuvier em 1826, aos 57 anos de idade. Esta é a gravura escolhida para compor o frontispício da primeira edição da sua obra mais divulgada, *Discurso sobre as revoluções da superfície do Globo*. O *savant* francês, que nesse momento já tinha sua carreira de naturalista há muito consolidada, pousou usando o traje cerimonial da *Académie Royale des Sciences* (Academia Real de Ciências), instituição à qual pertencia, ocupando um dos dois cargos de secretário perpétuo da primeira classe, que abrangia as ciências naturais.

Capítulo 2

A anatomia comparada

2.1 Da Normandia a Paris

Apesar da questão da origem orgânica dos fósseis já estar praticamente resolvida no final do século xviii, até esse momento
ainda não havia consenso sobre vários assuntos relacionados. Dentre esses temas, um tinha destaque, a saber: como
eles poderiam ser utilizados nos estudos da Terra?

Embora a resolução dessa questão não tenha sido a única
contribuição de Georges Cuvier (1769-1832) para a história
natural, seguramente ela causou implicações teóricas e metodológicas em várias de suas áreas. Além da instauração da
paleontologia como disciplina científica e do grande desenvolvimento proporcionado à geologia, os métodos e programa
de pesquisa de Cuvier foram determinantes para o avanço de
diversas discussões que culminaram com a revolução darwiniana. Entre as várias áreas das atuais ciências biológicas que
foram transformadas pelas ideias de Cuvier, a paleontologia,
a fisiologia e a anatomia comparada, inquestionavelmente,
estiveram entre as mais implicadas, pois compunham o cerne
do programa de pesquisa e métodos cuvierianos.

Nascido Jean Léopold Nicolas Fréderic (Dagobert) Cuvier,
ainda na infância, por influência da mãe, passou a ser chamado de Georges, que era o nome de seu irmão mais velho,
morto antes de seu nascimento. Todos os seus prenomes,
inclusive Dagobert, que ele utilizou temporariamente, eram
os nomes de seus padrinhos, exceto o primeiro, Jean, que era
o nome de seu pai. Apesar de todas estas opções nominais,
durante toda sua vida foi reconhecido como Georges, dentro

e fora do mundo acadêmico (cf. Flourens, 1856, p. 169-77; Outram, 1984, p. 16; Taquet, 2006, p. 22-3).

Em 1784 deixa sua cidade natal, Montbéliard, para frequentar a *Hohe Karlsschule* (Academia Carolina) em Stuttgart, após a recusa de seu ingresso na *Eberhard Karls Universität Tübingen* (Universidade Ebehardina Carolina de Tübingen). Prepara-se então para concorrer a algum cargo na administração pública de Würtemberg, o ducado do qual fazia parte sua francófona Montbéliard e que anos mais tarde teve parte de seu domínio anexado à França. Foi nessa academia, frequentada até o ano de 1788, que Cuvier teve seu primeiro contato com o ensino de história natural e onde passou a dominar a língua alemã – uma grande vantagem para quem mais tarde irá formar uma rede internacional de cooperação. Entretanto, os planos não saem como o esperado e, ao findar do curso, o único cargo que lhe é oferecido é o de preceptor de uma família nobre francesa, que então residia na Normandia (cf. Duvernoy, 1833, p. 5-9; Outram, 1984, p. 21-7).

Cuvier aceita o cargo, radicando-se, assim, na distante cidade de Fécamp, localizada na região da Normandia. Lá ele pôde aprofundar seus conhecimentos de anatomia comparada e de outras áreas da historia natural, aproveitando sua proximidade com o litoral. Realiza, assim, observações, coletas e análises, e com os dados que produz promove diversas discussões por meio da correspondência mantida com ex-colegas e professores de sua antiga academia em Stuttgart.

Pretendendo que suas ideias e trabalhos alcancem Paris, procura incessantemente corresponder-se com naturalistas daquele importante centro cultural e científico. Um deles é o então curador do Gabinete de História Natural do Jardim do Rei, o Conde de Lacepède (1756-1825), com quem, por volta de 1792, Cuvier manteve uma discussão sobre a descrição que havia feito de um espécime de lagarto descoberto em uma coleção normanda.

Naquele mesmo ano, Cuvier demonstraria toda sua ansiedade na transferência para Paris, ao propor substituir Lacepède em seu posto, pois segundo o jovem naturalista, o conde estava muito envolvido com o novo cargo para o qual havia sido eleito na Assembleia Legislativa, restando-lhe pouco tempo para a história natural (cf. Taquet, 2006, p. 346; Outram 1980, p. 69; 1984, p. 40). Nessa ocasião, Cuvier também deixa claro quais são suas intenções em vincular-se à instituição científica detentora, na época, dos melhores recursos na área da história natural, principalmente no que concerne à coleção anatômica.

Cuvier não dispunha de tão vasta coleção. Além disso, ele estava submetido a um isolamento na longínqua Normandia, imposto por seu emprego como preceptor de uma família nobre, que procurou manter-se afastada de Paris durante os tempos revolucionários. Mesmo sem os recursos disponíveis em um grande centro, Cuvier produziu e publicou alguns trabalhos de descrição anatômica, tais como *Mémoire sur les cloportes* (*Memória sobre os tatuzinhos-de-jardim*), *Anatomie de la Patella commune* (*Anatomia da Patella comune*) e *Observations sur quelques diptères* (*Observações sobre alguns dípteros*), todos de 1792. As observações que fazia e o material coletado serviam para suas análises, que se davam principalmente por meio da dissecação e comparação entre os próprios espécimes que coletava, já que dispunha de poucos livros e publicações científicas em suas instalações serviçais.

Como não dispunha de muitos espécimes, Cuvier tinha em conta que, para a aplicação do método comparativo, uma maior quantidade deles poderia fornecer um aprimoramento do método. E naquela época, a coleção anatômica do Gabinete de História Natural do Jardim do Rei podia ser considerada a mais bem montada e acessível, podendo ser comparada, em termos de quantidade de esqueletos de espécies viventes, somente à coleção de John Hunter (1728-1793) em Londres. Entretanto, durante o período mais produtivo da carreira de Cuvier, as guerras revolucionárias e napoleônicas fariam com que a coleção ficasse praticamente inacessível aos naturalistas franceses (cf. Sloan, 1997, p. 619; Rudwick, 2000, p.65).

Em razão de tais motivos, o jovem Cuvier sabia da importância de transferir-se para Paris, uma importância que o levara àquela excêntrica proposta feita à Lacepède, o qual, evidentemente, não a aceitou, porém sua resposta a Cuvier foi incentivadora. Alegava que a Assembleia Nacional estava reformulando aquela instituição de pesquisa e decidindo como fazer para preencher os cargos que poderiam ser criados com tal reforma (cf. Taquet, 2006, p. 347).

No ano seguinte, continuando seus estudos, Cuvier retoma seu interesse pela mineralogia, uma das poucas áreas nas quais ainda não havia feito nenhum estudo mais elaborado. Em suas incursões pelo litoral normando, ele já havia realizado algumas observações geológicas, mas sem avançar muito nas questões mineralógicas das formações. Aproveita os dados levantados para aprimorar as discussões com seus correspondentes, sob a luz das ideias geológicas de De Luc e de Buffon (Taquet, 2006, p. 376-9). Como uma constante em sua carreira, Cuvier procura estender seu conhecimento e domínio do objeto de estudo. Neste caso, a mineralogia podia auxiliá-lo na compreensão dos fenômenos observados e, consequentemente, na elaboração de suas futuras críticas aos "sistemas geológicos" ou "teorias da Terra" de Buffon, De Luc e outros, que ele já começava a empreender em suas correspondências (cf. Cuvier, 1858, p. 72, 261-5; Rudwick, 1997a, p. 4-5).

Cuvier já havia lido os estudos mineralógicos de Werner quando teve acesso aos trabalhos dos cristalógrafos e mineralogistas Romé de Lisle (1736-1790) e René Just-Haüy (1787-1789), e do editor do *Journal de Physique et Chimie et d'Histoire Naturelle*, Jean-Claude de La Métherie (1743-1817), que desde 1785 publicava anualmente um "Discurso Preliminar", uma espécie de prefácio que levantava diversas questões relacionadas ao avanço das ciências (cf. Hatin, 1866, p. 36-7).

Todos esses trabalhos conduziram Cuvier a uma maior aproximação com os estudos da Terra e de seus constituintes, e ao estabelecimento de um contato com Haüy, que desde 1793 já manifestava interesse em sua ida a Paris (cf. Cuvier, 1858, p. 249-53; Taquet, 2006, p. 411-4). Na ocasião em que Cuvier lia os seus trabalhos, um aluno de Haüy, Etienne Geoffroy Saint-Hilaire (1772-1844), estava sendo nomeado em Paris para o cargo de subcurador do Gabinete de História Natural do recém-criado *Muséum National National d'Histoire Naturelle* (Museu Nacional de História Natural),[1] substituindo o ausente Lacepède e iniciando uma sólida carreira científica (cf. Taquet, 2006, p. 412; Jussaud & Brygoo, 2005, p. 243-6).

A criação do museu estava entre as reformas feitas na França pela Convenção Nacional por meio da reformulação do antigo Jardim do Rei, feita em 1793, na qual foram alteradas suas funções e estrutura administrativa, dotando-as de um caráter mais democrático, ao estabelecer que várias de suas ações administrativas passavam a ser decididas por uma assembleia de professores do Museu Nacional e não mais por um único servidor, como na época dos intendentes. Também no campo financeiro o Museu Nacional obtém alguns avan-

---

1 A partir deste ponto, todas as referências ao *Muséum National d'Histoire Naturelle* serão feitas pela abreviação Museu Nacional.

ços, pois a partir de então passa a receber suas verbas diretamente do Ministério do Interior, uma situação que permitia um acesso direto ao governo central francês (cf. Outram, 1997, p. 25; Jaussaud & Brygoo, 2004, p. 539-71).

Inicialmente foram criados doze cursos que visavam "ensinar completamente a história natural" e no ano seguinte Geoffroy ocupa, além de suas outras atribuições, a supranumerária cadeira de zoologia (quadrúpedes, cetáceos, aves, répteis e peixes) (cf. Jussaud & Brygoo, 2005, p. 243-4, 561). Cuvier trava contato com Geoffroy por meio de um abade naturalista que se encontrava na Normandia, e que muito apreciava seus trabalhos.

Segundo a biógrafa de Cuvier, Mistress Lee, e seu discípulo Pierre Flourens, o abade Henri-Alexander Tessier (1741--1837) escreveria, mais tarde, cartas a Geoffroy e ao diretor do Museu Nacional, Antoine-Laurent de Jussieu (1748-1836), recomendando a apreciação dos trabalhos do jovem naturalista da Normandia. No entanto, Dorinda Outram, que discute, em seu estudo sobre vocação, ciência e autoridade na França pós-revolucionária, a centralidade de Georges Cuvier no mundo científico de sua época, nega que o abade Tessier tenha tido importância na introdução de Cuvier na comunidade científica de Paris, pois, naquele momento, o jovem naturalista já tinha estabelecido contato com várias personalidades influentes daquela comunidade, divulgando, por assim dizer, diretamente seus trabalhos de qualidade (cf. Lee, 1833a, p. 21-3; Flourens, 1856, p. 179-81; Outram, 1984, p. 42-6).

2.2 Os primeiros trabalhos

A divulgação de seus primeiros trabalhos publicados está muito ligada à intensa correspondência que Cuvier manteve com os naturalistas parisienses. Por meio desse expediente,

Cuvier já havia obtido um razoável reconhecimento de sua competência como naturalista, especialmente no âmbito da *Société d'Histoire Naturelle de Paris* (Sociedade de História Natural de Paris). Aproveitando-se desse novo espaço institucional, ele envia seus trabalhos para serem publicados no periódico da sociedade, que tinha em seus quadros de redatores alguns naturalistas eminentes, como, por exemplo, Haüy e Jean-Baptiste de Lamarck (1744-1829).

Em dezembro de 1794, em sessão secretariada por Geoffroy, Cuvier é aceito como membro daquela sociedade. Três meses mais tarde, ele chega a Paris para apresentar-se diante de seus novos colegas e, também, efetuar a leitura de uma memória sobre a anatomia e fisiologia das sépias diante da *Société Philomatique de Paris* (Sociedade Filomática de Paris). Em abril de 1795 é nomeado membro da *Commision Temporaire des Arts* (Comissão Temporária das Artes), criada para inventariar os recursos científicos da França após a eliminação das academias científicas, e, finalmente, em julho, Cuvier atinge sua meta, ao ser nomeado como suplente de Jean-Claude Mertrud (1728-1802) para a cadeira de anatomia dos animais no Museu Nacional de História Natural (cf. Gillispie, 2004, p. 290-2; Taquet, 2006, p. 444).

Com a coleção de anatomia do Museu Nacional a sua disposição, Cuvier pôs-se logo a produzir trabalhos de descrição e análises anatômica e fisiológica, além de alguns relatórios sobre trabalhos de outros naturalistas. Em dezembro de 1795 substituiu Mertrud na cátedra de anatomia comparada do Museu, e até o mês de abril do ano seguinte Cuvier, já como membro do Museu Nacional, apresenta dezoito trabalhos, dentre os quais quatro em parceria com seu vizinho Geoffroy.

Em seu discurso de abertura do curso que passa à ministrar no Museu Nacional, Cuvier faz críticas àqueles "que querem reduzir toda a ciência a sistemas", defendendo que é necessário ater-se mais aos "fatos" que, no caso da geologia, deveriam ser obtidos por meio de observações. Mas também tece críticas aos "grandes homens" que o antecederam naquela cátedra, por terem empregado pouco o método comparativo. Expõe claramente vários preceitos de suas leis da anatomia comparada, as quais serão mais tarde claramente formuladas. Também defende que será pelo emprego dos métodos baseados nesses preceitos, que a compreensão das "máquinas animais", o verdadeiro objetivo da zoologia, poderá ser alcançada (cf. Cuvier, 1795, p. 145-55). Em nenhum momento desse discurso ele faz referência à ideia de fósseis, que teria de aguardar até abril de 1796, quando Cuvier lê, em uma sessão do Instituto Nacional das Ciências e das Artes, seu primeiro trabalho envolvendo uma espécie fóssil.

O Instituto Nacional, atualmente *Institut de France* (Instituto da França), havia sido criado em 25 de outubro de 1795, por um ato do Diretório, reunindo as antigas academias fundadas pelos reis Luís xiii e Luís xiv, entre elas a *Académie des Sciences* (Academia de Ciências). Era composto por três classes. Na primeira classe, estavam agrupadas as ciências naturais. Cuvier se tornaria membro da primeira classe em dezembro de 1795. A segunda classe agrupava as ciências morais e políticas; e terceira classe incluía a literatura e as belas-artes. A primeira classe, da qual Cuvier se tornaria membro em dezembro, estava dividida em dez sessões como, por exemplo, a mineralogia, a botânica e a fisiologia das plantas, entre outras, sendo que Cuvier integrava a seção de zoologia e anatomia (cf. Aucoc, 1889, p. i-xxviii; Rudwick, 2005, p. 339, 355).

Este era um excelente foro para Cuvier apresentar seu trabalho que é, na verdade, um sumário de um estudo que ele publicará completo em 1798. Mas o impacto causado pelas conclusões ali contidas, de forma alguma, foi pequeno. Aplicando intensamente seus conhecimentos de anatomia,

Cuvier compara ossadas e dentes de três espécimes de proboscídeos, estabelecendo tratar-se de três espécies diferentes.[2] Até aquele momento, ainda não havia sido formado nenhum consenso em relação à quantidade de espécies viventes de elefantes que existiam. Buffon, Daubenton e outros já haviam discutido em suas obras se as grandes ossadas fósseis, encontradas nas altas latitudes europeias e americanas, eram de elefantes viventes.

Cuvier, por sua vez, já havia discutido a identificação das duas espécies viventes em artigo escrito em conjunto com Geoffroy, publicado em 1795. Havia proposto também que o mamute siberiano fosse tratado como uma terceira espécie. Mas, neste segundo trabalho sobre "elefantes", Cuvier consegue ampliar a discussão, incluindo uma análise detalhada das ossadas e dentes de um mamute.

As peças que Cuvier utiliza para sua análise haviam chegado da Holanda, como resultado do Acordo de Haia firmado naquele ano entre a França e o país invadido. Dentre os materiais apreendidos, estavam dois crânios de elefantes provenientes do Ceilão (Sri Lanka) e do Cabo da Boa Esperança (África do Sul), ou seja, das duas espécies viventes conhecidas na época: o elefante africano e o asiático (cf. Rudwick, 2005, p. 360-1). Ao comparar esses crânios com os fósseis de outro proboscídeo, denominado *mammoth* pelos habitantes da Sibéria, ele conclui que havia duas espécies distintas de "elefantes" viventes e uma espécie extinta, ou, utilizando sua nomenclatura, desaparecida (cf. Cuvier & Geoffroy, 1795, p. 90).

---

2 A tradução deste trabalho para a língua portuguesa foi recentemente publicada, pelo autor deste livro, no *Boletim da Associação Brasileira de Filosofia e História da Biologia*, volume 4, número 3 (setembro de 2010), p. 8-11 (disponível em http://www.abfhib.org/Boletim/Boletim-HFB-04-n3-Set-2010.htm).

Há muito tempo discutia-se a possibilidade de uma espécie inteira ser extinta, mas a hipótese não alcançava consenso. Muitas evidências se acumulavam, mas os contra-argumentos também eram verossímeis. O mais forte deles baseava-se na hipótese de que em algum local remoto e inexplorado do globo terrestre, o suposto animal extinto poderia ser encontrado. Era o argumento do "fóssil vivente", que Cuvier conseguiu contornar, ao eleger estrategicamente, para seus trabalhos com os fósseis, um grupo de animais que dificilmente não teriam sido avistados ou noticiados, caso ainda estivessem vivos, ou seja, os grandes quadrúpedes, tais como, por exemplo, os proboscídeos (cf. Cuvier, 1801a, p. 256).

Entretanto, outra hipótese, contrária à conclusão de Cuvier, fazia-se presente naqueles tempos. Eminentes defensores das ideias transformistas negavam veementemente a possibilidade da ocorrência de extinção (cf. Lamarck, 1809, p. 99). Para eles, as espécies transformavam-se ao longo do tempo ao invés de serem extintas. Cuvier, no decorrer de sua carreira, empreendeu uma oposição constante a essas ideias e seguramente os fósseis, que remetiam à extinção, formavam um excelente recurso argumentativo.

A defesa da ocorrência do fenômeno da extinção não é o único motivo pelo qual Cuvier se opõem à ideia do transformismo. Seus conhecimentos da anatomia comparada levaram-no a defender que o nível de transformação da organização corporal de um ser vivo, requerido para que houvesse especiação, não era possível de ser alcançado, pois inviabilizaria a própria organização corporal; "em uma palavra, seria reduzir a nada toda a história natural, uma vez que seu objeto não consistiria senão de formas variáveis e de tipos fugazes" (Cuvier, 1798e, p. 12).

Essa foi uma forte defesa da utilização da anatomia comparada que, no estudo dos fósseis, poderia atuar como o método auxiliar para o estabelecimento de uma verdadeira "teoria da Terra" (geoteoria), baseada em dados concretos. Ao condenar o modo como aquele tipo de sistema explicativo causal estava sendo construído, ou seja, invariavelmente baseado em uma quantidade pequena de dados coletados em campo e de muitas reflexões realizadas em gabinetes, Cuvier afirma que os resultados produzidos pela aplicação da anatomia comparada ao estudo dos fósseis poderiam produzir o conhecimento necessário para a compreensão de como se deu a história geológica do globo terrestre (cf. Cuvier, 1801a, p. 253-7).

O impacto do trabalho foi imediato. Seu colega, Barthélemy Faujas de Saint-Fond (1741-1819), à frente da cadeira de geologia do Museu Nacional, responde, em 1797, sob a forma de uma carta endereçada ao editor do *Journal de Physique*, Jean-Claude de La Métherie. Faujas compara animais fósseis e viventes, mas para esse fim ele utiliza caracteres com pouco potencial comparativo, como, por exemplo, o peso dos dentes e ossos. Descreve em detalhe as formações relacionadas aos fósseis que compara, e chega a uma conclusão que consiste em trazer novamente à tona a hipótese do fóssil vivente: "(...) o análogo está, com efeito, talvez perdido, ou não existe, senão nas partes mais recuadas da África" (Saint-Fond, 1797, p. 446). Curiosamente ele termina concluindo que mediante o estado em que se encontraram os fósseis estudados, em conjunto com conchas e madeiras fossilizadas, "supõe necessariamente [a ocorrência de] grandes revoluções". E é "reunindo uma série de fatos semelhantes, que se acelerará o progresso da geologia, e que se conseguirá adquirir conhecimentos positivos sobre essa grande e interessante parte da história natural" (cf. Saint-Fond, 1797, p. 446).

Essa não é uma ideia particular de Cuvier, muito menos de Faujas. Fazia tempo que alguns naturalistas estavam reivindicando a eliminação de proposições especulativas nas explicações causais de fenômenos geológicos. Um dos maiores críticos a esse tipo de trabalho, Nicolas Desmarest (1725-1815), havia elencado em 1794, em um trabalho sobre a geografia física, publicado na *Encyclopédie méthodique* (*Enciclopédia sistemática*), mais de quarenta "sistemas geológicos" sendo discutidos por naturalistas de toda a parte, apontando o prejuízo que esses sistemas especulativos trouxeram para o desenvolvimento da geografia física (cf. Saint-Fond, 1797, p. 446; Rudwick, 2005, p. 339). Ao mesmo tempo em que Desmarest fazia sua reivindicação, Saussure propunha sua agenda de pesquisa que visava contribuir para o "progresso da teoria de nosso globo", pois para ele era possível a elaboração de uma geoteoria confiável, mediante um melhor levantamento dos dados coletados em campo (cf. Saussure, 1796, p. 32-4).

Segundo Saussure, a área que mais poderia contribuir para essa produção de dados é a geografia física, mas é necessário, também, dar uma maior atenção aos "monumentos históricos" fornecidos pela natureza. Saussure referia-se a todos os traços que são decorrentes da dinâmica geológica ocorrida ao longo da história do globo. Os vales, as estratificações, os seixos arredondados, os fósseis e tantos outros vestígios dessa dinâmica deveriam ser observados no campo e interpretados de forma a compor a trajetória histórica dos fenômenos geológicos em que estiveram envolvidos. Particularmente, em relação aos fósseis, Saussure destaca a importância de estabelecer-se uma relação entre eles e as formações geológicas – estratos geológicos – em que estão inseridos. Dessa maneira, é possível estabelecer a época do surgimento de diferentes espécies. Também destaca a necessidade de "comparar-se exatamente as ossadas, as conchas e as plantas fósseis com os análogos vivos",[3] para verificar se possuem, ou

---

3 Análogo, neste contexto pré-evolucionista, significava semelhante.

não, "uma exata semelhança com os que se encontram atualmente vivos". Para Saussure, as respostas a essas questões,
que a princípio pareciam estar voltadas às discussões sobre
a história dos seres vivos, visavam principalmente a produção de dados para a compreensão da trajetória da dinâmica
geológica do globo terrestre (cf. Saussure, 1796, p. 32-4).

Apesar da conversão dessas questões para um mesmo espaço de discussão proposto pelo trabalho de Cuvier sobre as
espécies vivas e os fósseis de elefantes, naquele momento,
sua principal meta diferia bastante da de Saussure. Prelimi-
narmente, ele estava interessado em ampliar seu conhecimento anatômico-fisiológico dos seres vivos por meio da
análise do maior número possível de formas de organização
corporal. A coleção anatômica e a de animais vivos (*Ména-
gerie*) do Museu Nacional já forneciam o material necessário
para as comparações entre os animais viventes, mas Cuvier
pretendia uma compreensão geral de todas as formas de organização possíveis, que tiveram lugar ao longo da história
da Terra. Para atingir esse objetivo, ele necessitava dos fósseis. A coleção do Museu supria boa parte dessa necessidade,
porém o aporte de mais material fossilizado também se fazia
necessário para aumentar, ainda mais, a precisão na aplicação do método comparativo.

O resultado dessa precisão é de fundamental importância
para o desenvolvimento dos métodos e do programa de pesquisa de Cuvier, que objetiva compreender as formas de organização possíveis no reino animal. Mas a conclusão decorrente sobre a ocorrência da extinção nessa história do globo
também tem implicações teóricas profundas. Como explicar
a destruição de uma fauna inteira? Quais as relações dessa
destruição com as configurações geológica, mineralógica,
geognóstica e até geográfica, observáveis nas rochas em que
se encontravam os fósseis de espécies extintas?

Estas e outras questões receberam maior atenção após a constatação da ocorrência do fenômeno da extinção, levando Cuvier a elaborar, posteriormente, uma teoria que explicasse tanto o desaparecimento de faunas, quanto as formações rochosas e suas sequências estratigráficas. Nesse ínterim, e apenas seis dias após sua comunicação sobre as espécies vivas e fósseis de "elefantes", Cuvier (1796b) apresenta outra comunicação sobre uma espécie fóssil.

Juan-Bautista Bru de Ramón (1740-1799) havia montado, em Madrid, o esqueleto fossilizado de um animal ainda não identificado e que havia sido retirado de um banco do Rio Lujàn, um subsidiário do Rio da Prata, a oeste de Buenos Aires na Argentina. Bru, que pretendia publicar um trabalho sobre a ossada fóssil, produziu, então, diversas pranchas dos ossos e do animal inteiro montado. Entretanto, em 1795, antes da pretensa publicação, o correspondente do Instituto Nacional, Philippe Roume de Saint-Laurent (1724-1804), teve a oportunidade de ver o trabalho de Bru e mandou confeccionar cinco pranchas, que foram enviadas àquele instituto em Paris (cf. Rudwick, 1997, p. 25-6; 2005, p. 356-7).

Cuvier, que já se destacava como anatomista comparativo e que era, nesse momento, o mais novo membro da primeira classe do Instituto Nacional, foi prontamente designado para apresentar relatório sobre as pranchas provenientes de Madrid. Apesar de seu trabalho ser desenvolvido somente por meio das pranchas e dos relatos fornecidos por Roume de Saint-Laurent, Cuvier pôde concluir tratar-se de um animal até então desconhecido e que não se assemelhava a nenhum outro, seja vivente ou fóssil. O animal em questão é um megatério, um tipo de preguiça-gigante que compunha a megafauna cenozoica. Nesse trabalho, o primeiro em que trata isoladamente de uma espécie fóssil, Cuvier afirma que "os animais do antigo mundo diferem todos daqueles que vemos hoje sobre a Terra, pois não é nada provável que tal animal ainda exista, ou que uma espécie tão notável tenha podido escapar até aqui da pesquisa dos naturalistas" (Cuvier, 1796b, p. 310).

Mas a afirmação da ocorrência no passado de uma fauna diferente, aos moldes do que De Luc havia defendido sobre o contraste existente entre um mundo pré-humano e o atual, não foi a única inovação deste trabalho de Cuvier. Ao discutir o meteórico e profícuo surgimento de Cuvier para o mundo científico, em sua "reconstrução da geo-história na era da Revolução", Martin Rudwick, sugere que este foi, provavelmente, o primeiro fóssil a receber uma denominação binominal liniana: *Megatherium americanum* (cf. Rudwick, 2005, p. 357). E a decisão de nominá-lo assim não seria nem neutra, nem casual. Ela incorporava a afirmação potencialmente controversa da distinção dessa espécie de qualquer outra vivente.

A distinção corroborava a defesa da ocorrência do fenômeno da extinção, algo tão relevante para Cuvier, a ponto de desvelar sua displicência com os dados referentes à localização da descoberta do fóssil do megatério. Apesar da descoberta ter sido feita na Argentina, Cuvier informa no título de seu trabalho que o esqueleto fora encontrado no Paraguai. No livro em que discute a relevância das ideias e métodos de Cuvier para a história natural pré-darwiniana, Gustavo Caponi define nosso personagem como um "fisiologista de museu". Uma definição que se mostra muito apropriada, para a análise do episódio acima, em que se evidencia a pouca importância que Cuvier dava ao entorno em que estavam inseridos os animais que estudava (cf. Caponi, 2008, p. 61). Durante toda sua carreira no Museu Nacional, Cuvier realizou somente um trabalho de campo entre os anos de 1804 e 1811, e, ainda assim, não precisou afastar-se de Paris, pois as escavações estavam localizadas em seus arredores, por exemplo, nas localidades de Montmartre e Pantin.

Felipe Faria

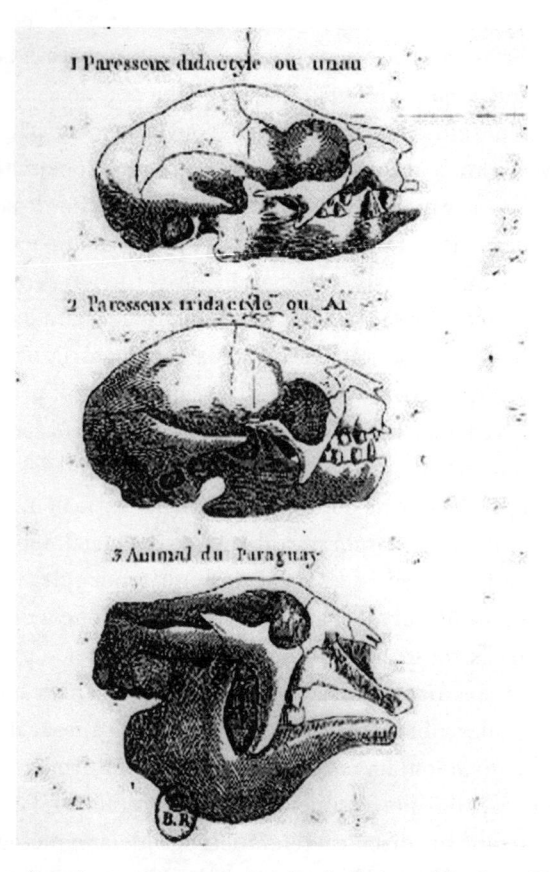

Figura 2. Prancha que acompanha o artigo de Cuvier publicado no *Magasin Encyclopédique*, comparando duas espécies viventes de preguiças (1 e 2) e o megatério (3). Cuvier escolhe desenhar os crânios, em detrimento de outra peça anatômica, porque eles são detentores dos mais marcantes caracteres diagnósticos taxonômicos dos vertebrados. Não foram respeitadas as proporções entre os crânios. Ao final do artigo, Cuvier propõe denominar o "animal do Paraguai" de *Megatherium americanum*, mas, na prancha, ele utiliza o nome informal. O nome resumido constante no cabeçalho do artigo é *squelette inconnu* (esqueleto desconhecido). Marcando bem a época de transição política em que Cuvier viveu, este número do periódico, disponível no sítio da *Bibliothèque Nationale de France* (Biblioteca Nacional da França), www.gallica.fr, leva somente em suas duas únicas pranchas, esta de Cuvier e outra de um artigo de Geoffroy sobre os lêmures, a chancela da *Bibliothèque Royale* (Biblioteca Real), entretanto, em sua capa consta a chancela da *Bibliothèque Nationale* (Biblioteca Nacional), que após a Revolução anexou a primeira.

Ainda no mesmo ano de 1796, o trabalho de Cuvier alcançaria a Espanha e a Inglaterra, país com o qual a França estava em guerra. Apesar da situação de beligerância, o artigo de Cuvier (cf. 1796a) foi publicado ainda em setembro, no *Monthly Magazine*, precedido por um sumário dos trabalhos lidos nas duas primeiras seções do recém-criado Instituto Nacional, este foi o único artigo francês a ser publicado naquele número do periódico, que trata de temas muito diferentes entre si, como por exemplo, agricultura, telegrafia, ginástica, história, música, poesia, anedotas etc., ou seja, uma diversidade de assuntos que poderiam interessar a um público leitor bem variado. Talvez, por tratar-se de um periódico mais generalista, decidiu-se por publicar este artigo, à diferença do artigo francês, com uma prancha do esqueleto montado, que além de ser uma novidade, demonstrava mais facilmente, para o público geral,[4] como era a aparência daquele animal. Este seria um recurso de retórica fundamental para o convencimento do público de que aquele animal diferia de todos os animais viventes conhecidos e que, portanto, deveria encontrar-se extinto (Cuvier, 1796a, p. 637-8).

A divulgação desses trabalhos foi um dos primeiros passos de Cuvier em direção à formação de uma rede de cooperação de pesquisadores. Em seus anos na Normandia, privado de grandes coleções ou bibliotecas de história natural, ele dependera substancialmente das informações científicas que chegavam por meio da correspondência mantida, principalmente, com colegas e professores de sua antiga academia alemã. No caso dos fósseis, uma necessidade semelhante

---

4 Adota-se aqui o termo "público geral" para definir a parcela da população culta e interessada em acompanhar os avanços que a comunidade científica produzia com os seus trabalhos, mesmo não tendo vinculação direta com o meio acadêmico e científico.

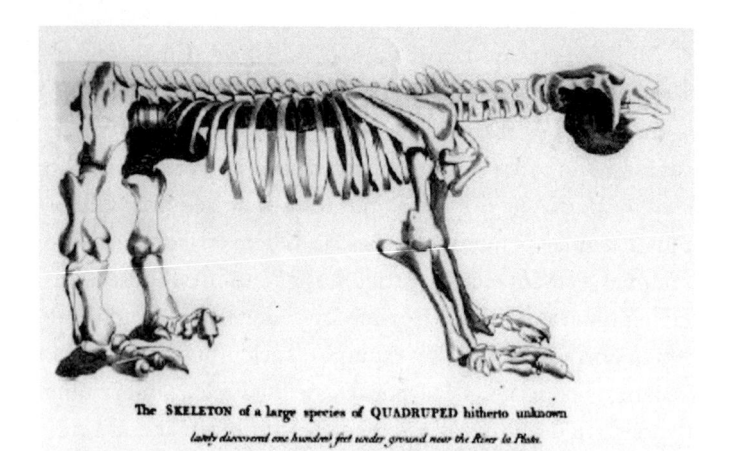

The SKELETON of a large species of QUADRUPED hitherto unknown
lately discovered one hundred feet under ground near the River la Plata.

Figura 3. Prancha que consta do artigo de Cuvier publicado no *Monthly Magazine*.
Provavelmente esta é primeira montagem de um esqueleto fóssil representando
o modo de vida de um animal extinto, um estilo de representação que se tornará
posteriormente comum. Bru montou o esqueleto, supondo tratar-se de um animal quadrúpede. Em seu artigo, Cuvier não faz nenhuma afirmação a esse respeito, mas relaciona o animal às preguiças viventes, as quais ele sabia que viviam
em árvores (cf. Cuvier, 1796a, p. 308; Martin Rudwick, 2005, p. 357).

permanecia, pois geralmente eram espécimes únicos, raros
e encontrados em localidades distantes e, portanto, pouco
disponíveis para uma observação direta. A formação de uma
rede de intercâmbio de informações vai suprir essa defi-
ciência e, ainda, proporcionar a Cuvier uma maior difusão
de suas ideias.

Em meados de 1797, Cuvier publica, no boletim da Sociedade Filomática de Paris, o extrato de uma memória que
havia apresentado no Instituto Nacional, comparando novamente espécies vivas e fósseis de um mesmo grupo de animais, no caso, as quatro espécies viventes de rinocerontes
conhecidas na época, com "os rinocerontes fósseis da Sibéria e da Alemanha". Sua conclusão sucinta e que estes últimos "diferem essencialmente das quatro espécies que vivem

atualmente; e isso conduz a diferentes considerações geológicas" (Cuvier, 1797, p. 17). Pela brevidade do texto, é bem
provável que Cuvier quisesse apenas reforçar sua posição sobre a extinção de faunas antigas, pois, no ano seguinte, ele
republica o artigo, agora completo e com pranchas, sobre as
espécies de elefantes vivas e fósseis, ampliando em mais de
dezessete páginas os detalhes de suas descrições anatômicas
e a defesa de sua hipótese da extinção. Na nota adicional ao
artigo, ele comunica a existência de mais quatro espécies fósseis: um proboscídeo (mastodonte), duas espécies de animais
assemelhados ao tapir e um animal de cujos "despojos são
muito abundantes nos arredores de Paris, sendo um inter-
mediário entre o tapir, o rinoceronte e um ruminante" (cf.
Cuvier, 1799, p. 1-22).

2.3 Os primeiros apelos

No artigo completo sobre os elefantes vivos e fósseis, Cuvier
afirma "ter feito desde há muito, pesquisas com animais fósseis" e ter descoberto "várias espécies distintas não somente
destas, que já se conhece nesse estado [fóssil], mas ainda de
todas as que sabemos existirem vivas" (Cuvier, 1797, p. 22).
O próximo passo de um naturalista que já vinha defendendo
a aplicação de seus métodos para tornar a geologia uma ciência baseada em fatos, e não em especulações, seria a ampliação da comunidade que começava a aderir a suas ideias, principalmente em vista da efetividade de seus resultados.

Procurando atingir seu objetivo, Cuvier publicou em 1798
o artigo *"Extrait d'un mémoire sur les ossemens fossiles de
quadrupèdes"* ("Extrato de uma memória sobre as ossadas fósseis de quadrúpedes") em três periódicos diferentes: *Bulletin
des Sciences par la Société Philomatique de Paris, Magasin Ency-*

clopédique ou Journal des Sciences, des Lettres et des Arts e *Journal de Physique, de Chimie, d'Histoire Naturelle et des Arts*. Com essa estratégia de publicação recorrente, Cuvier queria divulgar seu plano de estudar todos os animais fósseis e "comparar com aqueles que existem à superfície do globo, para determinar as relações e as diferenças". Para convencimento do leitor sobre a eficiência de seus métodos, ele apresenta, em sequência, os resultados que obtivera até aquela ocasião. Trata-se da descrição anatômica de doze ossadas de espécies fósseis: o mamute, o mastodonte, um hipopótamo fóssil, alguns rinocerontes fósseis, o megatério, um urso das cavernas, um animal assemelhado ao cão, um animal assemelhado ao peixe-boi-marinho ("vaca marinha"), um alce irlandês e, finalmente, um animal assemelhado ao auroque. O grupo dos hipopótamos, dos rinocerontes, dos ursos das cavernas, do alce irlandês e do auroque têm ou tiveram representantes atuais. Porém, as espécies estudadas por Cuvier estavam extintas desde o começo do Holoceno (10.000 anos até o presente).

Na breve conclusão do extrato, Cuvier afirma que "não é verdade dizer que os animais do equador tenham, no passado, vivido no norte", mas sim, que "viveram em todos os tipos de regiões animais que não vivem mais por lá atualmente e que não se encontram em nenhuma parte das regiões conhecidas". Além dessa reiteração de sua hipótese extintiva, Cuvier aborda a questão das explicações causais na geologia, propondo deixar para os geólogos a tarefa de "fazer aos seus sistemas as mudanças ou as adições, que eles venham a crer serem convenientes para explicar os fatos assim constatados" (cf. Cuvier, 1798a, p. 137-9; 1798b, p. 145-0; 1798c, p. 315-7).

O trabalho completo é lido, no mesmo ano, em sessão pública do Instituto Nacional, tendo Cuvier ali introduzido um elemento teórico que se tornará central em todo o seu programa de pesquisa: a hipótese da ocorrência de catástrofes, ou revoluções, no passado geológico da Terra. Para tanto, ele inicia o trabalho com a afirmação de que não haveria mais ninguém que não soubesse que a "Terra que nós habitamos mostra por toda a parte claros traços de grandes e violentas revoluções", e que a "história dessas convulsões não pôde ainda ser elucidada, malgrado os esforços daqueles que têm coletado e comparado os documentos" (Cuvier, 1798d, p. 1).

A metáfora sobre documentos não é exclusiva de Cuvier, o próprio Buffon já a utilizara em seu *Épocas da natureza*, com o sentido de traços da dinâmica da história do globo (Buffon, 1780, p. 1-7). Estendendo a metáfora, Cuvier defende que esses "documentos" – as ossadas de quadrúpedes – diferiam dos atuais e que, portanto, devem ser comparados com estes últimos, para que os geólogos possam "fazer pela história da natureza, o que os antiquários fazem pela história das artes e dos costumes", ou seja, "buscar nas ruínas do globo, os restos dos organismos que viveram na sua superfície, da mesma maneira que os primeiros escavam nas ruínas das cidades, para desenterrar os monumentos das artes, do gênio e dos hábitos dos homens que as habitaram" (Cuvier, 1798d, p. 3).

Ainda nesse trabalho de 1798, Cuvier afirma que somente mediante a utilização da anatomia comparada, que já havia atingido "um tal ponto de perfeição" (*sic*), é que seria possível, por meio "da inspeção de um só osso, determinar a classe, e algumas vezes até mesmo o gênero do animal, ao qual ele pertenceu, sobretudo, se os ossos fazem parte da cabeça ou dos membros" (Cuvier, 1798d, p. 4).

Essa afirmação deixava claro que, a partir de então, os planos de Cuvier incluíam as questões da geologia e que a anatomia comparada deveria ser a chave para a compreensão do funcionamento de todos os corpos organizados, atuais ou fossilizados. Por meio da aplicação do "princípio das condições necessárias à existência do animal", apresentado no trabalho completo, é possível estabelecer, por exemplo, por meio da análise de um dente, se o animal era carnívoro ou herbívoro. Se carnívoro, então é possível concluir que toda sua fisiologia e anatomia estão voltadas para esse hábito. Todos os seus órgãos da digestão estão dispostos a esse tipo de alimento. Todo o seu esqueleto e seus órgãos do movimento, e mesmo aqueles da sensibilidade, estão dispostos de maneira a tornar o animal hábil em perseguir e agarrar uma presa (cf. Cuvier, 1798d, p. 7).

Esse é o princípio utilizado por Cuvier para reconstruir os "animais desaparecidos", e que se apoia nas leis da anatomia comparada, difundidas com maior detalhamento no primeiro livro que publica, o *Tableau élémentaire de l'histoire naturelle des animaux* (*Quadro elementar da história natural dos animais*), também de 1798.

Cuvier escreve o livro, baseando-se nas aulas de história natural que ministrava na *École Centrale du Panthéon* (Escola Central do Panteão), desde sua chegada em Paris. Esta instituição de ensino fazia parte do conjunto de escolas públicas secundárias estabelecidas em 1795, pelo *Comitê d'Instruction Publique* (Comitê de Instrução Pública), as quais foram posteriormente integradas ao sistema universitário francês (cf. Appel, 1987, p. 61-2; Duris, 1996, p. 23-4). As aulas de Cuvier fizeram-no perceber que havia uma acentuada demanda "de uma obra elementar, que apresentasse aos mestres e aos alunos, de uma maneira resumida, mas sólida, o estado atual dessa ciência" (Cuvier, 1798e, p. v). Abordando a classificação zoológica, Cuvier expõe claramente suas ideias para um sistema classificatório, que poderá servir inclusive para os vegetais, visto que se baseia na organização anatômico-fisiológica de todos os seres vivos. Como os caracteres diagnósticos devem ser os mais constantes possíveis, Cuvier defende que fossem utilizados aqueles mais básicos da fisiologia do organismo, ou seja, caracteres que se alterados, implicariam uma mudança radical de toda a organização, visto que o corpo organizado tem todas as suas partes funcionando em conjunto e em mútua implicação (cf. Cuvier, 1798, p. 17-22).

Devido àquela forte demanda, o livro foi imediatamente bem recebido nos meios acadêmicos e científicos, e pode ter tornado Cuvier o autor mais citado em trabalhos de outros naturalistas e uma referência frequente para os professores do ensino de história natural (cf. Coleman, 1964, p. 12; Duris, 1996, p. 36).

Ainda em 1798, Cuvier publica um artigo descrevendo e identificando o animal que ele definira como "assemelhado a um cão" no trabalho anterior sobre as ossadas fósseis de quadrúpedes. Com o título *"Sur les ossemens qui se trouvent dans le gypse de Montmartre, par le C. Cuvier"* ("Sobre as ossadas fósseis que se encontram no calcário de Montmartre, pelo cidadão Cuvier"), o trabalho foi publicado em dois periódicos parisienses, *Bulletin de Sciences pour la Société Philomatique de Paris* (tomo I) e também no *Magasin Encyclopédique ou Journal des Sciences, des Lettres et des Arts* (tomo IV). Por meio de comparações anatômicas cuidadosamente descritas no artigo, Cuvier relaciona o animal fóssil ao grupo dos paquidermes que, por sua vez, contém os rinocerontes, os tapires e os porcos (cf. Cuvier, 1798f, p. 155; 1798g, p. 289-91).

Também naquele ano, Cuvier teve publicado dois artigos em periódicos fora da França, que lhe permitiram divulgar ainda mais suas ideias para a comunidade internacional. Na Inglaterra, o seu *"Extract of a memoir on the fóssil bones of quadrupeds"* ("Extrato de uma memória sobre ossadas fósseis de quadrúpedes") recebeu uma tradução, publicada no

Philosophical Magazine. Na Alemanha, o *Magazin für den neuesten Zustand der Naturkunde*, em seu primeiro tomo, publica a tradução de um artigo de Cuvier sobre as narinas dos cetáceos. E, no ano seguinte, novamente na Inglaterra, ele publica, no *Journal of Natural Philosophy*, o resumo traduzido para o inglês do trabalho que já havia sido publicado na íntegra, no ano anterior, no *Philosophical Magazine*.

2.4 O APELO INTERNACIONAL

No final de 1799 e início do ano seguinte, Cuvier foi designado para dois cargos que, mesmo indiretamente, foram fundamentais para o avanço da divulgação de suas ideias. Nomeado para o cargo de secretário executivo da primeira classe do Instituto Nacional, ele conhece pessoalmente Napoleão Bonaparte, recém-chegado de sua expedição ao Egito e que se fizera membro dessa classe (cf. Mauri, 1864, p. 340-1; Rudwick, 1997a, p. 42). Cuvier, que já havia declinado em participar daquela expedição, pois "estava no centro das ciências e no meio da mais bela coleção" e "seguro de fazer os melhores trabalhos, mais constantes, mais sistemáticos e as descobertas mais importantes" do que naquela viagem frutuosa, agora tinha a chance de conhecer o Primeiro Cônsul (cf. Lee, 1833a, p. 27; Flourens, 1856, p. 185). Por meio desse contato, Cuvier, formado em administração pública em Stuttgart, galgou alguns degraus em sua carreira como homem público, ao assumir o cargo de *Inspecteur General des Études Publiques* (Inspetor-Geral da Educação Pública). Essa carreira, paralela à de naturalista, proporcionou-lhe mais tarde, por meio de viagens oficiais, muitas oportunidades de conhecer outras coleções e travar contatos com naturalistas de vários países da Europa ocupada (cf. Outram, 1984, p. 61-2).

O segundo cargo, ao qual Cuvier foi nomeado, confirma sua plena ascendência como autoridade na área da história natural. Apontado como sucessor de Daubenton para a cadeira de história natural no prestigioso *Collège de France* (Colégio de França), Cuvier tem então a oportunidade de divulgar suas ideias para um público ainda maior. Fundado em 1530, sob o nome de *Collége Royal* (Colégio Real), essa instituição de ensino objetivava atuar como alternativa à Sorbonne, em um momento no qual ela já apresentava uma estrutura tão formal que dificultava o acesso ao público geral.

Era o local perfeito para Cuvier atingir um crescente público interessado em conhecer seus trabalhos e ideias.[5] Além da visibilidade, os resultados de seus estudos também recebiam muita atenção, pois ele prosseguia publicando um grande número de artigos. Além disso, seu *Tableau élementaire* teve grande circulação, divulgando ainda mais seus métodos de anatomia comparada. Cuvier aproveita, então, para fazer o grande apelo para a formação de uma comunidade de cooperação, que aderisse aos métodos e programa de pesquisa propostos por ele (cf. Rudwick, 1997a, p. 43). Em sessão da Academia de Ciências, em 12 de novembro de 1800, ele lê o "Extrato de uma obra sobre as espécies de quadrúpedes", no qual apresenta o "programa de sua obra" convocando os naturalistas do mundo inteiro a praticarem o "mais nobre e interessante comércio que os homens podem realizar", referindo-se ao intercâmbio de fósseis e representações destes (pranchas) que ele pretendia estabelecer entre os participantes da rede de cooperação (Cuvier, 1801a, p. 254; 1801b, p. 81).

---

5 Segundo Outram (1997, p. 30), os cursos de Cuvier no Museu Nacional tinham a frequência de trezentos a seiscentos alunos.

Não somente nesta frase, mas por todo o texto, Cuvier expõe seus planos de conseguir reunir as condições e recursos necessários à integração definitiva do estudo dos fósseis na geologia e, com isso, torná-la uma "ciência de fatos e observações". Após um início, onde discorre sobre o "consenso" que haveria sobre a ocorrência de "grandes revoluções" e sobre a utilização dos fósseis para sua comprovação, Cuvier discute como se dá o amadurecimento de uma ciência e o papel do "gênio criador que a faz nascer". Superar os obstáculos e servir como exemplo para as mentes menos audaciosas, promovendo seu engajamento na marcha do progresso da ciência, fazem parte das atribuições desse gênio (cf. Cuvier, 1801a, p. 253-4; 1801b, p. 60-1). E mesmo sem autoproclamar-se como candidato, Cuvier segue cumprindo as atribuições geniais, como, por exemplo, buscar "compreender a total generalidade do fenômeno, a fim de estabelecer suas causas (Cuvier, 1801a, p. 255; 1801b, p. 62).

Por todo o texto, Cuvier enfatiza a utilização de diversos recursos que já estavam a sua disposição, e que deve fazer parte da metodologia geral a ser empregada no estudo dos fósseis. Estabelecer contato com os trabalhadores de escavações na busca por fósseis e informações sobre jazidas, inspecionar as coleções privadas de Paris e corresponder-se com naturalistas e coletores de fósseis de regiões distantes estavam entre os pontos principais de sua agenda.

Para demonstrar que seu projeto já estava em andamento, Cuvier lista os naturalistas e colecionadores de vários locais da Terra, que já participavam da rede de cooperação que ele se empenhava em formar:

Blumenbach, Camper, Fortis, Fabbroni, Brugmans, Autenrieth, Jäger and Wiedemann, meus colegas Lacépède, Faujas, Daubenton, Hermann, Gillet, Lelièvre, Bosc, Brongniart, Dolomieu e Fischer; os donos das mais refinadas coleções, Drée, Besson e Saint-Genis e os curadores de diversos museus públicos na França e no exterior têm me ajudado com suas opiniões e com fatos que têm alcançado sua atenção e têm me informado sobre os espécimes que estão a sua disposição (Cuvier, 1801a, p. 266; 1801b, p. 82).

Como recurso retórico, Cuvier cita a grande quantidade de material e resultados que já havia acumulado. Eram mais de trezentos desenhos dos fósseis em que estava trabalhando, mais de cinquenta pranchas prontas para a impressão e vinte e três espécies fósseis, já descritas e determinadas. Curiosamente grande parte dos trabalhos de Cuvier foi executada por meio, ou com o auxílio, de desenhos enviados por seus colaboradores, inclusive seu trabalho de 1796 sobre as espécies dos elefantes; o que se devia a raridade dos fósseis, que, na grande maioria das vezes, permaneciam nas coleções originais, por motivos relacionados a preservação. Havia bastante risco durante o processo de transporte, mas também havia um temor de que o espécime não retornasse à sua pátria de origem, devido às ações de pilhagem que a França empreendia durante aqueles tempos de guerra. Perante essa dificuldade, os naturalistas lançavam mão do recurso pictorial fazendo com que os desenhos circulassem entre os estudiosos, que podiam obter informações adicionais por meio das descrições que os acompanhavam. Era o que Cuvier fazia, dispondo ainda do atributo de ser um hábil desenhista, uma habilidade que lhe permitia explorar sistematicamente esse recurso, e torná-lo, assim, uma prática comum na comunidade científica de que fazia parte (cf. Cuvier, 1799, p. 15; Rudwick, 1992, p. 30-2; 2000, p. 54-7).

Com o auxílio dos desenhos, Cuvier determinou aquelas vinte e três espécies fósseis, que apesar de serem apenas ci-

tadas, receberam comentários que permitiam ao leitor, de
alguma forma, identificá-las, já que se tratava de "quase todas as espécies desconhecidas atualmente". Das vinte e três
espécies, algumas já haviam sido objeto de trabalhos anteriores, mas outras destacavam-se por pertencerem ao grupo
dos quadrúpedes répteis, um grupo que Cuvier ainda não es-
tudara. Quatro dessas espécies – um crocodilo fóssil, algumas tartarugas fósseis, o mosassauro e o pterodáctilo – foram tratadas como inequivocamente reptilianas, mas uma
quinta espécie, não havia sido analisada suficientemente,
deixando dúvidas de se estava mais relacionada ao grupo das
baleias ou ao dos répteis (cf. Cuvier, 1801a, p. 261-5; 1801b,
p. 73-9).

A descoberta de fósseis de répteis que tinham uma organização corporal tão peculiar como o mosassauro – um réptil
marinho assemelhado a uma moderna baleia rorqual – e o
pterodáctilo – um réptil voador, cuja asa é suportada pelo
quarto dedo da pata anterior – representou para Cuvier mais
uma confirmação da hipótese da ocorrência no passado de
um mundo pré-humano, composto por fauna bem distinta
da atual. Também contribuiu para a constatação de que os
animais fósseis divergiam dos atuais, de forma proporcional
a sua antiguidade, ou seja, quanto mais antigos, mais diferenças apresentavam. Cuvier pôde perceber essa relação por
meio das camadas estratigráficas em que eram desenterrados os fósseis, pois quanto maior a profundidade em que se
encontravam, mais antigos e diferentes eles eram (cf. Cuvier,
1801a, p. 260-1; 1801b, p. 71-2).

Essa pode parecer uma constatação óbvia naqueles tempos em que as ideias de sucessão estratigráfica de Steno já
haviam sido aceitas e tomadas como pressuposto para diversos trabalhos estratigráficos e geognósticos. Contudo, este
era um recurso heurístico basicamente utilizado da forma

inversa à que Cuvier o utilizava. Em grande parte dos trabalhos, os fósseis serviam para auxiliar na caracterização das formações geológicas, ou em termos mais modernos, dos estratos geológicos. Cuvier inverte essa relação para caracterizar temporalmente os fósseis, tomando por base a camada estratigráfica em que estão inseridos.

Embora não sejam de sua autoria, essas inovações são utilizadas e defendidas como componentes metodológicos que conduziam a comunidade envolvida com os trabalhos geológicos na direção da constituição de uma disciplina científica, baseada em "fatos e observações". E somente a partir do momento em que esses fatos e observações tornarem-se compreendidos, é que será possível tentar procurar as causas dos fenômenos geológicos. O acúmulo de fatos e observações demanda tempo, o qual poderia ser reduzido, caso a comunidade se engajasse no programa de pesquisa proposto por Cuvier.

Parece-me, ao menos, que já reconhecemos ser assaz importante engajarmos-nos em novas pesquisas, e eu espero que os amigos das ciências queiram muito continuar a favorecer-me. Eu somente solicito a eles o que me é impossível conseguir sem sua amizade, quero dizer, notícias sobre as ossadas fósseis que se encontram em seu poder ou a sua disposição. Se eles me permitirem obter desenhos dessas ossadas, eu me encarrego de todos os custos que eles exigirão. De meu lado, esforçar-me-ei em prestar-lhes todos os serviços que dependam de mim, fazendo-lhes conhecer os objetos que eu tenho à disposição para minhas observações e que poderão ser utilizados em seus estudos e em suas pesquisas. Esta troca recíproca é talvez o comércio mais nobre, e o mais interessante, que os homens podem fazer. Eu terei o maior cuidado em consignar em minha obra os nomes de todos aqueles que terão contribuído a esse aperfeiçoamento e farei uso das descobertas que me comunicarão, sempre reportando à glória os seus verdadeiros autores (Cuvier, 1801a, p. 266; 1801b, p. 80-1).

Após estabelecer como se daria essa troca de informações, inclusive estabelecendo regras de prioridade autoral, Cuvier termina o artigo afirmando que ficaria no aguardo das "informações que o presente trabalho pudesse obter" (Cuvier, 1801a, p. 267; 1801b, p. 82).

A crença de Cuvier no alcance dos objetivos expostos em seu artigo, assim como a necessidade de que a comunidade a que ele se dirigia tivesse confiança em seus resultados e, até mesmo, em seu posicionamento ético, parece, de certo modo, sugerir a presença de componentes subjetivos na instauração de um paradigma. Cabe, porém, ressaltar que a existência de apenas um tênue consenso sobre qual é o paradigma, dentre aqueles que estão competindo durante o período pré-paradigmático, que explica da melhor forma os fenômenos implicados em uma área da ciência, aponta para a necessidade de que o proponente do novo paradigma "conquiste alguns adeptos iniciais, que o desenvolverão até o ponto em que argumentos objetivos possam ser produzidos e multiplicados" (cf. Kuhn, 2003, p. 201).

Consciente da importância dessa conquista, Cuvier inicia explicitamente uma campanha pela transformação da geologia em uma ciência observacional e apoiada em fatos, capaz de produzir resultados passíveis de serem verificados e confirmados pelas observações subsequentes inspiradas por aqueles mesmos resultados. Um de seus primeiros passos, nessa direção, foi o lançamento de um sólido apelo internacional, o qual recebeu uma excelente acolhida no meio científico. O Instituto Nacional, por decisão de sua primeira classe de membros, imprime o trabalho em separata, dando muito mais agilidade para a distribuição, que atinge, assim, um público de "sábios (*savants*) e amadores" de diversas nações (Institut, 1912, p. 267).[6]

2.5 A REDE COMUNITÁRIA

Na Inglaterra, Joseph Banks (1743-1820), presidente da Sociedade Real de Londres, recebe uma cópia do artigo de Cuvier logo no mês seguinte à leitura daquele apelo, feita em sessão do Instituto Nacional. Talvez a brevidade no envio à Inglaterra tenha resultado na primeira tradução do trabalho. O certo é que Cuvier já se fazia conhecido do outro lado do Canal da Mancha, um fato que deve ter pesado na breve publicação, e que seria aproveitado em uma situação que punha frente a frente interesses internacionais nos campos da ciência e da política.

Preocupados com a situação de Dolomieu, há meses preso em Messina na Sicília, Cuvier e mais trinta e oito membros do Instituto Nacional, assinam uma carta solicitando a intervenção de Banks e, evidentemente, da prestigiosa instituição científica por ele presidida, no processo de soltura de Dolomieu (cf. Outram, 1980, p. 31; Rudwick, 2005, p. 377). Apesar da confluência dos interesses internacionais no campo científico, os interesses da área política falaram mais alto, fazendo com que a tentativa encabeçada por Cuvier fracassasse e com que Dolomieu permanecesse por vinte e um meses preso sob condições, no mínimo, insalubres.

---

6 O termo *savant* pode ser traduzido como sábio, porém Cuvier utiliza-o para denominar os homens interessados no saber de forma geral, ou seja, em diversas áreas do pensamento humano como, por exemplo, a filosofia natural, as ciências da terra, a literatura, a teologia etc.

Mas ainda assim, o prestígio de Cuvier no campo científico era de grande magnitude. Mesmo que seu artigo original sobre as espécies de quadrúpedes tenha sido publicado na Inglaterra na forma de uma comunicação do editor, tratava--se de uma publicação internacional que apontava para a possibilidade daquele "comércio" proposto por Cuvier no campo científico, mesmo em tempos de guerra. Demonstrava também, o reconhecimento internacional como autoridade científica que Cuvier já atingira, pois, nessa mesma edição do *Philosophical Magazine*, além da comunicação, outra seria feita, mas desta vez versando sobre, um assunto pouco relacionado à história natural, a saber, o galvanismo (cf. Cuvier, 1801c, 1801d). Na verdade, este dois trabalhos de Cuvier compunham a totalidade da comunicação dos trabalhos do Instituto Nacional feita por aquele periódico nessa edição (cf. Outram, 1980, p. 33).

Com toda essa divulgação internacional, não tardaram a chegar respostas de outros países ao apelo de Cuvier, que ainda fora reforçado com a publicação na íntegra em dois prestigiados periódicos parisienses: o *Journal de Physique de Chimie et d'Histoire Naturelle* e o *Magasin Encyclopédique*. Respondendo ao apelo, Johann Gotthelf Fischer von Waldheim (1771-1853), de Mainz, consolida sua atuação como informante e fornecedor de desenhos e pranchas dos fósseis encontrados em solo alemão, como já fazia Johann Reimarus (1729-1814), de Hamburgo. Entretanto, Waldheim contribuiria ainda mais ao enviar uma listagem contendo o nome de dezessete naturalistas alemães, entre eles Johann Wolfgang von Goethe (1749-1832), aos quais Cuvier deveria enviar a separata de seu artigo (cf. Rudwick, 2005, p. 392). Cuvier pede a Waldheim que traduzisse o texto para publicá-lo em alemão, alcançando, assim, a Suécia e a Galícia Oriental (atualmente compreendendo os territórios entre a Polônia e a Ucrânia) de onde naturalistas emitiram respostas (cf. Rudwcik, 1997b, p. 601). Contudo, em sua bibliografia anotada dos trabalhos de Cuvier, Jean Smith elenca dois artigos publicados em alemão, ambos no ano de 1801, que estão relacionados àquele apelo internacional, sem que nenhum deles traga alguma referência a Waldheim (Smith, 1993, p. 34).

De qualquer modo, as respostas provenientes de naturalistas alemães continuavam a surgir. De Berlim, Diedrich Karsten (1768-1810) enviou mais de dez pranchas, analisadas previamente por De Luc, da ossada de um mamute. Ele as enviou, após o artigo de Cuvier ter sido lido em uma sessão da *Gesellschaft Naturforschenden Freunde zu Berlin* (Sociedade Berlinense dos Amigos das Ciências Naturais). Também o anatomista alemão Johann Friederich Blumenbach (1752- -1840) enviou desenhos da ossada de um mastodonte pertencente à sua coleção em Göttingen (cf. Cuvier, 1806, p. 293; Outram, 1980, p. 58; Rudwick, 2005, p. 393).

Na Itália, Giovanni Valentino Mattia Fabbroni (1752-1822) promete a Cuvier traduzir o artigo e distribuí-lo entre seus colegas naturalistas daquele país (Outram, 1980, p. 53; Rudwick, 1997b, p. 601). Cumpre sua promessa, publicando uma versão completa, que ele mesmo prefacia, intitulando- -se o "mui reconhecido discípulo" (*"suo riconoscentissimo allievo."*) florentino de Cuvier. Fabbroni utiliza um periódico napolitano, que publicava artigos sobre os mais variados assuntos, o *Memorie per i Curiosi di Agricoltura, e di Economia Rurale* (cf. Outram, 1980, p. 53; Smith, 1993, p. 37).

Na Holanda, Cuvier estabelece contato com Adriaan Gilles Camper (1759-1820), por meio do botânico Augustin-Pyramus de Candolle (1778-1841), e, em sua passagem por aquele país, aproveita para visitar a coleção particular de história natural que Camper havia herdado de seu pai Petrus Camper (1722-1789). Por ser uma das coleções mais bem montadas e famosas da época, Cuvier tinha grande interesse em acessá-la (Camper, 1803, p. 166, 302-5; Rudwick, 2005, p. 351, 382). Por sua vez, Camper, que já tinha conhecimento dos trabalhos de Cuvier, solicita que De Candolle intermedie o contato entre eles (cf. Camper, 1803, p. 80, 168, 189). Poucos meses mais tarde, iniciam uma intensa correspondência, trocando desenhos e pranchas de fósseis e discutindo variados assuntos relacionados à história natural, entre eles a anatomia comparada e, evidentemente, os fósseis (cf. Outram, 1980, p. 38-43).

Cuvier também alcança o Novo Mundo ao enviar cópia do seu apelo internacional para a *American Philosophical Society* (Sociedade Filosófica Americana), localizada na Filadélfia, e obtém ainda mais divulgação quando um sumário de seu artigo é traduzido e publicado em uma revista médica de Nova Iorque (cf. Rudwick, 1997b, p. 601).

Mediante todas essas respostas ao apelo de Cuvier, estava formada uma rede de cooperação que ratificava os resultados de seus trabalhos de determinação e descrição de espécies desaparecidas – extintas – utilizando os métodos da anatomia comparada, que ele mesmo estava elaborando e divulgando. Isso permite que sua ideia de relacionar os fósseis aos estratos em que eram desenterrados, estabelecendo sua posição estratigráfica e, consequentemente, uma clara distinção entre as faunas desaparecidas e a atual, obtenha uma grande aceitação no meio daquela comunidade, que se estendia de Estocolmo a Roma, de São Petersburgo a Filadélfia.

2.6 Em franca campanha

Mesmo em tempos de guerra na Europa, Cuvier prossegue formando uma extensa rede de cooperação, apesar das dificuldades que a atividade bélica impunha para a circulação de correspondências (Rudwick, 2005, p. 387-8). Quando em 1802, a Paz de Amiens instalou-se por pouco mais de um ano, vários naturalistas cruzaram o Canal da Mancha, nos dois sentidos, para estabelecer contatos e conhecer os trabalhos e coleções de seus colegas estrangeiros, que até então se encontravam quase inacessíveis. Cuvier, que queria estar entre eles, teve que adiar seus planos, pois ao ser nomeado Inspetor-Geral da Educação Pública, envolve-se com a tarefa de reorganizar a educação secundária no sul da França, para onde viajou ainda naquele ano. Na região sul, aproveitou para adquirir espécimes de peixes e moluscos mediterrâneos para a coleção de anatomia comparada do Museu Nacional, mas teve poucas oportunidades de obter fósseis, ou mesmo, de inspecioná-los em alguma coleção local (cf. Outram, 1980, p. 64; 1984, p. 72-3). Ao retornar de sua missão, Cuvier pode empreender a viagem à Inglaterra, onde visita as duas maiores coleções de fósseis daquele país: a do *British Museum* (Museu Britânico) e a do *Royal College of Surgeons* (Colégio Real de Cirurgiões).

A enorme coleção do Museu Britânico fora iniciada com a aquisição da coleção particular de Hans Sloane (1660-1753), após a morte deste naturalista e colecionador irlandês. Passados quase cinquenta anos, a parte da coleção referente a história natural, havia sido ampliada algumas vezes, em função das coletas que os naturalistas ingleses iam fazendo nas viagens de exploração empreendidas pelo Império Britânico. Por sua vez, O Colégio Real de Cirurgiões, que, na época, ainda era denominado *Company of Surgeons* (Companhia de

Cirurgiões), também detinha uma enorme coleção anatômica, que continha inclusive fósseis, originando-se também de uma doação realizada pelo governo inglês, mas, nesse caso, tratava-se da grandiosa coleção anatômica de John Hunter, comprada após sua morte. Ambas as coleções britânicas estiveram à disposição dos naturalistas europeus que conseguiram ir a Londres durante a Paz de Amiens. Mas, em maio de 1803, a situação muda e o Reino Unido fica na iminência de declarar guerra à França, trazendo de volta a situação, pelo menos para a comunidade científica, aos mesmos moldes dos tempos anteriores ao tratado de paz. Por esse motivo, Cuvier, mesmo liberado de suas atribuições burocráticas, fica novamente impossibilitado de conhecer as coleções inglesas.

Limitado à troca de correspondência e informação, ele se queixa da impossibilidade de inspecionar diretamente vários fósseis dessas coleções, que ele conhecia por meio de desenhos e pranchas (cf. Outram, 1980, p. 64). Um deles é o fóssil que William Hunter havia identificado e denominado como "animal de Ohio", que inclusive, já havia sido objeto de um trabalho de comparação anatômica executado por Everard Home (1756-1832), médico e anatomista comparativo, que se torna o principal contato de Cuvier na Inglaterra, fornecendo-lhe uma boa quantidade de material de estudo na forma de descrições ou desenhos (cf. Cuvier, 1806, p. 280).

Foi dessa maneira que "o célebre anatomista inglês" fornece os dados necessários para que Cuvier resolva a questão da identificação daquele animal "incógnito". Ele envia um "esboço" de tamanha qualidade permitindo a identificação de "todos os caracteres do animal", inclusive seu tamanho. Cuvier tinha em suas mãos a oportunidade de dirimir uma questão que já se arrastava por décadas. Identificar e classificar definitivamente o "animal de Ohio", certamente se tornaria uma realização que, se bem divulgada, fortaleceria o poder de convencimento da aplicação dos métodos anatômicos comparativos de Cuvier. Então em 1806, ele publica um artigo sobre o "grande mastodonte", no qual discute as tentativas anteriores de identificar o animal, feitas por Hunter, pelos Camper — pai e filho — e por outros naturalistas, e conclui tratar-se de mais uma espécie de proboscídeo extinta, a qual ele resolve dar o nome de "mastodonte", pois o animal fora "impropriamente nominado de *Mammouth* pelos ingleses e habitantes dos Estados Unidos" (cf. Cuvier, 1806, p. 271-7, 280; Tassy, 2009, p. 97, 103-4).

Cuvier aproveita a oportunidade, apesar de não ter podido inspecionar pessoalmente os fósseis ingleses; entretanto, outras oportunidades se efetivaram após o retorno de sua viagem ao sul da França. Com a morte de Mertrud, a cadeira de anatomia dos animais do Museu Nacional foi-lhe evidentemente oferecida, proporcionando a Cuvier total controle da coleção do museu, um passo importante na direção do fortalecimento das condições para a formação de uma comunidade científica em torno de seu programa de pesquisa e de seus métodos. Outro passo ainda é dado, com sua nomeação como secretário perpétuo da primeira classe do Instituto Nacional.

Em sua discussão sobre vocação, ciência e autoridade na França pós-revolucionária, Dorinda Outram (1984) afirma que esse cargo proporciona uma grande projeção dos trabalhos e ideias de Cuvier, pois por meio dele Cuvier torna-se o "porta-voz da comunidade científica de Paris". Tal afirmação parece muito plausível, pois é notável como sua autoridade científica se consolida quando passa a estar à frente de uma das mais importantes instituições científicas da França, país que, na época, detinha a hegemonia na produção científica. Em função desse cargo, ele passa a proferir os discursos e os elogios emitidos por aquela instituição, os quais lhe permitem difundir suas ideias para toda a comunidade científica internacional, e não somente para os naturalistas.

Cuvier utiliza sistematicamente essas ocasiões para avançar em sua proposta de constituição de uma ciência não especulativa, nos moldes do que ele já estava fazendo no estudo dos fósseis e na geologia. Seria essa atuação decidida e decisiva que teria granjeado para Cuvier os títulos de "legislador da ciência" e "Napoleão da inteligência", que lhe são mais tarde conferidos (cf. Duvernoy, 1833, p. 1; Viénot, 1932, p. 2; Outram, 1984, p. 50, 124-38, 199). De fato, a partir dessa nomeação, Cuvier passa a produzir um número bem maior de relatórios analíticos sobre os trabalhos endereçados à Academia de Ciências e ao Instituto Nacional. Se nos quatro anos como secretário executivo (1799), ele havia produzido apenas quatro relatórios versando, principalmente, sobre a anatomia comparada, após assumir o cargo de secretário perpétuo Cuvier produz, somente nos três primeiros anos (1803 a 1807), treze relatórios, versando sobre os mais variados assuntos, como, por exemplo, ensino, etnografia, botânica e, evidentemente, anatomia aomparada e história natural (Smith, 1993, p. 25-58).

Mas, ainda assim, sua autoridade será desafiada por alguns de seus contemporâneos, tais como Lamarck e Faujas, que seguem produzindo trabalhos que divergem das ideias de Cuvier para a explicação dos fósseis. Lamarck, por meio de suas ideias transformistas, negava a extinção e Faujas questionava a ocorrência desse fenômeno, ao levantar a hipótese do "fóssil vivente" (cf. Lamarck, 1809, p. 99; Saint-Fond, 1797, p. 446). Durante o período em que Cuvier se ausenta de Paris, Faujas começa a ministrar as aulas de seu novo curso de geologia para o Museu Nacional, apresentando, do mesmo modo que Cuvier em suas introduções didáticas, o estado presente da ciência na Europa. Nessa introdução, Faujas expõe sua ideia de tornar a geologia uma ciência voltada para as explicações causais, ou seja, dirigida às "teorias da Terra" (cf. Saint-Fond, 1803a, p. 3-7, 22-3). Contudo, a atitude mais ameaçadora proveniente de Faujas vinha do grupo de fósseis quadrúpedes pelos quais ele passara a interessar-se. Assim, avançando no próprio domínio no qual Cuvier havia estabelecido uma ampla reputação, em decorrência de seus trabalhos anatômicos comparativos, Faujas passa a questionar a correção do critério de distribuição das espécies viventes e a se perguntar se ele já estava bem estabelecido, e publica, em 1803, no recém-criado *Annales du Muséum National d'Histoire Naturelle*, artigos sobre fósseis de elefantes, de tartarugas e de bois, defendendo que estes últimos, por terem uma distribuição muito extensa – Sibéria e América do Norte – deveriam ter sido vítimas de uma revolução diluviana, que os varrera do norte da Índia em direção às terras hiperbóreas, porém deixando alguns remanescentes em territórios ainda não explorados de sua região original (cf. Saint-Fond, 1803a, p. 237-314; 1803b, p. 103-9; 1803c, p. 194-200).

Apesar de defender a existência de análogos viventes, Faujas, com essa hipótese, concordava de algum modo com Cuvier sobre a causa da distribuição dos fósseis. Contudo, não era esse o objetivo cognitivo de Cuvier ao estudá-los. Para ele, a simples constatação, seja no registro geológico, seja no fossilífero, de que ocorreram catástrofes, como a que Faujas estava defendendo, basta para compor sua explicação sobre os fenômenos naturais dos fósseis e da extinção. Ele insiste que, dado o nível de conhecimento geológico alcançado na época, ainda não era possível explicar as suas causas. Seriam necessários muitos estudos, principalmente dos fósseis, para que a investigação pudesse atingir as condições de produzir resultados sólidos, e não mais especulativos.

Com base nessa argumentação, Cuvier responde aos trabalhos de Faujas, assim como aos de Lamarck, empregando uma estratégia bem definida. No mesmo volume dos *Annales du Muséum National* em que seu colega havia publicado os artigos, Cuvier publica artigos que versam sobre anatomia comparada. Procura demonstrar o poder heurístico do método anatômico-comparativo, que Faujas já havia reconhecido como valoroso para a produção de conhecimento geológico, principalmente quando afirma que alguns naturalistas já haviam avançado naquela direção e que "Pinel e Cuvier estavam seguindo o mesmo curso" (cf. Saint-Fond, 1799, p. 12-8).

Saint-Fond refere-se ao médico francês Philippe Pinel (1745-1826), cujas pesquisas médicas envolviam, além de outros fatores, o estabelecimento de uma relação entre as doenças mentais e a estrutura cerebral, inclusive em animais. Em adição a essas ideias, ele publica, em 1793, um artigo sobre a conformação do crânio de elefantes, no qual o método comparativo, da mesma forma que nos trabalhos de Cuvier, havia sido intensamente utilizado (cf. Pinel, 1793, p. 47-60; 1809, p. 452-3).

O segundo passo de Cuvier, em sua estratégia para minimizar os possíveis efeitos dos trabalhos de Saint-Fond, também foi dado naquele mesmo volume dos *Annales du Muséum National*, quando assinou em conjunto com Lamarck e Lacépède o "Relatório dos professores do Museu sobre as coleções de história natural trazidas do Egito", de 1802. De autoria de Geoffroy, o relatório descrevia o material coletado no Egito desde 1798, quando o autor do relatório engajase na expedição de Bonaparte àquele país, a mesma para a qual Cuvier rejeitara o convite. Com a capitulação francesa em Alexandria, o material coletado por Geoffroy teria de esperar por meses, antes que as autoridades inglesas o liberassem para o envio a Paris. Após a liberação, Geoffroy acompanhou pessoalmente o transporte do material ao Museu Nacional, que chegou intacto e contendo, entre tantas peças, vários animais mumificados pelos antigos egípcios (cf. Jussaud & Brygoo, 2004, p.245).

As comparações constantes neste relatório, feito em conjunto, possibilitaram a Cuvier chegar a uma conclusão muito importante. Percebendo uma oportunidade, ele publica em 1804 um estudo sobre as antigas íbis egípcias, no qual demonstra, por intermédio de comparações anatômicas entre as íbis atuais e as mumificadas, que estas últimas não tiveram sua anatomia modificada ao longo do tempo e que, portanto, pertenciam a espécies ainda viventes (cf. Cuvier, 1804a, p. 119).

Tal feito demonstra os avanços que Cuvier estava fazendo, uma vez que, em 1800, ele já havia publicado artigo discutindo a determinação e a classificação das íbis, atuais e mumificadas, sem chegar a alguma conclusão (Cuvier, 1800, p. 192). Entretanto, a conclusão do artigo de 1804 reforçava sua argumentação em defesa da fixidez das espécies, pois demonstrava que mesmo sendo tão antigas, ou seja, mesmo submetidas a uma prolongada ação dos supostos fatores transformistas, tais aves não sofreram mudanças em sua organização capazes de gerar um processo de especiação. A conclusão era tão útil para a defesa das ideias fixistas de Cuvier, que substituiu qualquer possível necessidade de utilizar argumentos estritamente relacionados aos princípios da anatomia comparada em sua refutação do transformismo. Bastava invocar o resultado de seu estudo sobre as íbis egípcias para levar a discussão para um campo baseado em um fato constatado e, portanto, difícil de ser refutado. Foi o que ele fez em sua magna obra sobre o estudo dos fósseis: *Recherches sur les ossemens fossiles de quadrupèdes* (*Investigações sobre as ossadas fósseis de quadrúpedes*), de 1812. O artigo sobre a íbis seria incorporado a esta obra, que Cuvier anunciara publicar desde seus primeiros trabalhos e que reunirá suas principais publicações sobre o assunto.

2.7 As estratégias da campanha

Outro expediente estratégico de Cuvier, visando estar à frente de seus potenciais competidores em um de seus campos de competência (a anatomia comparada de quadrúpedes fósseis), foi a publicação de uma massiva quantidade de trabalhos versando sobre o assunto nos *Annales du Muséum National*. Naquele ano de 1804, foram dezesseis artigos no total, sendo que nove deles foram republicados em periódicos na Inglaterra e na Alemanha. Mais tarde, quinze desses trabalhos comporiam sua grande obra sobre os fósseis de quadrúpedes. Eles tratam de descrições e identificações de vários animais fósseis e viventes, sempre utilizando o método comparativo e citando os informantes e suas contribuições. Em cinco desses trabalhos, os fósseis estudados são provenientes dos arredores de Paris e haviam sido escavados em estratos mais antigos do que aqueles onde foram encontrados os fósseis com os quais Cuvier trabalhara até então (cf. Smith, 1993, p. 39-47). A formação de calcário, da qual saíram os fósseis descritos em 1804, era sabidamente mais antiga do que as formações, mais superficiais e pouco consolidadas, que continham os fósseis de mamutes, mastodontes, hipopótamos, ursos-das-cavernas e tantos outros, que Cuvier descrevera anteriormente.

A implicação teórica dessa constatação é importante, pois torna possível estabelecer uma relação entre a distinção de faunas e as formações geológicas, ou em termos temporais, concluir que houve uma sucessão faunística com o decorrer do tempo. E mais, Cuvier reforçava sua hipótese de que esse processo sucessorial poderia ser provocado por revoluções, visto que, entre aquelas formações geológicas, ele conseguia observar diversos vestígios dessas catástrofes, além da própria fauna extinta por elas.

Os fósseis da formação calcária de Paris foram alocados em novos gêneros taxonômicos. A criação de dois novos gêneros, o anoplotério e o paleotério, compostos por sete espécies extintas, resultava da grande diferença anatômica destes fósseis com os viventes mais próximos. Distinguindo-os,

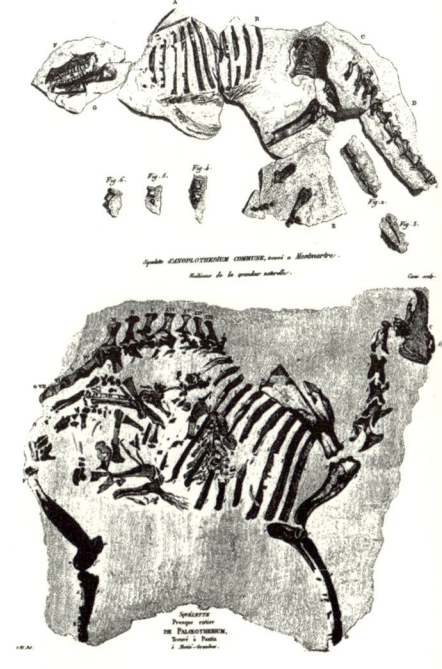

Figura 4. Ambos os desenhos constam como pranchas da primeira edição do *Recherches sur les ossemens fossiles de quadrúpedes*, que Cuvier publica em 1812. *Acima*: o anoplotério, que Cuvier descreveu como tendo o "tamanho de um pequeno cavalo". Nessa descrição, ele faz algumas considerações sobre a maneira como os ossos do animal teriam sido separados e perdidos. Para Cuvier a ossada pode ter sido parcialmente consumida por animais carniceiros antes que o processo de "incrustação" se consumasse. Com esta hipótese, o naturalista francês adentra no campo da futura ciência da tafonomia, que estuda os processos de fossilização, área que em sua época, e por muitos anos ainda, permaneceria infecunda. *Abaixo*: "o esqueleto quase inteiro do paleotério" que fora confundido com uma ossada de carneiro, pelos operários escavadores. Na descrição deste fóssil Cuvier faz várias observações sobre a idade do animal, baseado na condição desenvolvimental de suas epífeses, demonstrando um razoável conhecimento das diferenças que a ontogenia pode produzir (cf. Cuvier, 1812, 5a Memória, seção 1, p. 3, prancha 1, seção 2, p. 12, prancha 1).

Cuvier podia fortalecer sua ideia de que houvera no passado da região de Paris uma fauna diferente da atual. Mas além daqueles gêneros que ele relaciona aos paquidermes, outro animal fóssil será utilizado por Cuvier como mais um recurso para convencer a comunidade científica da eficácia de seus métodos de anatomia comparada.

Como objeto de estudo de mais um trabalho, ele escolhe outro quadrúpede fóssil encontrado nos arredores de Paris, mais especificamente nas escavações de Montmarte, que apresentava características anatômicas únicas. Características que eram encontradas, exclusivamente, em animais da Oceania ou da América do Sul: os marsupiais. Comprovar que aquele fóssil provinha de um marsupial, um grupo não pertencente à fauna europeia vivente, reforçava sua hipótese da ocorrência de catástrofes com capacidade de dizimar faunas inteiras, fortalecendo também, a distinção morfológica entre as faunas desaparecidas e a atual, mesmo que em regiões limitadas. Entretanto, estes reforços no campo teórico não foram os únicos avanços que Cuvier fez com seu novo trabalho. A maneira pela qual o marsupial fossilizado é exposto à comunidade científica demonstra também, por meio de um exercício de predição, a aplicabilidade de seus métodos para a reconstrução de animais fósseis.

A partir da análise dos dentes molares do animal fossilizado, Cuvier prediz que se trata de um sariguê (gambá), pois o espécime apresenta as características exclusivas daquele grupo. Ele utiliza os dentes para realizar a determinação taxonômica preliminar porque o fóssil não exibia os principais caracteres diagnósticos dos marsupiais, que estavam encobertos pela matriz rochosa (ver fig. 5). No decorrer do artigo, após descrever vários caracteres de ossos que se encontravam expostos, ele afirma que o "exame dos dentes" confirmava sua "suspeita" (Cuvier, 1804b, p. 277-86).

"Sacrificando" alguns ossos do fóssil, Cuvier divide a matriz em duas peças, expondo os ossos da pelve do animal, onde se fixava o marsúpio. Devido a sua singularidade, esse caractere diagnóstico dispensava qualquer análise mais profunda, permitindo que até o público geral pudesse compreender sua asserção e, principalmente, convencer-se dela (cf. Cuvier, 1804b, p. 286).

Sabendo do poder de alcance deste episódio, Cuvier divulgou-o de diversas formas. Fez a leitura da memória na Academia de Ciências e publicou extratos do trabalho na Inglaterra e na Alemanha (cf. Institut, 1913a, p. 172; Smith, 1993, p. 42-3, 48, 53). Posteriormente, ele será integrado à grande obra sobre os quadrúpedes fósseis. Cuvier utiliza o recurso visual, fazendo o artigo ser acompanhado de uma prancha onde estão desenhadas as duas placas que resultaram da divisão da matriz fossilífera. Além disso, a prancha contém outro desenho que mostra, em detalhe, a cintura pélvica do animal, destacando os ossos da pelve, característicos dos marsupiais. Constam, ainda, os desenhos de um osso e alguns dentes do animal (ver fig. 5).

Por meio da prancha, Cuvier apresenta visualmente as fases sucessivas de toda a "operação", tornando-a muito mais compreensível e contribuindo consequentemente para que seu exercício de predição se tornasse um poderoso instrumento de convencimento da comunidade científica da eficácia real de seus métodos (cf. Cuvier, 1804c, p. 285-6).

Sem dúvida, este trabalho foi um dos grandes marcos na consolidação de Cuvier como figura central de uma ciência para cuja fundação ele lutava. Partindo da impossibilidade de mostrar à comunidade como era no passado o fenômeno estudado, ou seja, como era o animal que gerou um fóssil, Cuvier lança mão do método comparativo, o qual tinha uma profunda convergência com o atualismo, que, por sua vez, era

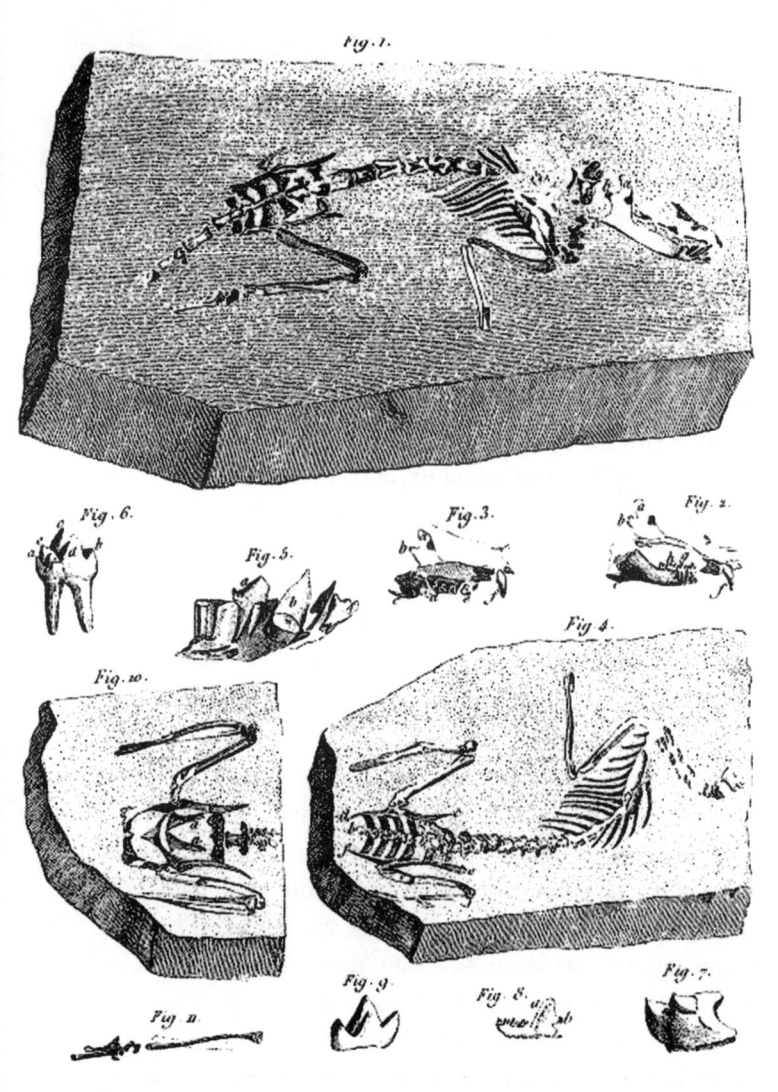

Figura 5. *"Sariguê fossile"* é o título da prancha constante no artigo de 1804. O desenho superior apresenta o fóssil ainda em sua matriz. Duas figuras inferiores apresentam-no, também em sua matriz, porém em dois momentos diferentes: à direita, antes de Cuvier ter escavado abaixo da coluna vertebral e à esquerda após tê-lo feito. Com essa "operação" ele exibe os ossos que fixam o marsúpio, os quais se encontram no interior da cintura pélvica e que ele designa com as letras "a" e "a" (cf. Cuvier, 1812, 10a Memória, prancha 1).

o método pelo qual se procurava recompor os fenômenos naturais, detectáveis somente por seus efeitos ou vestígios. Para essa recomposição era necessário supor que, no momento em que ocorriam, esses fenômenos também estavam submetidos às mesmas leis naturais a que estão submetidos os fenômenos ocorrentes na atualidade. Trata-se do corolário da universalidade das leis naturais que Newton havia estabelecido e que permitia uma boa possibilidade de sucesso nas predições como no episódio do "sariguê de Montmartre", o qual é um claro exemplo do poder que os métodos cuvierianos têm para a reconstrução dos fósseis, pois mediante a constatação de um caractere diagnóstico não muito conclusivo – os dentes – ele infere, corretamente, o grupo taxonômico do animal. A confirmação daquela predição evidenciava à comunidade científica que outras predições também poderiam ser confirmadas futuramente.

Esta possibilidade de confirmação gerou um fator de crença na aplicação dos métodos cuvierianos, produzindo com isso novas pesquisas que os utilizariam e confirmariam circularmente. Uma predição confirmada exclusivamente com base em seus métodos foi, sem dúvida, um sólido fator neste sentido. Atuou como um recurso de convencimento, do qual a utilização pode, à primeira vista, parecer contraditória a todo o rigor científico dos trabalhos de Cuvier. Contraditória, pois parece apresentar certo fator de irracionalidade na adesão de suas ideias mediante uma única confirmação de previsão de resultados. Entretanto como há por parte dos adeptos do paradigma, uma forte crença na possibilidade de poder repeti-la no futuro, eles passam a produzir com seus trabalhos resultados confirmatórios das previsões teóricas do paradigma. Esses resultados funcionam como argumentos objetivos da defesa do próprio paradigma e, consequentemente, serão utilizados com propósitos retóricos, sem que isso torne o processo de adesão àquelas ideias menos racional. É absolutamente possível haver o reconhecimento de uma dimensão retórica na elaboração do conhecimento científico sem que isso represente, forçosamente, negar sua racionalidade ou torná-lo arbitrário (cf. Cupani, 1996, p. 56; Kuhn, 2003, p. 201).

2.8 Os resultados da campanha

Os resultados gerados pelo apelo internacional, e trabalhos como o do "sariguê de Montmartre", contribuíram muito para a constituição da rede de cooperação que Cuvier tanto buscava estabelecer. Como é natural na formação de alianças, ambos os lados devem beneficiar-se. Ao darem suporte à sua autoridade, por meio da assistência prática que lhe prestavam, os aliados de Cuvier, ao mesmo tempo, também estavam colhendo os frutos da expansão de sua reputação como naturalista. Essa ação de colaboração com uma autoridade reconhecida também lhes proporcionava reconhecimento, principalmente porque Cuvier seguia cumprindo sua promessa de divulgar o nome e o trabalho de seus colaboradores.

A desejada rede de colaboração cuvieriana acabaria por estender-se para além de seus informantes e fornecedores de fósseis ou desenhos. O reconhecimento da qualidade de seus trabalhos, da eficiência de seus métodos e da plausibilidade de suas hipóteses, provocou um crescente aumento das citações de seus trabalhos, ou de suas ideias, em trabalhos de outros naturalistas, inclusive daqueles que discordavam de suas hipóteses.

Nos anos que se seguiram ao seu apelo endereçado aos "sábios e amadores das ciências" de 1800, trabalhos de diversas áreas das ciências naturais e médicas fazem referências a Cuvier. Até o ano de 1810, o *Journal de Physique* publica quarenta e seis trabalhos de diversos autores e assuntos, nos quais o nome de Cuvier consta como referência. Na maioria deles são invocados seus métodos ou, então, citam-se os resultados de suas pesquisas como fonte de comparação com o objeto de estudo do trabalho. Muitos deles informam sobre fósseis ou coleções que poderiam ser incluídas no rol de Cuvier, como por exemplo, a assembleia fóssil a que Alexander von Humboldt (1765̆9-1859) se refere em seu extrato de cartas publicado naquele periódico, em 1803. Após informar que havia enviado certa quantidade de fósseis para o Instituto Nacional, Humboldt diz ter encontrado ossos e dentes fossilizados de "elefantes" há mais de 2.600 metros de altitude, estendendo assim, a ocorrência dos mastodontes desde Ohio, na América do Norte, até as montanhas andinas localizadas próximas a Quito, na época território chileno. Esses últimos fósseis ele enviaria para Paris, aos cuidados dé Cuvier (cf. Humboldt, 1803, p. 200).

Outros trabalhos, publicados no *Journal de Physique* , colocam os resultados de Cuvier como referenciais para suas conclusões. Assim, naturalistas como Home, Fortis, Prevost, Perón, Bertrand, Viviani, Rampasse, Aubuisson, Braconnot, Desmarest, Blainville, Delambre, e tantos outros, citam Cuvier como tendo estabelecido o gênero do animal que estavam trabalhando, ou mesmo ter feito a descrição anatômica prévia do animal. Por diversas vezes, a citação coloca Cuvier como a autoridade que poderia dirimir as dúvidas suscitadas no decorrer do seu trabalho. Tal fato pode ser evidenciado por meio de trechos de algumas dessas citações: "Cuvier encontrou a razão dessa singularidade (...)" (Lordat, 1803, p. 32); "Cuvier, assim, bem o demonstrou" (Viviani, 1803, p. 321); "o célebre Cuvier afirma (...)" (Bertrand, 1805, p. 123); "o *savant* Cuvier reconheceu (...)" (Dodun, 1805, p. 255);

"Cuvier aumentou muito nosso conhecimento (...)" (Lasteyrie, 1808, p. 313); "A opinião que merece maior consideração entre as que foram emitidas é aquela do Professor Cuvier" (Humboldt, 1809, p. 261).

O editor do *Journal de Physique*, Jean-Claude de La Métherie, em seu discurso preliminar anual apresentando o progresso das ciências no período, acompanhava, periodicamente, os avanços de Cuvier nas áreas da geologia, do estudo dos fósseis e da anatomia comparada. Esses relatos permitiam que o leitor verificasse o incremento de resultados que os estudos iam aportando ao conhecimento do mundo natural. O crescente número de citações nesses discursos preliminares, passando de sete em 1801 a dezoito em 1810, além de atestar o incremento da participação de Cuvier na construção desse conhecimento, também demonstra o peso que seus trabalhos tinham para a tarefa. La Métherie, nos discursos preliminares e em seus artigos sobre fósseis ou geologia, por diversas vezes, citava que "Cuvier continua o belo trabalho que começou sobre esta matéria", resultando que "os progressos atuais dos nossos conhecimentos, fizeram sentir, mais do que nunca, a utilidade do conhecimento dos fósseis e de sua natureza" (La Métherie, 1810, p. 45).

Entre seus colegas do Museu Nacional, as citações de Cuvier igualmente se avolumavam. Nos *Annales du* Museu Nacional, o principal veículo de divulgação dos trabalhos daquela instituição, naturalistas como Lamarck, Geoffroy, Deleuze, Faujas, Humboldt, Delambre, também citavam os trabalhos de Cuvier como referenciais, a partir dos quais eles podiam comparar os resultados de seus próprios trabalhos.

Na Inglaterra, periódicos como o *Monthly Magazine* e o *Philosophical Magazine*, prosseguiam fazendo relatórios sobre os trabalhos da primeira classe do Instituto Nacional, comunicando assim, os resultados que os naturalistas franceses estavam obtendo. Cuvier é frequentemente citado por meio de notícias que informavam sobre suas pesquisas e o efeito que os resultados delas produziam nos estudos da história natural. Em 1801, ao informar sobre os trabalhos no Instituto Nacional, o *Philosophical Magazine* não se limita apenas às citações, mas se preocupa também em quantificar os resultados desses trabalhos, afirmando em resenha do número de 1796 que "Cuvier tem-nos mantido informados do presente estado de suas pesquisas a respeito dos quadrúpedes; ele encontrou até agora vinte e três espécies desses animais, nenhuma das quais tem sido vista viva sob a Terra" (cf. Cuvier, 1801d, p. 173).

Cuvier também é citado em um relatório sobre os trabalhos da *Sociéte Impériale des naturalistes de Moscou* (Sociedade imperial dos naturalistas de Moscou), publicado no *Philosophical Magazine* de 1810.[7] Nesta citação, serve como referência para as conclusões do naturalista alemão Wilhelm Gottlieb Tilesius von Tilenau (1769-1857), em seu trabalho sobre o mamute:

> Sua majestade, o Imperador Alexandre I, Rei da Prússia, examinou com grande interesse o esqueleto do mamute, trazido da costa de Lena, pelo Senhor Adams. O Senhor Tilesius, associado da academia, bem conhecido pelo seu talento em pintar objetos de história natural, preparou 40 desenhos, *in folio*, do mamute. Suas observações não parecem coincidir, inteiramente, com aquelas de Cuvier (Proceedings, 1810, p. 74).

---

7 A instituição citada foi denominada, no cabeçalho do periódico, de *Imperial Society of Natural History of Moscow* (Sociedade Imperial de Historia Natural de Moscou).

Coincidindo, ou não, é notável como os trabalhos de Cuvier, com o decorrer do tempo, passaram a ser tomados como referenciais, ou seja, passaram a ser o que Thomas Kuhn chama de "exemplares", servindo assim, como referência para comprovar ou refutar uma hipótese. A partir da divulgação de suas ideias, relacionadas aos métodos e ao programa de pesquisa que ele vislumbrava para a história natural, vários trabalhos de naturalistas europeus passaram a buscar nelas a comprovação de suas hipóteses, sendo que os resultados obtidos inspiravam-lhes novas pesquisas, mesmo que fossem negativos, uma vez que, sob a orientação do referencial, o naturalista sentia-se motivado a propor uma nova hipótese.

Até mesmo onde o estudo dos fósseis era incipiente, como nas terras do Novo Mundo, alguns periódicos americanos noticiavam os trabalhos dos naturalistas europeus, e Cuvier, evidentemente, estava entre eles. Em 1805, no número de lançamento do *Philadelphia Medical and Physical Journal*, o editor noticia o trabalho de Cuvier sobre o megatério, chegando a algumas conclusões sobre a distribuição do animal no continente americano. Comparando uma ossada fóssil proveniente das barrancas do rio Green-Bryar, na Virginia ocidental, com o megatério descrito por Cuvier em 1796, ele conclui tratar-se de animais que "eram, genericamente, se não especificamente, os mesmos". A principal consequência de sua conclusão foi a ampliação da área de distribuição de animais do grupo dos megatérios para praticamente todo o território americano. A ampliação já se havia tornado plausível desde a descoberta de um animal relacionado às preguiças-gigantes do Cenozoico, também ocorrida em Green--Bryar. O *Megalonyx* havia sido primeiramente descrito pelo naturalista amador Thomas Jefferson (1743-1826), futuro presidente dos Estados Unidos da América, que, em 1799, baseado na análise das garras do animal, relaciona o animal fóssil ao gênero dos felinos, invocando o argumento do "fóssil vivente" para explicar sua possível presença no território americano. Em 1804, Cuvier estuda o caso desse fóssil e corrige Jefferson classificando corretamente o animal no gênero das preguiças-gigantes e refutando a hipótese de sua existência na atualidade (cf. Jefferson, 1799, p. 246-60; Cuvier, 1804c, p. 361).

2.9 A PUBLICAÇÃO DAS LIÇÕES DE ANATOMIA COMPARADA

Enquanto o reconhecimento de Cuvier no âmbito da comunidade científica tornava-se mais evidente, ele seguia preparando sua segunda grande obra, as *Leçons d'anatomie comparée* (*Lições de anatomia comparada*), reunindo as aulas de anatomia comparada que havia ministrado no Museu Nacional. De fato, em 1800, ele já havia publicado dois volumes das lições de anatomia comparada na forma de notas coletadas e editadas por André Marie Constant Duméril (1774-1860) e, em 1805, por meio da coleta e edição de suas notas, feitas por Georges Louis Duvernoy (1777-1855), publica os três volumes restantes, completando a obra (cf. Smith, 1993, p. 169-70).

Nas *Lições*, que se iniciam com uma carta ao seu antecessor na cadeira de anatomia animal do Museu Nacional, Jean--Claude Mertrud, Cuvier não perde a oportunidade de reiterar o apelo de 1800, para a constituição de uma rede de cooperação internacional. Os fósseis foram tratados como vestígios de formas de organização corporal, sem representantes atuais e as formas de organização que eles apresentavam, serviam para compor o conjunto total de tipos organizacionais possíveis do mundo orgânico.

Cuvier, por meio desta obra, procurou divulgar a aplicação de seus métodos da Anatomia Comparada de uma maneira mais profunda do que a empregada em seus trabalhos precedentes, como, por exemplo, no *Tableau Élementaire*. Para tanto, ele apresenta um dos fundamentos de suas leis, o princípio das condições de existência ou das causas finais, como era conhecido informalmente, e que ele mais tarde definiria explicitamente.

> Como nada pode existir sem que reúna as condições que tornem sua existência possível, as diferentes partes de cada ser devem estar coordenadas de maneira a tornar possível a totalidade do ser, não somente consigo mesmo, mas nas relações que mantém com o entorno, e a análise dessas condições conduzem frequentemente às leis gerais como as derivadas do cálculo ou da experiência (Cuvier, 1817, p. 7).

É importante destacar que o termo "entorno", neste contexto, é empregado de acordo com o que Gustavo Caponi sugere em suas considerações sobre o funcionalismo cuvieriano e o adaptacionismo darwiniano e sobre o vivente e seu meio, antes e depois de Darwin. Para Caponi durante a história natural pré-darwiniana, tal termo é empregado, quase que invariavelmente, com o sentido exclusivo de ambiente abiótico. Somente poucas relações bióticas podem ser consideradas, tais como a predação e a herbivoria e, ainda assim, pouca atenção despertavam (cf. Caponi, 2005, p. 83; 2006, p. 64; 2008, p. 97-111). Na análise dos trabalhos de Georges Cuvier, necessária, para a elaboração deste livro, foi possível ratificar a afirmação de Caponi, não somente com base nos trabalhos do grande naturalista francês, mas também com os trabalhos de grande parte da comunidade científica da época.

Mesmo atribuindo tão pouca importância aos fatores bióticos, Cuvier acreditava que, com relação à produção de formas, a natureza se entregava a toda sua fecundidade, desde
que satisfizesse aos pressupostos do princípio das "condições
de existência" (Cuvier, 1817, p. 6; 1835, p. 59). O princípio
funcionava, portanto, como fator limitante para a ocorrência
da plenitude das formas orgânicas imagináveis, determinando, portanto, a existência, inclusive no passado, apenas das
formas que obedecem às "condições de existência". A ocorrência de um organismo só se tornaria possível, se ele reunisse
as condições necessárias para tanto e, também, se as suas diferentes partes estivessem coordenadas de maneira a tornar
possível sua totalidade, em relação a si mesmo e ao seu entorno, ao seu ambiente (Faria, 2007, p. 181-4). Por meio da análise dessas condições, defendia Cuvier, seria possível alcançar
as leis da organização dos organismos (cf. Cuvier, 1817, p. 7).

É assim que Cuvier formula os princípios subsequentes,
necessários para avançar em sua metodologia, que objetivava
produzir dados capazes de atingir a compreensão das relações existentes entre as partes de um organismo, vivo ou extinto, delineando assim, um sistema de classificação baseado na organização das partes orgânicas. Tais princípios foram
denominados, pelo próprio Cuvier, de "correlação das partes" e de "subordinação dos caracteres". O primeiro estabelece que as alterações ocorridas em uma parte do ser vivo
implicam, obrigatoriamente, na alteração de uma ou de várias partes, mantendo-se, assim, sua harmonia funcional.

Essas combinações, que parecem possíveis, quando consideradas de uma maneira abstrata não existem na natureza,
porque, no estado de vida, os órgãos não são simplesmente
relacionados, mas agem uns sobre os outros e concorrem a
um objetivo em comum. Segundo tal fato, as modificações

de um deles exercem uma influência sobre todas as outras. Aquelas modificações que não podem existir conjuntamente excluem-se reciprocamente, enquanto que as outras incluem-se, por assim dizer, não somente em uma relação imediata, mas ainda naquelas que parecem à primeira vista as mais distantes e mais independentes (Cuvier, 1805, p. 47).

Convém destacar que Cuvier considera uma função como sendo qualquer operação de um organismo que venha a ser necessária para manutenção de sua vida, ou para sua reprodução. As partes às quais ele se refere na formulação do princípio estão diretamente implicadas com a função desempenhada pelas mesmas. E as alterações, às quais ele se refere, deveriam obedecer ao segundo princípio – subordinação dos caracteres – que determinava haver uma hierarquia na organização desses caracteres, baseada na importância de suas funções e na maneira pela qual elas se implicam na própria organização do animal (cf. Cuvier, 1817, p. 10-11). É justamente essa graduação da importância das partes, que é estabelecida pelo segundo princípio da anatomia comparada cuvieriana, o da subordinação dos caracteres:

> Há traços de conformação que excluem outros; há os que, ao contrário, incluem-se; por isso, quando conhecemos tal traço em um ser, podemos calcular aqueles outros que coexistem com ele, ou aqueles que são incompatíveis. As partes, as propriedades ou os traços de conformação que possuem um maior número de tais relações de incompatibilidade ou de coexistência com os outros, ou ainda em outros termos, que exercem sobre o conjunto do ser a influência mais marcante, são aqueles que chamamos caracteres dominadores, os outros são denominados caracteres subordinados, ocorrendo em diferentes graus (Cuvier, 1817, p. 11).

Com base nessas leis, Cuvier defende ser possível "reconhecer um animal por um só osso, por uma só faceta de osso" (Cuvier, 1810, p. 250), o que valia como uma certeza geométrica:

> (...) como a equação de uma curva admite todas suas propriedades; e tomando separadamente cada propriedade como base de uma equação particular, encontra-se a equação original, e todas as suas propriedades; da mesma maneira, a unha, o omoplata, o côndilo, o fêmur e todos os outros ossos tomados separadamente fornecem o dente, ou fornecem-se reciprocamente; e começando por cada um deles, isoladamente, aquele que possuir racionalmente as leis da economia orgânica poderá refazer o animal (Cuvier, 1812, p. 60-1).

A reconstrução segue o procedimento dedutivo demonstrado no exemplo prático que Cuvier nos fornece, mais adiante:

> Assim, como já afirmei, se os intestinos de um animal estão organizados de maneira a digerir somente carne fresca, é preciso que suas maxilas sejam construídas para devorar uma presa suas garras para agarrá-la e dilacerá-la, seus dentes para cortar e rasgar a carne; o sistema inteiro dos seus órgãos do movimento para persegui-la e para alcançá-la, seus órgãos dos sentidos para percebê-la à distância; é preciso ainda, que a natureza coloque em seu cérebro o instinto necessário para saber esconder-se e espreitar as suas vítimas (Cuvier, 1812, p. 58).

Utilizando este procedimento, orientado pelas leis e princípios da anatomia comparada, Cuvier podia reconstruir os animais fósseis e, com isso, empreender seu projeto de compor um sistema natural de classificação que abarcasse todos os organismos, vivos e extintos (ver fig. 6), entretanto, decorriam dessa condição outras implicações. A constatação de que faunas inteiras foram perdidas – extintas – e de que mais tarde, de acordo com o registro geológico, elas foram substituídas por outras estava entre as maiores dessas implicações, principalmente porque demandavam respostas causais. Cuvier já havia declarado não estar interessado em explica-

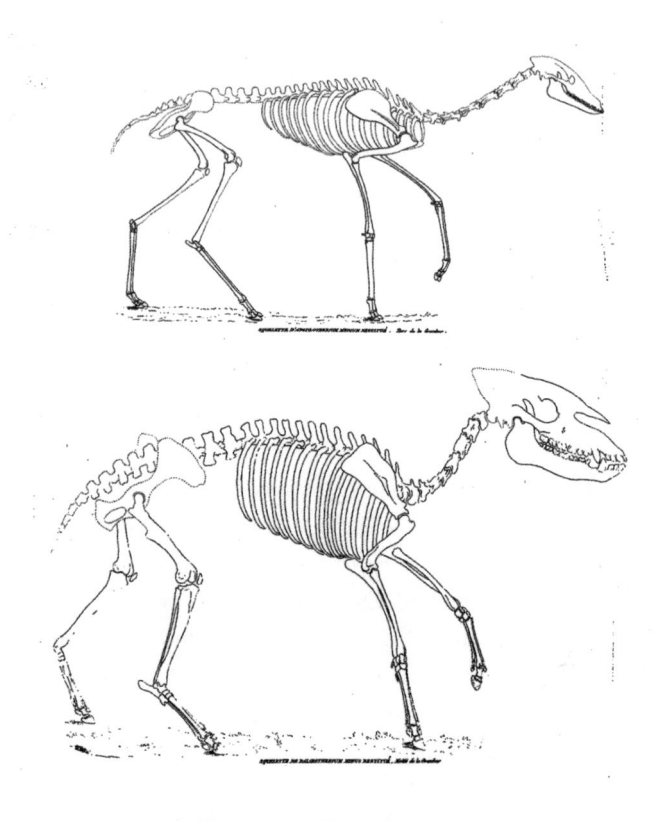

Figura 6. Pranchas do anoplotério e paleotério reconstruídos por Cuvier, constantes do *Recherches sur les ossemens fossiles de quadrúpedes* de 1812. As linhas pontilhadas representam as partes ósseas reconstruídas pelo naturalista francês, com base nos princípios e leis anatômico-comparativas, expostos explicitamente em suas *Lições de anatomia comparada* de 1805.

ções causais, mas, neste caso, ele teve de fazê-las, pois as respostas àqueles questionamentos surgiam como uma necessidade interna de sua constatação.

A resposta veio na forma de uma teoria sobre as revoluções ou catástrofes, mais tarde conhecida por "catastrofismo". Apesar de vários naturalistas do século XVIII já terem defendido essa ideia, nenhum a havia decisivamente relacionado com o fenômeno da extinção, muito menos com o da sucessão biótica, uma vez que é praticamente Cuvier quem constata tal fenômeno. Até mesmo ele demora algum tempo para estabelecer a relação entre uma revolução e o surgimento de uma fauna substitutiva em uma sequência de estratos geológicos. Como regra geral, ele preferiu acumular mais conhecimento sobre o fenômeno para, então, fazer alguma proposição teórica. Até que esse momento chegasse, ele seguiu em sua luta para ampliar a rede de cooperação, cujos trabalhos aportariam seja mais dados, por meio de artigos, correspondências etc., seja mais material de estudo − fósseis, desenhos, pranchas etc. −, com os quais era possível produzir mais conhecimento sobre o fenômeno estudado; e, nesse sentido, o próximo passo seria dado novamente com uma importante publicação.

2.10 O NAPOLEÃO DAS CIÊNCIAS

No ano de 1802, Bonaparte, na ocasião presidente do Instituto Nacional, decreta que aquela instituição deve produzir relatórios sobre os progressos de todas as ciências desde o início da Revolução. Sua intenção de demonstrar ao mundo os progressos que estavam sendo feitos sob seu governo, faz com que aqueles relatórios fossem distribuídos internacionalmente. Os dois secretários perpétuos do Instituto Nacional ficam encarregados de elaborar os relatórios referentes às áreas constituintes da primeira classe. Jean Baptiste Joseph Delambre (1749-1822), secretário perpétuo da seção de ciências matemáticas, é encarregado de relatar os progressos nessa área. Cuvier, encarregado da seção de ciências naturais, que englobava a química e a história natural, tem a oportunidade de expandir, ainda mais, a projeção de sua imagem como um dos naturalistas mais conhecidos no mundo (Desrochers, 1833, p. 90; Aucoc, 1889, p. 62-3; Outram, 1984, p. 65-6, 199-200; Rudwick, 1997, p. 113; 2005, p. 461).

Passados seis anos, os dois secretários apresentam seus relatórios para Napoleão I, em uma sessão do Instituto Nacional, aberta por Louis Antoine de Bougainville (1729-1811). Em seu discurso de abertura, Bougainville afirma que: "o período de 1789 a 1808, ao mesmo tempo, que será, para os eventos políticos e militares, um dos mais memoráveis na cronologia dos povos, será também um dos mais brilhantes nos anais do mundo do saber" (Bougainville, 1809, p.170). Ambos os relatórios são publicados em 1810, e durante os anos que se seguiram, Cuvier acrescentará os novos progressos alcançados pelas ciências naturais, nas edições futuras, para os períodos subsequentes.

Ocupando a segunda parte do relatório de Cuvier encontra-se a história natural subdividida em quatro unidades, sendo que a geologia estava incluída na "história natural dos minerais" e a anatomia comparada na "história natural dos corpos vivos". Certo do alcance que suas opiniões teriam com a publicação desse relatório, Cuvier apresenta a geologia, ciência da qual o estudo dos fósseis era peça central, como uma ciência de origem recente, o que torna, portanto, prematura a busca pelas causas de seus fenômenos, visto ser necessário um maior acúmulo de conhecimento (cf. Cuvier, 1810, p. 149). Os fósseis são tratados nessa unidade e apresentados como "monumentos das revoluções do globo", e devem ser interpretados de acordo com os seus métodos. Segundo ele, os quadrúpedes fossilizados são:

> (...) os mais fáceis de determinar, com segurança, suas espécies, e as semelhanças ou diferenças que podem ter com aqueles [quadrúpedes] que sobrevivem atualmente; mas como seus ossos são encontrados quase sempre esparsos e muito frequentemente mutilados, é preciso imaginar um método de reconhecer cada osso, cada porção de osso, e de relacioná-los às suas espécies. Nós veremos, aliás, como o senhor Cuvier conseguiu isso. Ele examinou os ossos em questão segundo esse método e recriou, assim, várias espécies de grandes quadrúpedes, das quais não resta nenhuma viva na superfície do globo. Somente as jazidas de calcário dos arredores de Paris têm fornecido mais de dez [destas espécies], que formam novos gêneros (Cuvier, 1810, p. 147).

O discurso sobre si mesmo na terceira pessoa, mostra que Cuvier não hesitava em colocar-se como figura central para o público leitor, que era certamente muito diversificado e numeroso, devido às áreas que seu relatório cobria e de seu interesse geral por esse tipo de obra de divulgação científica. Aproveitando-se disso, Cuvier expõe várias ideias que compõem sua teoria explicativa dos fenômenos da extinção e da sucessão biótica, ambos constatáveis no registro geológico. Esse registro apontava para uma substituição faunística, que teria lugar após a ocorrência de uma catástrofe, capaz de extinguir a fauna precedente. As catástrofes naturais seriam provocadas por forças de uma magnitude não conhecida na natureza. Quanto à sucessão biótica, Cuvier apenas constata o fato, sem aprofundar-se em nenhuma explicação causal (cf. Cuvier, 1810, p. 145-51).

O progresso da anatomia comparada é o último assunto relacionado à história natural de que Cuvier tratou. Após discorrer sobre os métodos, suas aplicações e seus aperfeiçoamentos, ele revela sua expectativa de atingir o público internacional, ao citar os resultados dos trabalhos de naturalistas de vários países, inclusive da Inglaterra. Entretanto, não são essas citações dão ao trabalho uma conotação internacional. Claramente elaborado como uma agenda de trabalho a ser implementada nas ciências naturais, o relatório clamava por mais pesquisas geológicas. Particularmente, sobre os estratos e fósseis das formações geológicas do Secundário, como por exemplo, a formação dos arredores de Paris, de onde provinham os fósseis mais interessantes para o seu trabalho, devido às diferenças morfológico-anatômicas que apresentavam e que indicavam terem pertencido a uma fauna completamente distinta da atual.

Novamente, Cuvier apela para a adesão de potenciais colaboradores de sua empreitada voltada para ampliar o conhecimento das formas de organização existentes na natureza, em todos os tempos. Aquele "mais nobre e interessante comércio que os homens podem realizar", usado em seu apelo de 1800, era novamente invocado como peça central de seu projeto. Entretanto, neste relatório, o sentido de tal metáfora ganha maior amplitude quando Cuvier a direciona para todas as ciências. Implementar tal ação tornaria a geologia, ou qualquer outra área de conhecimento, mais estruturada, podendo assim, produzir um conhecimento mais confiável e duradouro, como, por exemplo, aquele alcançado pela obra de Aristóteles.

Sobre essa comparação, Cuvier, no final do relatório, dirigiu-se ao *Sire*, explicando "que as conquistas materiais de Alexandre [Magno] estavam todas destruídas, mas que a *História dos animais* do grande filósofo grego sobrevivia como um marco eterno do amor daquele grande príncipe pelo conhecimento útil" (1810, p. 228). Cuvier esclarece que, por meio de uma única palavra sua, ele poderia criar uma obra que ultrapassaria "de tal forma aquela de Aristóteles, pela extensão dos objetos que ela abrangeria, que suas ações [de Napoleão] ultrapassariam em glória as do conquistador macedônico". Entretanto, essa glória, não obscureceria de nenhuma maneira aquela conquistada por Aristóteles, pelo contrário, ela seria um elemento de revigoramento de seus princípios, os quais são necessários para dar à "história natural toda sua perfeição", algo que, segundo Cuvier, já estava ocorrendo, principalmente em decorrência dos métodos que a história natural começava a adotar (Cuvier, 1810, p. 228-9).

São esses métodos que podem fazer do estudo dos fósseis uma ciência produtora de conhecimentos validados pela comunidade científica. Por meio destes conhecimentos, os fósseis podem ser utilizados como "documentos históricos", permitindo podendo contar a história da vida na Terra, mas principalmente, podendo informar sobre as formas possíveis de organização dos seres vivos, independentemente do fator temporal.

Segundo Cuvier, essa atemporalidade esta diretamente implicada na universalidade que as leis naturais devem ter. Sendo as leis naturais as mesmas que atuaram no passado, as formas de organização sempre estiveram submetidas aos limites impostos por essas leis. Baseando-se nessa premissa, os animais fósseis podiam ser reconstruídos e os limites das formas de organização do mundo natural podiam ser verificados; duas ações que contribuíam para o projeto de Cuvier de estabelecimento de um sistema de classificação natural para os seres vivos em função de sua constituição (tipo de organização) corporal (Caponi, 2004, p. 240).

2.11 A geo-história da bacia sedimentar de Paris

Na busca da execução de seu projeto, Cuvier estuda, entre tantos outros, os fósseis da bacia sedimentar de Paris. Além de serem mais antigos que os fósseis estudados no começo de sua carreira, como o mamute, o mastodonte, o hipopótamo etc., eles revelam outras informações muito importantes, devido a suas implicações teóricas. Percebendo haver uma profusão de fósseis na região de Montmartre, nos arredores de Paris, e também que eles vinham de estratos geológicos, ordenados em uma sequência bem distinguível, por volta de 1804, Cuvier junta esforços com um jovem mineralogista parisiense, Alexandre Brongniart (1770-1847), para realizar um trabalho geognóstico visando esclarecer o ordenamento desses estratos e fósseis (cf. Cuvier & Brongniart, 1808, p. 294).

Brongniart esteve entre os naturalistas franceses que aproveitaram o curto período de livre trânsito internacional, proporcionado pela Paz de Amiens, para viajar aos locais antes inacessíveis. Em sua estada em Londres, conhece Joseph Banks e vários outros membros da Sociedade Real de Londres, frequentando os encontros da sociedade. Nesse meio cultural eram frequentemente debatidos vários assuntos da área da geologia e, nesse momento, uma das discussões mais frequentes se dá em torno do mapa geognóstico, ainda não publicado, que o agrimensor inglês, William Smith (1769-1839) estava elaborando. O mapa decorre de um trabalho de Smith publicado em 1801 que, desde a publicação, integra as discussões geológicas ocorridas nos encontros ingleses entre os interessados nas ciências da Terra.

Seguramente, foi em um desses encontros, ocorrido na Sociedade Real de Londres, que Brongniart tomou conhecimento do trabalho acima e, principalmente, do princípio que o geólogo inglês aplica para mapear geognosticamente parte

do território inglês (cf. Rudwick, 2005, p. 472; 2008, p. 14).
Para realizar tal tarefa, Smith havia caracterizado os estratos
geológicos do Secundário inglês, mediante o seu conteúdo
fossilífero, baseando-se principalmente nos fósseis de conchas de moluscos, abundantes nesses estratos. Outros naturalistas, como Desmarest, Gillet-Laumont, Coupé, Volta,
Faujas e Lamarck já haviam estudado esse grupo fóssil, mas
concentraram seus trabalhos em descrições e ilustrações de
espécimes. Em seu mapa, Smith utiliza as conchas fossilizadas de moluscos para distinguir os estratos geológicos, uma
vez que vários estratos continham determinados fósseis ocorrentes exclusivamente em estratos específicos (cf. Smith,
1816, p. 1-11; Rudwick, 1996, p. 3-4).

Há muito tempo sabia-se que havia uma relação de exclusividade entre determinados fósseis e estratos, mas até aquele
momento, nenhum naturalista havia sistematizado esse conhecimento para sua aplicação na prática. Nisso consiste a
inovação de Smith que o utiliza na confecção de seu mapa
geognóstico. Com essa aplicação, ele consegue plotar estratos descontínuos e afastados entre si, podendo, assim, mapear uma área muito mais extensa que a coberta pelos mapas
geognósticos até então. Baseados na litologia, os mapas anteriores ao de Smith limitavam-se às formações geológicas
contínuas, onde era possível verificar, em vários pontos, a
mesma sequência estratigráfica, pois a litologia dos estratos
não se alterava. Em uma formação geológica descontínua, a
sequência da constituição dos estratos pode ser a mesma,
porém a correspondência entre os estratos de duas áreas sem
continuidade era quase impossível de ser estabelecida com
precisão, pois podem ser litologicamente diferentes.

A utilização dos fósseis possibilita essa correspondência,
ou correlação estratigráfica. Surge assim, um importante instrumento para a ampliação do conhecimento geológico, sendo

que o trabalho de Cuvier e Brongniart ampliará ainda mais sua importância. Pela primeira vez, a perspectiva histórica aparece, com clareza, em um trabalho de Cuvier. E como se trata do trabalho de um naturalista rigoroso, sua perspectiva é fundamentada em fatos e não em meras especulações, como se baseavam as perspectivas históricas dos autores dos "Sistemas da Terra", que ele tanto criticava. Estes fatos deveriam ser conhecidos por meio do estudo do registro geológico, mediante a análise dos seus estratos.

Em sua análise, Cuvier busca, primeiramente, compreender o ordenamento dos estratos geológicos do Secundário da bacia sedimentar de Paris. Com essa compreensão, ele pôde constatar com maior nitidez a ocorrência da sucessão de faunas fósseis, já descrita em trabalhos anteriores. Os estratos sucedem-se em camadas dispostas umas sobre as outras, em uma sequência cronológica em que as mais antigas estão mais abaixo, enquanto que as mais recentes estão posicionadas mais acima. Determinados grupos fósseis ocorriam apenas em determinados estratos, ou seja, sob uma perspectiva histórica, formavam uma fauna que habitou o local estudado durante um período de tempo demarcável. Depois de sua extinção, indicada pela ausência nos estratos geológicos superiores, essa fauna é substituída por outra, que, ao longo do tempo, formará os fósseis constantes dos estratos posicionados mais acima.

O mais antigo estrato secundário da bacia de Paris (ver fig. 7), que Cuvier e Brongniart chamaram de "*craie et sílex*" ("calcário e sílex"), composto por um leito de sílex intercalado por calcário, e o estrato denominado "*calcaire marin grossier ou à cérithes*" ("calcário marinho grosseiro ou com *cérithes*"), um pouco mais recente, apresentavam, em seu interior, fósseis de organismos marinhos. O próprio termo "*cérithes*", que compunha o nome do referido estrato, é a de-

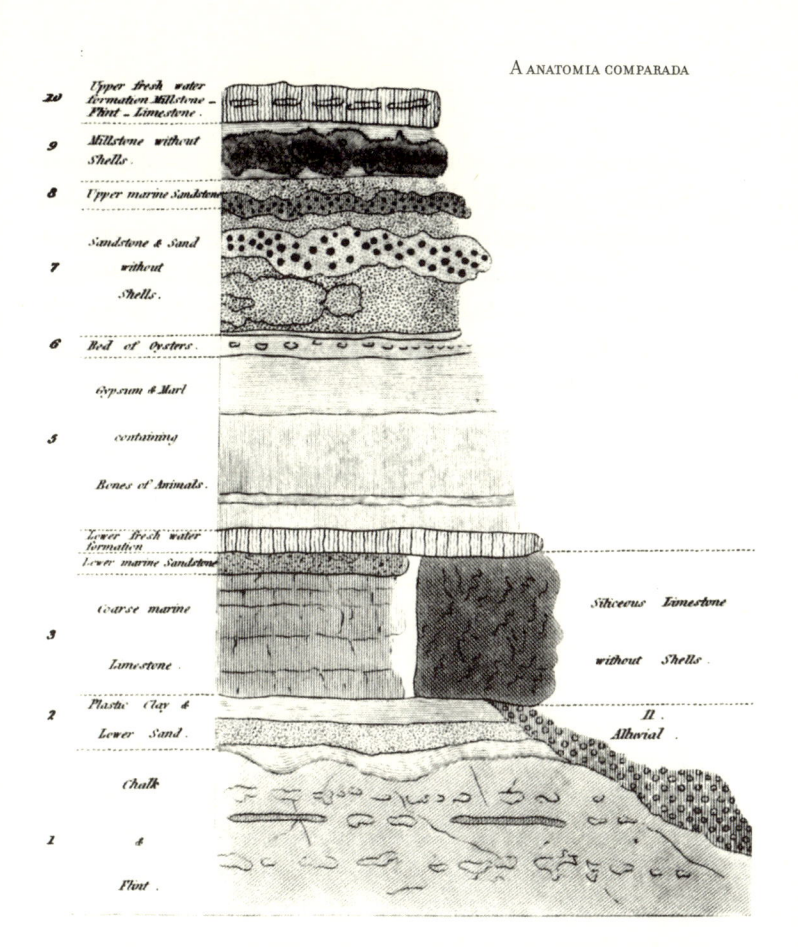

Figura 7. "Planta mostrando a posição relativa das formações dos arredores de Paris", publicada na terceira edição traduzida para o inglês do *Recherches sur les ossemens fossiles*, com o título *Essay on the theory of the earth*, de 1817. Este "corte ideal" geológico, foi publicado sem a preocupação escalonar, para que assim, pudesse acomodar todos os estratos em um desenho para facilitar a compreensão da disposição dos estratos. De baixo para cima: 1 *chalk and flint* (*craye et sílex*; **gesso e sílex**); 2 *plastic clay and lower sand* (*argile plastique et sable inferieur*; **argila plástica e areia inferior**); 3 *coarse marine limestone* (*calcaire marin grossier ou à cérithes*; **calcário marinho grosseiro ou** *cérithes*); 5 *gypsum and marl containing bones of animals* (*marnes du gypse et gypse à ossemens*; **marga de gesso e gesso com ossadas**); 6 *bed of oysters* (*lit d'huitres*; **leito de ostras**); 7 *sandstone & sand without shells* (*grès et sable sans coquilles*; **grés e saibro sem conchas**); 8 *upper marine sandstone* (*grès marin supérieur*; **grés marinho superior**); 9 *millstone without shells* (*meulière sans coquilles*; **pedra molar sem conchas**); 10 *upper fresh water formation millstone - flint - limestone* (*terrain d'eau douce supérieur - meulière - sílex et calcaire*; **terreno de água doce superior – pedra molar – sílex e calcário**) (Jameson, 1817, prancha IV).

nominação vulgar do gênero *Cerithium*, um gastrópode marinho de pequenas dimensões, cujos moldes fósseis são abundantes e facilmente detectáveis nos blocos de calcário das construções mais antigas de Paris (cf. Cuvier & Brongniart, 1808a, p. 300; Foucault & Raoul, 2005, p. 65-6). A abundância tornava claro que, durante certos períodos de sua formação, a bacia sedimentar de Paris esteve submersa sob águas marinhas. Os fósseis que indicavam isso eram os gastrópodes e os exóticos amonites e belemnites além de bivalves, exclusivamente marinhos (Cuvier & Brongniart, 1808a, p. 300-4).

Posicionado entre as duas camadas, estava o estrato que eles denominaram de "*argile plastique et sable inferieur*" ("argila plástica e saibro inferior") e identificaram como de origem lacustre, baseando-se em sua litologia, uma vez que esse estrato não apresentava conteúdo fossilífero (cf. Cuvier & Brongniart, 1808b, p. 434).

Acima do "*calcaire marin*" ("calcário marinho") encontrava-se a camada de um tipo de calcário argiloso e de fina granulometria, que eles denominaram de "*marnes du gypse et gypse à ossemens*" ("marga do gesso e gesso com ossadas"). Eram fósseis de ossadas de quadrúpedes da fauna exótica, sobre os quais Cuvier trabalhava já há algum tempo. Fósseis de paleotério, anoplotério, tapir, sariguês e outros eram retirados dessas camadas de "gesso", indicando que durante a formação do estrato o ambiente era terrestre. A presença de conchas de moluscos de água doce era rara, mas indicava a ocorrência da formação de lagos durante o período em que os estratos foram constituídos (Cuvier & Brongniart, 1808a, p. 316). Acima do estrato "marga do gesso" havia uma camada denominada "*lit d'huitres*" ("leito de ostras") indicando que a região de Paris esteve novamente submersa por águas marinhas (cf. Cuvier & Brongniart, 1808b, p. 450).

Ao todo, Cuvier e Brongniart contaram três períodos em que a região de Paris esteve submersa por águas marinhas, alternados com dois períodos em que as condições ambientais eram terrestres e lacustres. Essas alterações no ambiente sucediam as revoluções, que podiam ocorrer de forma súbita. A pujança dessas mudanças, que é um fator importante para explicar as extinções, podia ser verificada pela presença de fósseis e pelo contraste da litologia de alguns estratos, que indicavam uma súbita mudança no tipo de sedimento ou na forma de sua deposição (cf. Cuvier & Brongniart, 1808a, p. 293-300).

A última dessas catástrofes – a mais recente, na qual os mamutes desapareceram – fora apenas uma entre as muitas revoluções que extinguiram faunas pretéritas. Além da ocorrência, a sequência das revoluções também podia ser verificada no registro geológico, possibilitando traçar uma trajetória dos acontecimentos, que geraram os estratos e os fósseis neles "incrustados". Essa trajetória podia ser exposta em uma narrativa histórica da formação dos estratos e, principalmente, da sucessão faunística que ocorreu ao longo do tempo.

A descrição da sucessão dos estratos e seu conteúdo fossilífero, partindo das camadas mais profundas até as mais superficiais – das mais antigas às mais recentes – torna possível analisar a narrativa de Cuvier sob uma perspectiva histórica. Possibilita também, a utilização, como fator demarcatório dos períodos descritos, dos tipos de faunas que os estratos continham, que eram muito distintas entre si e mais ainda da atual. Como era possível constatar por meio da análise estratigráfica, aquela região foi ocupada, em primeiro lugar, por uma fauna composta por organismos marinhos, como os belemnites e amonites. Depois de ser submetida aos efeitos de uma revolução, essa fauna foi sucedida por outra, representada por pequenos gastrópodes. Após mais um evento catastrófico e súbito, o local foi ocupado pelos quadrúpedes exóticos (paleotério, anoplotério e outros), que Cuvier estava determinando desde 1798. Entre esse estrato e os mais superficiais havia estratos com conchas marinhas e lacustres. A fauna dos grandes quadrúpedes, como os mamutes, os rinocerontes, os hipopótamos e outros, estava encerrada nos estratos mais superficiais, porém anteriores à última grande revolução. Essa grande irrupção de águas teria sido a responsável pelo desaparecimento daquela fauna menos exótica que as anteriores (cf. Cuvier & Brongniart, 1808b, p. 421-7).

Com esse ordenamento estratigráfico do Secundário, que evidencia a existência de estratos menos profundos contendo fósseis de uma fauna mais similar à atual do que as encerradas em estratos inferiores, ou mais antigos, logo a comunidade científica passou a denominar de "Terciário" a formação geológica constituída por esses estratos. A formação, chamada inicialmente de "Secundário recente", encerrava os estratos mais superficiais do Secundário. Posicionados acima do calcário marinho os estratos iniciavam, em termos estratigráficos, o surgimento dos mamíferos quadrúpedes, uma fauna mais similar à atual do que a fauna marinha exótica daquele estrato. Esse era o marco divisório entre as formações do Secundário e do Terciário e que foi estabelecido a partir da publicação do trabalho em conjunto de Cuvier e Brongniart. Dali em diante, a formação geológica na qual Cuvier retirava seus quadrúpedes fósseis passou a receber a denominação de "Terciário da bacia de Paris".

A apresentação do trabalho de Cuvier e Brongniart ocorreu em duas reuniões da Academia de Ciências, e sua publicação, ainda em 1808, nos *Annales du Muséum National* e no *Journal des Mines*. Uma versão ampliada por mais dados coletados durante três anos foi publicada, com o mesmo título, no *Mémoires de la Classe des Sciences Mathématiques et Physiques de l'Institut Impériale de France* (cf. Institut, 1913b, p. 46,

256; Smith, 1993, p. 68; Rudwick, 2005, p. 663). Ainda em 1810, uma versão traduzida foi publicada no periódico inglês *Philosophical Magazine* sob o título *"Memoir on the mineralogical geography of the environs of Paris"* ("Memória sobre a geografia mineralógica dos arredores de Paris") e em 1813 uma versão em alemão foi publicada nos *Annalen der Physik* (cf. Smith, 1993, p. 58-71). Contudo, somente na publicação dos *Annales du Muséum National*, consta o parágrafo que foi objeto de uma longa discussão no mundo científico. Trata-se do parágrafo citado por John Farey (1766-1826), em seu artigo sobre o trabalho dos naturalistas franceses, que havia sido publicado no mesmo número do *Philosophical Magazine* em que era traduzido o artigo original de Cuvier e Brongniart.

Os naturalistas franceses afirmam, exclusivamente no artigo dos *Annales du Muséum National*, que

> (...) começado há quatro anos [o trabalho], continuado com muita labuta, com numerosas viagens [inspeções locais], recolhendo-se em toda a parte informações e amostras, nós estamos longe de crer que esteja terminado e, sobretudo, nós rogamos que não se confunda o resumo que estamos lendo com a redação detalhada que logo publicaremos. *Certas circunstâncias* nos obrigam apresentar hoje este resumo, e de estabelecer um prazo para as pesquisas tão longas e tão laboriosas, antes do feliz momento de crermos tê-las conduzidas à termo (Cuvier & Brongniart, 1808, p. 294-5, grifo meu).

Uma vez que William Smith havia utilizado aquele princípio anos antes da publicação do trabalho de Cuvier e Brongniart, Farey queria garantir ao seu colega inglês a prioridade da autoria do princípio utilizado também pelos naturalistas franceses. Em suas "observações e indagações", ele reclama abertamente da falta de informações sobre as "certas circunstâncias" que provocaram a rápida publicação do trabalho inacabado de Cuvier e "seu associado". Após várias comparações entre os estratos geológicos, mapeados tanto pelo seu colega inglês, quanto pelos naturalistas franceses, Farey termina seu artigo dizendo desejar "render justiça a um valoroso amigo [Smith] e ao nosso país, e avançar e aperfeiçoar a ciência (...)" (Farey, 1810, p. 113-4, 139).

Quando discute a contribuição desse trabalho de Brongniart e Cuvier para a consolidação de uma geohistória, Martin Rudwick sugere que Brongniart teria apressado a publicação do artigo, pois necessitava ter algum trabalho relevante publicado para ser indicado a um cargo docente na *Faculté des Sciences de Paris* (Faculdade de Ciências de Paris). Uma proposição muito verossímil, uma vez que Brongniart atingiria seus objetivos funcionais pouco tempo depois da publicação do artigo (cf. Rudwick, 2005, p. 494).

A criação dessa instituição de ensino, já havia recebido algumas oposições e evidentemente qualquer nomeação para seus cargos também poderia sofrer o mesmo processo. Segundo a biógrafa de Cuvier, Mistres Lee, durante as negociações que se seguiram para a criação desta faculdade, Cuvier teve que debater com o poderoso ministro de Napoleão, Regnault de St-Jean d'Angely (1760-1819), perante o Conselho de Estado e do Imperador, sobre a oposição de Regnault à fundação daquela instituição de ensino. Essa situação de enfrentamento seria recorrente na carreira de Cuvier, na qual teve invariavelmente que invocar suas habilidades como orador para vencer, e convencer, os opositores de seus intentos, seja no campo científico, seja no administrativo. Nesta ocasião, os argumentos de Cuvier foram tão convincentes que a certa altura do discurso, Napoleão voltando-se para Regnault, teria dito: "Eu creio que você é acusado e condenado a estar sem razão" (Lee, 1833a, p. 242; 1833b, p. 230).

Independentemente do constrangimento que Regnault poderia ter sentido, o fato é que a Faculdade de Ciências de Paris é criada naquele ano de 1808 e, no ano seguinte à publicação do artigo de Cuvier e Brongniart, essa instituição de ensino superior contaria em seu quadro com Brongniart, além de vários naturalistas componentes da rede de cooperação de Cuvier que, na ocasião, passava a ocupar o cargo de vice-reitor, uma atribuição cumprida até o dia de sua morte (cf. Lee, 1833a, p. 230-1; Outram, 1984, p. 80, 220-1).

Patronagens e chauvinismos à parte, ainda que se considerasse que aqueles eram tempos de guerra entre as nações dos dois lados do Canal da Mancha, a prioridade de autoria da inovação, trazida pelo artigo de 1808 para os estudos estratigráficos, perderia importância frente à rápida aceitação, devido à extrema aplicabilidade do referido princípio. Além do mais, seu caráter inovador também pode ser relativizado, pois como já foi discutido, Giovanni Arduino e Jean-Louis Girard-Soulavie, e até Lavoisier, mesmo que de maneira rudimentar, já haviam utilizado os fósseis como critério de identificação estratigráfica nos idos do século XVIII.

A mais importante inovação não estava nesta aplicação, mas na interpretação dos dados provenientes da estratigrafia orientada por esse princípio de correlação, interpretação que se tornava mais extensa e precisa. Uma interpretação histórica que somente Cuvier adota. Smith limita-se à identificação dos estratos, ainda que ele os tenha plotado sob um ordenamento que seguia uma cronologia. Além disso, ele não se interessava pelo estudo dos organismos formadores dos fósseis com os quais trabalhou. Muito menos por sua fisiologia. Isso constava somente do programa de pesquisa de Cuvier. Os objetivos cognitivos de Smith voltavam-se ao conhecimento geognóstico para a produção de um grandioso mapa.

O mapa estratigráfico, que Smith tencionava confeccionar desde 1801, somente seria publicado de forma completa em 1816, no livro intitulado, *Strata identified by organized fossils* (*Estratos identificados pela organização dos fósseis*). A demora devia-se principalmente às dificuldades que o agrimensor inglês teve para reunir os recursos econômicos necessários para sua publicação. Sem ser apoiado financeiramente pelo Estado inglês, Smith, que não possuía muitos recursos financeiros, teve de reuni-los por meio de ações como, por exemplo, a venda do próprio material estudado para o *British Museum*. As dificuldades foram tão grandes que, apesar do sucesso de seu mapa ele continuaria a contrair dívidas que ficaram tão elevadas, a ponto de ser preso por dez semanas, na *King's Bench Prison*, em Londres durante o ano de 1819 (cf. Eyles, 1969, p. 157).

Contudo, no campo da estratigrafia, o sucesso do mapa de Smith e do trabalho de Cuvier e Brongniart rendia dividendos suficientes para sanar qualquer dívida científico--metodológica. A utilização do *princípio da correlação fossilífera* ou *princípio bioestratigráfico*, como ficou posteriormente conhecido, passou a ser intensa e, consequentemente, provocou mais trabalhos e discussões exemplares. O próprio John Farey reiterou o apelo, feito por Cuvier em seu trabalho conjunto com Brongniart, de que os estudos sobre os estratos europeus deveriam ser aprofundados. Foi o que fizeram Brongniart em solo francês, Giovanni Battista Brocchi (1772--1826) na Itália, e James Parkinson (1755-1824) e Thomas Webster (1773-1844) na Inglaterra.

Alguns dias após a leitura do artigo, Brongniart e seu ex--aluno, Constant Prévost (1787-1856), começaram a estudar os estratos do sul da França, encontrando um ordenamento similar àquele dos estratos geológicos de Paris. O mesmo ocorreu com os estratos da região de Bordeaux, que ele estudou alguns anos mais tarde, com seu filho Adolphe Theodore (1801-1876). Nessa viagem, os Brongniart exploraram a estratigrafia de vários locais. Alexandre, o pai, identificou nas proximidades do Mont Blanc, estratos formados por rochas que ele já havia reconhecido como de Transição. Elas continham um peculiar fóssil de amonite e estavam posicionadas há mais de 2.500 metros de altitude. Aquele era um tipo de fóssil que ele encontrara somente em estratos calcários de origem marinha, sempre posicionados em pequenas altitudes. Com esta descoberta, ele foi obrigado a lidar com uma anomalia em suas constatações geognósticas, pois teria que explicar como um fóssil marinho poderia ter se encerrado em rochas de *transição*, que eram muito mais antigas que as rochas do *calcário marinho* de onde afloravam os amonites por toda a Europa (cf. Brongniart, 1823, p. 41-8; Rudwick, 2005, p. 532).

Quando há ocorrência de anomalias, como esta, o adepto de um paradigma, provavelmente, tentará isolá-la e dar-lhe uma estrutura, para poder suprimir suas novidades fundamentais, porque estas últimas podem subverter seus compromissos básicos. Mesmo que as regras da ciência normal não estejam funcionando corretamente, ele ainda sim, procurará aplicá-las tentando descobrir até que ponto essa aplicação é possível (cf. Kuhn, 2003, p. 24). Foi isso que Brongniart fez, por exemplo, na correspondência que manteve, nesse período, com Cuvier. Ele suprime as informações sobre o fóssil de amonite, fazendo-o constar somente em um trabalho publicado dois anos mais tarde (cf. Rudwick, 2005, p. 532). Outra notória supressão da novidade fundamental estava em sua afirmação posterior de que a rocha na qual o amonite fora encontrado, apenas se "assemelhava" com uma rocha de *transição*, tanto em sua aparência, como em sua situação (cf. Brongniart, 1822, p. 26-36). Desta maneira

Brongniart demonstrava manter a crença na aplicabilidade do princípio da correlação fossilífera, até porque, apesar da anomalia, ele rendia excelentes resultados para os levantamentos geognósticos. Resultados como, por exemplo, os que estavam sendo colhidos por Thomas Webster, no Terciário da Ilha de Wight.

Objetivando o mapeamento geognóstico daquela ilha, Webster encontra uma sequência de estratos e fósseis, a qual é similar a de Paris. Sabendo que James Parkinson, utilizando os fósseis como critério de identificação estratigráfica, havia encontrado em Londres uma sequência relacionável à de Paris, ele imagina haver uma continuidade entre os estratos londrinos, parisienses e os da ilha que explorou (cf. Parkinson, 1811, p. 325). Nessa similaridade, ele constata haver uma sequência de estratos que comprovavam ter ocorrido uma sucessão de ambientes marinhos e lacustres. Para chegar a essas conclusões ele utiliza o método comparativo, confrontando as conchas que escavou com alguns espécimes provenientes da bacia de Paris, componentes da coleção do mineralogista francês Jacques-Louis, conde de Bournon (1751-1825), um amigo de Brongniart, radicado em Londres desde os tempos do Terror (cf. Webster, 1814, p. 161-3; 245-54; Rudwick, 2005, p. 519; Gordon, 2009, p.105).

Do outro lado do território francês, Giovanni Brocchi explorava os Apeninos em busca de fósseis que ele pudesse comparar com os da coleção do *Museo di Storia Naturale di Milano* (Museu de História Natural de Milão), do qual era curador. Vendo a profusão e a diversidade dos fósseis de conchas de moluscos existentes na região, Brocchi deixaria os fósseis de vertebrados para Cuvier estudar. Da mesma forma que os ingleses, ele também relaciona os estratos italianos com os de Paris e os de Londres, estendendo ainda mais, o registro da ocorrência dos estratos do Terciário, conduzindo assim, os estudos estratigráficos para dimensões continentais (cf. Brocchi, 1814, p. 90-3).

Essa ampliação dos estudos decorria, também, da maneira em que estavam sendo realizados. Aos modos do que Cuvier clamara, uma rede de cooperação formava-se em torno de um programa de pesquisas estratigráficas para os fósseis. Mesmo se limitada aos estudos estratigráficos, a rede trocava informações contribuintes de outros objetivos cognitivos do programa de pesquisa para os fósseis, que Cuvier pretendia empreender. Além disso, ela se formava em torno de trabalhos, ideias e métodos, que, nesse caso, foram desenvolvidos especificamente para a produção de um conhecimento geognóstico, mas que também eram de grande aplicação para as suas pesquisas. Por meio da posição estratigráfica, constatava-se o ordenamento do surgimento e desaparecimento de faunas, ou seja, verificava-se a história dessas faunas.

Após o estabelecimento do *princípio da correlação fossilífera*, foi possível visualizar essa história em áreas mais extensas, pois a partir de sua utilização os estratos podiam ser correlacionados; o que era um vigoroso aporte cognitivo para o programa de pesquisa de Cuvier, promovendo um enorme número de adesões de colaboradores de diversos países, que se integram aos trabalhos e, consequentemente, passam a ser citados como fonte.

2.12 As revoluções do globo terrestre

Formada uma comunidade científica e após anos de pesquisas, apelos, artigos, correspondências, cursos, discursos e a utilização de tantos outros recursos disponíveis, Cuvier reuniu material necessário para a publicação de sua grande obra sobre o principal grupo de animais fósseis que ele estudava, aplicando seus métodos da anatomia comparada. *Recherches sur les ossemens fossiles de quadrupèdes où l'on rétablit les caractères de plusieurs espèces d'animaux que les révolutions du globe paroissent avoir détruites* (*Investigações sobre as ossadas fósseis de quadrúpedes, onde se restabelece os caracteres de várias espécies de animais, que as revoluções do globo parecem ter destruído*)[8] era o título da obra, cujo primeiro tomo aparece em 1812, na qual Cuvier publica o vasto material em seu poder, coletado ao longo de dezesseis anos de trabalhos.

Pretendendo atribuir aos seus estudos os mesmos padrões científicos e de prestígio dos trabalhos de seus colegas da primeira classe do Instituto Nacional, voltados à área das ciências matemáticas, Cuvier utiliza a dedicatória dessa obra para apresentar seu trabalho como um projeto tão rigoroso em termos científicos quanto a grande obra de Pierre-Simon, marquês de Laplace (1749-1827). Este último, após ter produzido avanços significativos na análise matemática e nos estudos de Isaac Newton, era amplamente reconhecido como uma das mais importantes figuras científicas do século XIX.[9] Dedicando o livro ao seu "querido e ilustre colega", Cuvier aproveita para discorrer sobre como Laplace, e os colegas do Instituto Nacional incentivaram a publicação da obra, sugerindo claramente que tal incentivo deveria ser interpretado como uma aprovação (cf. Cuvier, 1812, p. i-ii).

O livro é uma clara demonstração do sucesso que Cuvier obteve nos apelos feitos anteriormente, no sentido de obter

---

8 Daqui em diante, esta obra será referida por meio da abreviação *Recherches*, que é usual entre os comentadores e intérpretes.

9 O nome de Laplace completa a lista dos setenta e dois franceses mais notáveis, de acordo com suas contribuições à França, e que tem seus nomes gravados em volta do primeiro estágio da Torre Eiffel desde sua inauguração em 1889. O nome de Cuvier, posicionado ao lado do de Laplace, está situado no lado oeste da Torre, ou seja, de frente para o rio Sena e a Praça do Trocadéro, um lugar de eminente destaque.

colaboração para dar andamento ao seu programa de pesquisa. A rede de cooperação internacional é ostentada por toda a
obra, em cada momento que Cuvier cita, nominalmente, seus
colaboradores. O número de trabalhos citados também é
grande. Maior ainda é a diversidade dos fósseis descritos.
Centrado no principal grupo de animais em que ele trabalhava, Cuvier descreve, cita e relaciona à história do globo,
diversos fósseis de quadrúpedes, de diversas épocas. Essa
relação baseia-se em um processo sucessorial que ele pode
descrever somente após o trabalho estratigráfico realizado
com Brongniart. Na descrição, em que novos fósseis somam-
-se aos já determinados por Cuvier, um espécime que se encontrava no Museu Nacional, em muito contribuiria para a
compreensão do fenômeno da *sucessão biótica*.

Corrigindo ao mesmo tempo as identificações que fizeram Faujas e Camper de um fóssil enviado para o Museu Nacional em 1795, de Maastricht, na Holanda, Cuvier o identi-
fica como um réptil aquático e não como um crocodilo ou uma
baleia, como haviam afirmado Faujas e Camper, respectivamente. Retirado de estratos mais antigos do que os estratos
onde haviam sido encontrados os fósseis do paleotério e do
anoplotério, este réptil receberia, mais tarde, o nome de
mosassauro, significando em grego: "lagarto do rio Mosa".
Era uma referência ao local da descoberta, onde desde 1766,
alguns fósseis do animal já haviam sido encontrados. Oito
anos depois, o primeiro e mais completo desses fósseis será
comprado por Martinus van Marum (1750-1837) para integrar a coleção do *Teylers Museum* (Museu Teyler) localizado
na cidade holandesa de Haarlem (cf. Mulder, 2004, p. 165-
-76). Outro espécime, também em excelente estado de con-
servação, acabará por integrar a coleção do Museu Nacional
e, dessa forma, chegará às mãos de Cuvier. Após ser decreta-
do pela França como espólio de guerra, o fóssil é enviado a

Paris, sob a supervisão de seu colega, Faujas. Mesmo tendo o fóssil nas mãos antes do que Cuvier, Faujas não percebe sua grande singularidade morfológica, ou em termos cuvierianos, a excepcional organização corporal do animal, que apontava, por sua vez, para uma fauna mais exótica do que as outras já estudadas por seu colega (cf. Cuvier, 1808, p. 145-76).

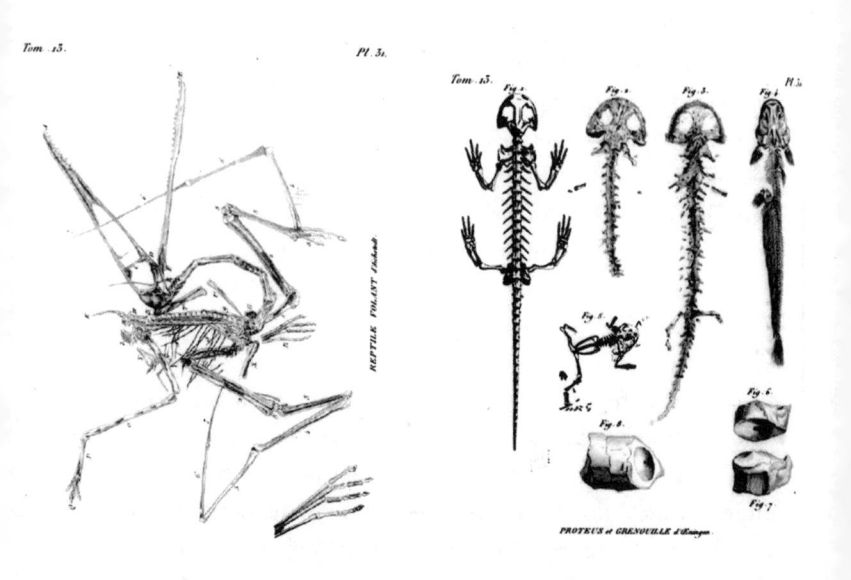

Figura 8. *Esquerda*: **prancha do fóssil de pterodáctilo, constante no artigo** "*Sur quelques quadrúpedes ovipares conservés dans les schistes calcaires*" ("**Sobre alguns quadrúpedes fósseis conservados nos xistos calcários**"), **que Cuvier publicou em 1809, baseado no desenho original com o qual trabalhou para determinar sua origem reptiliana.** *Direita*: **prancha dos fósseis e ossadas de salamandras em comparação com um sapo e um peixe. O fóssil que Scheuchzer identificou como do** *Homo diluvii testis* - **atualmente** *Andrias scheuchzeri* - **aparece no centro à esquerda. Está incompleto e foi interpretado pelo naturalista alemão como sendo o crânio e a coluna vertebral de um ser humano. Esses foram os pontos que receberam maior atenção de Cuvier em suas comparações, que contaram com o auxílio de outro fóssil, mais completo, do animal (centro à direita). No canto inferior direito, estão desenhadas vértebras sugerindo um encaixe, como, por exemplo, ocorre no desenho central inferior. Este também foi um dos pontos muito discutidos no trabalho de Cuvier (Cuvier, 1809, pranchas 30 e 31).**

Ainda mais exótico, é o outro fóssil descrito por Cuvier naquela grandiosa obra. Tratava-se de um animal que, devido a sua organização corporal, ratifica a proposição de Cuvier de que respeitando os limites das "condições de existência", a natureza pode "entregar-se a toda sua fecundidade" (Cuvier, 1805, p. 59). Poucos eram os naturalistas que, na época, poderiam realmente conceber a ideia de ter existido, na história do globo terrestre, um réptil alado. O naturalista florentino radicado em Mannheim, Cosimo Collini (1717-1806), estava entre eles. Quando estudou o fóssil encontrado em Solnhofen, na Baviera, local de onde eram escavados diversos fósseis de organismos marinhos, ele identificou-o como sendo de uma criatura marinha desconhecida. Quando de sua transferência para Munique, muitas peças da coleção a que esse fóssil pertencia, a qual Collini era curador, foram perdidas. O fóssil do réptil, supostamente marinho, era uma das peças que desapareceram, mas felizmente, alguns bons desenhos haviam sido feitos. Bons o suficiente para Cuvier, em 1809, aplicar seus métodos anatômico-comparativos e fazer sua determinação, mesmo que o resultado fosse o mais surpreendente possível. Tratava-se de um réptil alado, uma forma de organização corporal improvável até para os possuidores da mais fecunda imaginação, principalmente em função da morfologia de sua asa, que estava em conexão com seus dedos da pata anterior. Daí resulta o nome que Cuvier lhe deu, utilizando o prefixo grego ptero, significando asas, e o sufixo dáctilo, que significa dedos (ver fig. 8 – esquerda) (cf. Cuvier, 1809, p. 424-37; Taquet, 2004, p. 157).

A surpresa dessa descoberta logo se difunde entre a comunidade científica e o público geral, servindo perfeitamente aos propósitos de Cuvier de propagar seus métodos e ideias. A eficiência deles resulta na precisa determinação do réptil alado, constituindo assim um forte argumento para sua utilização por outros naturalistas. Ainda nesse sentido, Cuvier utiliza o poder ilustrativo do recurso visual de uma prancha que mostrava caracteres singulares, como a grande extensão dos ossos dos dedos que sustentavam as asas. Contudo, não é esse o único fóssil que consegue chamar a atenção da comunidade científica em função de sua peculiar organização corporal, pois outro fóssil, também descrito e determinado no mesmo artigo do pterodáctilo, tem evidência pelo destaque que havia alcançado entre os naturalistas do final do século XVIII (cf. Jahn, 1969, p. 203-13).

Cuvier aproveita sua estada em Harlem, na Holanda, em uma de suas viagens como Inspetor-Geral da Educação Pública, para visitar coleções, museus e realizar mais um exercício preditivo, no sentido de demonstrar a eficiência de seus métodos. Noticiado desde a primeira edição do *Recherches* e narrado, com detalhes, somente a partir da terceira, este seria mais um episódio espetacular como aquele que conduziu ao identificar o fóssil do sariguê de Montmartre, cinco anos antes. Cuvier, assim o descreveu:

> Encontrando-me em Harlem, em maio de 1811, o sábio Senhor Van Marum, diretor do Museu de Teyler, gentilmente me permitiu escavar a pedra que continha o pretenso antropólito de Scheuchzer, a fim de descobrir os ossos que ainda podiam estar escondidos. A operação se fez em sua presença e na do Senhor Van den Ende, Inspetor-Geral de Estudos, tão estimado pelo desenvolvimento que proporcionou à instrução primária das Províncias Unidas. Tivemos diante de nós um desenho do esqueleto da salamandra, e foi com prazer, que à medida que o cinzel arrancava uma lasca de pedra, nós víamos aparecer alguns dos ossos que esse desenho tinha previamente anunciado (Cuvier, 1836, p. 371-2).

Cuvier estava corrigindo Johhan Jakob Scheuchzer na determinação realizada por este naturalista em 1726, do fóssil que acreditou ser uma testemunha humana do dilúvio bíblico. Setenta e quatro anos de discussões sobre o *Homo diluvii testis* (Homem testemunha do dilúvio) se encerram com a conclusão de Cuvier, de que aquele fóssil era de uma salamandra gigante (cf. Cuvier, 1809, p. 411-21). O trabalho encerra as discussões e, ao mesmo tempo, torna ainda mais conhecido o poder heurístico de seus métodos anatômico-comparativos. Mais uma vez, Cuvier utiliza espetacularmente a confirmação de uma predição sua como um poderoso recurso retórico de divulgação de seus métodos e ideias (ver fig. 8 – direita).

Os trabalhos sobre os répteis fósseis são importantes para o esclarecimento do fenômeno da sucessão biótica e formam os capítulos finais da primeira edição da obra de compilação, o *Recherches*. Com eles, Cuvier procura levar o leitor a concluir que há uma sequência sucessória faunística representada no registro fóssil das formações estudadas.

Entre os estratos geológicos de que provinham os fósseis marinhos da fauna extraordinária composta por amonites e belemnites etc., e os estratos terciários que continham quadrúpedes como, por exemplo, o anoplotério e o paleotério, Cuvier constata a existência de estratos secundários com predominância daquela fauna reptiliana. Aquáticos como o mosassauro, terrestres como a salamandra gigante ou voadores como o pterodáctilo, todos têm uma organização corporal muito diferente da apresentada pelas faunas que eles sucederam, assim como, pelas faunas que os substituíram.

A sequência de toda essa sucessão biótica em estratos do Secundário é estabelecida por Cuvier da seguinte maneira: nos estratos inferiores apareceria uma fauna exclusivamente marinha, composta por moluscos, como gastrópodes, bivalves, cefalópodes e outros organismos marinhos; nos estratos sobrepostos, ocorreria uma fauna em que os peixes apareciam; posicionados estratigraficamente acima, estariam os quadrúpedes ovíparos, tais como o mosassauro, pterodáctilo etc.[10] Finalmente, nos estratos Terciários apareceriam os quadrúpedes vivíparos,[11] com o seguinte ordenamento: nos estratos mais antigos, ou seja, mais profundos do Terciário, os mamíferos quadrúpedes da fauna do paleotério e do anoplotério; acima desses estratos, nos mais recentes, surgiriam então os mamíferos um pouco mais assemelhados à fauna atual, como os mamutes, mastodontes etc. (cf. Cuvier, 1812, p. 68-73; 1830, p. 112-21).

Segundo o catastrofismo, concepção defendida por Cuvier, os estratos que contêm essas faunas fósseis devem ser formados nos períodos que intermediam a ocorrência de revoluções, ou catástrofes. Estas revoluções, geralmente inundações, ocorreram várias vezes durante a história do globo terrestre, tendo consequências para a geologia e para biologia da Terra. Além de reconfigurarem geologicamente os locais atingidos foram capazes de disseminar faunas inteiras das localidades que atingiram. Após a ocorrência da catástrofe e com a fauna local tendo sido extinta, poderia haver a formação de estratos afossilíferos, que separariam os estratos contendo os fósseis da fauna extinta daqueles que contêm os fósseis dos animais que mais tarde repovoaram o local. Mesmo que não houvesse a formação desses estratos

---

10 Cuvier considera quadrúpedes ovíparos todos os animais quadrúpedes que, em seu processo de reprodução, põem ovos, os quais eclodem no ambiente externo, ou seja, os répteis, anfíbios, aves, sendo que estas últimas não constam nos estratos que ele trabalhou.

11 Para Cuvier, os quadrúpedes vivíparos são aqueles que parem seus filhotes vivos, ou seja, os mamíferos, excetuando os aquáticos. Os monotremados (équidnas e ornitorrincos) só foram descritos após a morte de Cuvier.

geológicos intermediários, os estratos contendo faunas de diferentes épocas deveriam estar separados, uma vez que essas faunas, não ocuparam ao mesmo tempo aquela localidade. Somente após a extinção da fauna mais antiga, o local atingido pela catástrofe seria novamente ocupado por uma fauna migrante. Assim, o estrato da fauna desaparecida não deve, em hipótese alguma, conter os animais da fauna subsequente, pois de acordo com o processo de sucessão biótica essa fauna ocupa o local somente após o término da formação do estrato contendo os fósseis da fauna submetida à revolução.

Os trabalhos de Cuvier haviam produzido conhecimento suficiente para que o processo da sucessão biótica pudesse ser relacionado a uma linha de tempo bastante longa, representada estratigraficamente pelos vários estratos geológicos por ele estudados. Essa relação torna-se mais evidente no *Recherches* de 1812, onde compila seus trabalhos sobre os grupos fósseis constantes nesse longo processo sucessório, descrevendo as diferentes faunas que se sucederam ao longo do tempo. Dessa descrição resulta a constatação de uma necessidade interna de sua teoria explicativa para o fenômeno da sucessão biótica: uma escala de tempo maior, para acomodar todo o processo.

Essa noção de uma escala de tempo maior do que até então pressuposta pela comunidade científica envolvida com as ciências da Terra, exigiu de Cuvier mais um apelo. No discurso preliminar do *Recherches,* ele afirma que seria uma "glória para o homem (...) romper os limites do tempo", como a astronomia já havia feito com os limites do espaço. Para ele, os astrônomos teriam começado seu trabalho há muito tempo, daí o nível de desenvolvimento de sua ciência, que teve de passar pelos estágios de um Anaxágoras, um Copérnico e um Kepler. E ao final desse discurso ele indaga: "(...) por que a História Natural não teria um dia o seu Newton?" (Cuvier, 1812, p. 3).

Sem colocar-se explicitamente como candidato a esse papel, Cuvier ainda aproveita o discurso preliminar do *Recherches* para expor sua agenda para a geologia e a sua teoria das revoluções, ou catástrofes. Evidentemente ele invoca e expõe a eficiência e a utilidade de seus métodos e programa de pesquisa para o cumprimento dessa agenda, que tinha como objetivo final acumular dados suficientes para, no futuro, possibilitar a elaboração de uma "teoria da Terra", baseada em fatos e não mais em especulações feitas em gabinete.

Cuvier termina o discurso preliminar do *Recherches* examinando "até que ponto a história civil e religiosa dos povos concordaria com os resultados da observação da história física da Terra" (Cuvier, 1812, p. 5). A procura dessa concordância tornou-se um capítulo à parte no cientificismo de Cuvier, que mesmo sem ter feito afirmações diluvianistas ou criacionistas, teve sua imagem associada a tais escolas de pensamento.

Desde o começo de seus trabalhos, Cuvier já se propunha a elucidar a trajetória histórica do globo terrestre sob uma perspectiva binária, ou seja, separando-a em um mundo pré--humano e um mundo iniciado após o surgimento da cultura humana. Porém, é necessário esclarecer, como ele o fez explicitamente, que o do homem não havia surgido em uma época posterior a última revolução, a qual havia extinguido os mamutes e mastodontes. Sem jamais entrar na discussão sobre a origem de qualquer espécie, Cuvier defendeu que a espécie humana poderia já estar habitando alguma região que não fora atingida pelas revoluções, ou catástrofes. De lá ela poderia ter migrado para as regiões da Europa, Ásia ou América, iniciando posteriormente o processo civilizatório (cf. Cuvier, 1812, p. 85).

Aliás, a migração foi o mecanismo que ele também utilizou para explicar o fenômeno da sucessão biótica. As revoluções explicavam as extinções das faunas fósseis, mas não o surgimento nos estratos geológicos de uma fauna substituinte. A migração de uma fauna remanescente de uma localidade não atingida poderia ser a explicação que sua teoria demandava, para tornar-se mais fortalecida. Mas, para comprovar a ocorrência dos fenômenos das catástrofes, da sucessão biótica, da extinção e da migração, eram necessários mais estudos.

Foi o que Cuvier fez a partir de seus primeiros estudos com fósseis, que culminaram com a publicação do *Recherches*, onde ele pôde expor sua teoria das catástrofes de maneira completa. A própria reunião de seus artigos sobre os fósseis de quadrúpedes nessa obra contribui, substancialmente, para a compreensão da história do globo, onde os mecanismos de extinção e de migração tinham papéis centrais. Ela facilitava a aceitação de sua teoria das revoluções, pois permitia visualizar com muito mais nitidez a sequência de faunas que ocorreram através do tempo.

A quantidade impressionante de fósseis que ele determina nestes trabalhos também contribuía muito neste aspecto. Cuvier computa serem em número de 78 os animais quadrúpedes, ovíparos e vivíparos, os quais ele classifica da seguinte maneira: 15 formam 11 gêneros ou subgêneros de quadrúpedes ovíparos (répteis e anfíbios), e 63 formam 26 gêneros de quadrúpedes vivíparos (mamíferos). Dos 78 animais quadrúpedes, distribuídos por todos esses gêneros e subgêneros, 49 são de espécies definitivamente desconhecidas, 11 ou 12 de espécies que ainda não havia sido possível determinar, mas que apresentavam semelhança com espécies atuais; e 16 ou 18 espécies que ainda não podiam ser submetidas a um processo de comparação "assaz escrupuloso", que pudesse permitir sua determinação (cf. Cuvier, 1812, p. 66-8). Com tal soma de fósseis dispostos na sequência faunística que ele imagina e expõe no *Recherches*, tornavam-se ainda mais fortalecidos seus argumentos sobre a extinção e a sucessão bió-tica, duas peças centrais de sua teoria das catástrofes.

Para Cuvier, a última das revoluções deveria ser o marco divisório entre o mundo pré-humano e o mundo em que o homem inicia sua história civil, por meio do registro das suas tradições. Ele considerava que esse registro coincidia com os diversos relatos sobre inundações ocorridas em vários locais da Terra e narrado em diversas culturas muito antigas. Judeus, caldeus, fenícios, egípcios, gregos, hindus e chineses, além de outros povos, cultuavam há milênios algum tipo de narra-tiva sobre um evento catastrófico de irrupção de águas. Esses registros são usados para corroborar sua hipótese de que a úl-tima e mais recente catástrofe teria sido uma inundação.

Esse é o último assunto abordado no discurso preliminar do *Recherches*. O primeiro volume da obra ainda conta com a anexação de seu artigo sobre a íbis egípcia e do trabalho em conjunto com Brongniart. Editados todos juntos, possibili-tam que o leitor entenda suas comparações anatômicas e a sequência dos estratos em que foram encontrados os fósseis tratados nos artigos reunidos na obra, entendendo assim, o processo de sucessão das faunas. No segundo volume Cuvier reúne seus artigos e seus comentários sobre os quadrúpe-des fósseis do grupo dos paquidermes, onde ele aloca os tapi-res, mamutes, mastodontes e outros. No terceiro volume, ele trata dos mamíferos do grupo do paleotério, anoplotério, sariguês e outros animais desta fauna singular de mamífe-ros. No volume final, ele discorre sobre grupos como dos car-niceiros, roedores, ruminantes, ungulados, felinos, pregui-ças e outros, voltando assim, em termos temporais, à mesma fauna estudada e comentada anteriormente no segundo vo-lume. A última fauna de que trata, ainda no quarto volume, é composta pelos quadrúpedes ovíparos, como os crocodilos, o mosassauro, pterodáctilo, salamandras, rãs e tartarugas.

Toda essa compilação de trabalhos, visando apresentar suas "investigações sobre as ossadas fósseis de quadrúpedes" conta também com seus trabalhos sobre as espécies viventes, como fonte de comparação, possibilitando assim, "o restabelecimento dos caracteres de várias espécies de animais, que as revoluções do Globo pareciam ter destruído".

O título não poderia ser mais adequado para aquele que seria o livro mais editado de todas as obras de Cuvier. Ao todo foram quatro edições, que iam sendo acrescidas de seus trabalhos e comentários, até que seus volumes chegaram ao número de 12, na ultima edição, publicada entre os anos de 1834 e 1836. A partir da terceira edição (1825), o discurso preliminar é separado e tornou-se uma obra à parte, recebendo o título de *Discours sur les révolutions de la surface du globe et sur les changemens qu'elles ont produits dans le règne animal* (*Discurso sobre as revoluções da superfície do globo e sobre as mudanças que elas produziram no reino animal*).[12] Como nesse texto Cuvier discorre sinteticamente sobre todos os assuntos abordados por seus artigos compilados, sempre com a sua característica eloquência, a publicação tem, obviamente, como um de seus alvos, o público geral, mas sem que se abandone o rigor científico, característico de seus trabalhos. O público, assim como a comunidade científica dos naturalistas e estudiosos dos fósseis, poderia, a partir da obra, ter uma visão global de suas ideias e de sua agenda para a geologia. Poderia também ter uma excelente noção de como seus métodos deveriam ser aplicados para dar prosseguimento ao seu programa de pesquisa, também exposto eloquentemente. Como livro, o *Discours* incorpora o trabalho sobre as íbis egípcias, dando a oportunidade ao leitor de conhecer mais a fundo a

---

12 Daqui em diante, esta obra de Cuvier será referida pela abreviação *Discours*, que é usual entre os comentadores.

aplicação dos métodos anatômico-comparativos e dos argumentos de Cuvier contra o transformismo.

Certamente o *Discours* tornou-se a obra de maior poder de divulgação dos trabalhos e ideias de Cuvier. Foi publicado continuamente por todo o século XIX, mesmo quando já podia ser considerado ultrapassado em termos científicos. Até 1840 alcançou vários países, sendo traduzido para diversos idiomas como o russo, sueco, italiano, alemão e tcheco (cf. Smith, 1993, p. 150-60). Nesse mesmo ano recebeu a sua oitava edição, e como todas as edições anteriores, foi acrescida de novos dados produzidos pelos trabalhos de Cuvier. Em algumas edições posteriores, os adendos são feitos por outros naturalistas, como ocorreu na edição de 1864, acrescida de "notas e um apêndice, baseados nos trabalhos recentes dos senhores Humboldt, Flourens, Lyell, Lindley etc., redigidas pelo doutor Hoefer" ou na edição de 1881, que recebeu da parte de Paul Bory "notas segundo os dados mais recentes da Ciência e uma notícia histórica sobre Cuvier" (cf. Cuvier, 1864, 1881). Mais tarde, alcançaria todos os continentes, sendo publicado até os dias atuais em diversas línguas como, por exemplo, o chinês e o português.[13] Mas de todas essas traduções e edições, abre-se um capítulo à parte com a publicação da tradução em língua inglesa.

Um ano após ser publicado na França, o *Recherches* aparece em inglês, editado pelo geólogo escocês Robert Jameson (1774-1854). Sem poder interferir na publicação, Cuvier vê seu discurso preliminar ser desmembrado e receber um título que ele certamente teria evitado: *Essay on the theory of*

---

13 Até o final de 2010 foi possível verificar que a publicação mais recente do discurso preliminar (2009) tinha como subtítulo, *anatomie des catastrophes* (anatomia das catástrofes), e que o *Discours sur les révolutions de la surface du Globe* teve uma publicação francesa. Em português, a última edição, publicada pela Editora Cultura, data de 1945.

the earth with mineralogical notes, and an account of Cuvier's geological discoveries (*Ensaio sobre a teoria da Terra, com notas mineralógicas e um balanço das descobertas geológicas de Cuvier*). Era uma distorção do que Cuvier havia pronunciado sobre aquela obra ser um trabalho voltado para a construção futura de uma verdadeira teoria da Terra, mediante o acúmulo de dados que seus estudos estavam produzindo. Outra distorção dos propósitos e ideias de Cuvier consta no prefácio, quando Jameson afirma que "o assunto do dilúvio formava o principal assunto desse elegante discurso" (Jameson, 1817, p. ix-xi). Duas distorções que renderam a Jameson grande sucesso de vendagem, pois tanto o diluvianismo, quanto as teorias da Terra formavam escolas de pensamento com muitos adeptos na comunidade de língua inglesa e certamente uma obra com esse viés deveria receber sua apreciação.

O sucesso de vendagem foi tão grande que três edições, com acréscimos de Jameson, foram publicadas antes mesmo da segunda edição do *Recherches* ser lançada em 1821. Evidentemente que a forma como Cuvier trata da última revolução, relacionando essa irrupção de águas às tradições da história civil de vários povos antigos, podia suscitar interpretações por parte dos leitores de que fosse uma defesa da ocorrência do dilúvio mosaico. Porém, o propósito de Cuvier naquelas páginas era demonstrar como a história civil poderia ser uma continuidade da história natural. O momento no qual essas histórias se sobrepõem era considerado como sendo a última revolução, que de alguma forma poderia estar relacionada às diversas narrativas daquele fenômeno natural, elencadas no *Discours*. Não se tratava, de modo algum, de uma defesa de algum tipo de literalismo bíblico. Aliás, em 1802, Cuvier já havia tido dificuldades com essa escola de pensamento, quando François-Auguste-René de Chateubriand (1768-1848) publica um livro, *Génie du christianisme* (*Gênio*

do cristianismo), em que propunha o retorno de um catoli-
cismo mais tradicional, aproveitando o clima religioso trazi-
do pela reaproximação da Igreja com a França. Em seu fun-
damentalismo católico, Chateaubriand reivindica uma escala
de tempo de poucos milhares de anos, mutio menor que a
escala com a qual Cuvier trabalhava para acomodar a geo-
-história constatável por meio da análise dos fósseis e estratos geológicos (cf. Chateaubriand, 1830, p. 137-43). Como
estratégia de refutação das ideias de Chateaubriand, Cuvier
tinha a sua disposição, seus artigos e livros que certamente
circulavam entre a comunidade científica. Mas foi certamente
com suas aulas no *Lycée Henry iv* (Liceu Henrique iv) e no *Collége de France* (Colégio de França), que ele pôde defender sua
ideia de uma escala de tempo maior que a de Chateaubriand,
capaz de comportar a cronologia dos fatos que ele constata-
va terem ocorrido na história da Terra (cf. Rudwick, 2005,
p. 449-56; Outram, 1984, p. 77-9, 149, 156). Mas essa dimensão maior não o leva a adotar uma cifra que fosse suficientemente grandiosa para ser interpretada como eternalista.

Como de costume, ele não entrava em discussões que tratavam assuntos de religião como se fossem científicos. Contudo, mesmo mantendo esse posicionamento, a edição de
Jameson teve como consequência a vinculação da imagem de
Cuvier ao literalismo bíblico. A forma como ele trata da última revolução, afirmando ser uma grande irrupção de águas e
relacionando-a às narrativas de diversas culturas antigas, é
interpretada por Jameson como uma defesa da ocorrência do
dilúvio narrado no Gênese. A publicação do *Ensaio sobre a
teoria da Terra* foi tão bem-sucedida que teve, mesmo em tempos de guerra, quatro edições nos primeiros nove anos, di-
fundindo por todo o mundo anglófono, uma imagem distorcida de Cuvier, que permanece até os dias de hoje.

Capítulo 3

A paleontologia

3.1 O curso da ciência normal

O segundo capítulo deste livro tratou da situação do estudo dos fósseis até o momento em que os resultados dos trabalhos de Georges Cuvier passaram a funcionar como exemplares, confirmando a eficiência da estrutura teórica e metodológica que os orientava, servindo assim como modelos para a elaboração de novas pesquisas. Seguindo o programa de pesquisa de Cuvier, a comunidade científica que utilizava os fósseis como "documentos históricos" procede com dois objetivos cognitivos distintos, mas que partem de uma mesma ação, ou seja, da determinação taxonômica.

Os métodos da anatomia comparada possibilitam reconstruir os organismos fósseis e determinar quais as suas posições taxonômicas em um sistema baseado nos tipos de organização corporal. Por sua vez, as determinações taxonômicas também servem para identificar faunas inteiras jazendo apenas em determinados estratos geológicos, que, a partir de então, podem ser identificados e ordenados por seu exclusivo conteúdo fossilífero. Essas duas frentes de trabalho com fins classificatórios – a estratigrafia e a determinação taxonômica – são abertas com os resultados dos estudos de Cuvier e tomam impulso com as pesquisas realizadas pela comunidade científica que ele havia formado por meio do intenso uso de sua rede de cooperação. Logo após os primeiros resultados, que foram prontamente divulgados pela própria rede e pela utilização dos meios de publicação mais ágeis e abrangentes do mundo científico da época, como, por exemplo, os periódicos publicados por instituições científicas internacionais, muitos naturalistas passaram a integrar o projeto e a cumprir a agenda de pesquisa que Cuvier tinha para o estudo dos fósseis.

Esse cumprimento seria fundamental, pois a partir de 1809 Cuvier diminui a produção de trabalhos sobre fósseis, em detrimento do projeto visando divulgar seu sistema de classificação taxonômico, que resulta em sua obra magna sobre o assunto *Le règne animal distribué d'après son organisation, pour servir de base a l'histoire naturelle des animaux et de introduction à l'anatomie comparée* (*O reino animal distribuído segundo sua organização, para servir de base à história natural dos animais e de introdução à anatomia comparada*) de 1817. Nos quatro volumes da primeira edição, Cuvier discorre sobre os grandes grupos taxonômicos que compõem os quatro ramos do reino animal: os vertebrados, os moluscos, os articulados e os radiados. Por meio dessa classificação, é possível contemplar, em um único sistema taxonômico, todos os animais viventes e fósseis, ou seja, a classificação constituía um sistema natural, baseado na fisiologia, que tornava possível atingir a compreensão das formas de organização corporal existentes em toda a história natural da Terra (cf. Cuvier, 1817, p. 57-61).

A elaboração de uma obra tão grandiosa impunha evidentemente um distanciamento de um trabalho que ocupava tanto tempo, como era o caso dos fósseis. Mesmo com a extrema organização da rotina de trabalho, objetivando desenvolver um crescente número de tarefas, uma qualidade peculiar a Cuvier, ele teve que diminuir seu ritmo de trabalho sobre os fósseis (cf. Viénot, 1932, p. 10-2). A confrontação dos dados das tabelas 1 e 2, abaixo, pode auxiliar na visualização desse arrefecimento, principalmente se for considerado que, dos quarenta e cinco trabalhos versando sobre fósseis publicados após 1809, quinze eram revisões de trabalhos de outros naturalistas e quatro eram extratos do *Recherches* ou do artigo escrito em conjunto com Alexandre Brongniart. Os vinte e seis trabalhos restantes tratavam de vários grupos fósseis, mas principalmente dos répteis, dos peixes e dos mamíferos. Abordavam também a estratigrafia de algumas regiões e discorriam sobre ossadas fósseis encontradas em cavernas de toda a Europa. Também é importante notar que entre os anos de 1803 e 1808 Cuvier afastou-se de Paris em viagens para reorganizar a educação secundária francesa e integrar universidades estrangeiras.

Ano	França	Alemanha	Inglaterra	Outros países	Observações
1800	08*	03	–	–	*existe uma adição ao apelo internacional feita neste ano
1801	01	03	01	–	
1802	–	04	01	–	
1803	–	–	–	–	Primeira viagem como Inspetor-Geral de Educação
1804	17	02	01	–	
1805	04	04	–	–	
1806	06	02	01	–	
1807	13	01	01	–	
1808	09	–	–	–	Segunda viagem como Inspetor-Geral de Educação
1809	14	01	02	–	
TOTAL	72	20	07	–	

Tabela 1. Trabalhos de Cuvier envolvendo fósseis publicados na Europa no período compreendido entre a publicação de seu apelo internacional para colaboração de naturalistas, de 1800, até o ano de 1809. (Tabela elaborada com base em Smith, 1993, p. 32-67).

Ano	França	Alemanha	Inglaterra	Outros países	Observações
1810	03	–	02	–	
1811	02	–	–	–	
1812	01	01	–	–	
1813	–	01	–	–	
1814	03	–	–	–	
1815	01	–	–	–	
1816	–	01	–	–	
1817 a 1821	–	–	–	–	
1822	01	–	–	–	
1823	–	02	–	–	
1824	04	01	–	–	
1825	–	–	01	–	
1826	01	–	–	–	
1827	03	–	–	01 – Escócia*	*Publicado no *Edinburgh Journal of Science*
1828	03	01	–	01 – Rússia e 01 – Itália*	*Publicados no *Vestnik Estestvennykh Nauk i Meditsiny* e *Lettere su le Rivoluzione del Globo...Parigi*
1829	03	–	–	01 – Escócia*	*Publicado no *Edinburgh New Philosophfical Journal*
1830	–	–	–	–	
1831	02	–	–	–	
1832	02	01	–	01 – Hungria*	*Publicado no *Tudománystár*
TOTAL	29	08	03	05	

Tabela 2. Trabalhos de Cuvier envolvendo fósseis publicados na Europa no período compreendido entre 1810, até o ano de sua morte, 1832. (Tabela elaborada com base em Smith, 1993, p. 32-67).

Concentrando-se em seu projeto de publicar *O reino animal*, Cuvier deixa o desenvolvimento de seu programa de pesquisa para o estudo dos fósseis a cargo de seus colaboradores, agora membros de uma comunidade que caminhava sem a necessidade do aporte direto dos trabalhos do próprio Cuvier. A comunidade já produzia uma boa quantidade de trabalhos, que somavam cada vez mais dados para a construção do conhecimento sobre os fósseis e, consequentemente, sobre a história do globo terrestre. Suas pesquisas confirmam os pressupostos teóricos que as inspiravam, produzindo assim uma maior confiança dos participantes de que os componentes do paradigma, tais como os métodos e a teoria, estavam contribuindo para uma melhor compreensão do fenômeno estudado, ou seja, que estavam resolvendo os problemas, ou "quebra-cabeças".

A estratigrafia, um dos ramos da geologia que recebe enorme impulso com o trabalho conjunto de Cuvier e Brongniart, passa por um período de grande desenvolvimento após a pacificação da Europa em 1815. Naturalistas europeus puderam viajar livremente pelo continente – e para além dele – estendendo suas pesquisas a áreas cada vez mais abrangentes (cf. Cuvier, 1829, p. 1-14). Aqueles interessados em mapear estratigraficamente o território europeu contam agora com a possibilidade de verificar *in loco* as formações geológicas e suas sequências, e de forma inovadora determinar o conteúdo fossilífero de cada estrato geológico. Eles têm em mãos um método eficiente para correlacionar os estratos descontínuos e, assim, ampliar as áreas mapeadas. Trabalham de forma coesa e reunidos sob um programa de pesquisa único. A partir daí, podem correlacionar os dados produzidos estabelecendo a continuidade entre as áreas mapeadas em cada trabalho. Acabam, portanto, formando uma rede de mapeamento estratigráfico que, rapidamente, põe como objetivo o mapeamento de todo o continente europeu – e das terras além dele.

À medida que os pesquisadores necessitam conhecer melhor os fósseis que cada estrato contém para aplicar o princípio da correlação fossilífera, as descobertas de novos grupos taxonômicos florescem. O aporte de novos fósseis aumenta a quantidade do material para a comparação anatômica e, consequentemente, amplia o conhecimento da organização corporal dos seres atuais e extintos, que é o critério utilizado para a classificação taxonômica de Cuvier. Nessa situação, seu sistema de classificação amplia e passa a abranger uma diversidade cada vez maior de formas de organização corporal. Circularmente, com os organismos classificados, a identificação das faunas nos estratos torna-se mais precisa, evidenciando com nitidez a exclusividade da ocorrência de fauna em um estrato específico.

Tanto a prática estratigráfica quanto a determinação taxonômica estavam baseadas, direta ou indiretamente, na aplicação dos métodos e princípios de Cuvier. Contudo, o conhecimento produzido nessas práticas demandava ainda explicações, que na versão de Cuvier somente a sua teoria das catástrofes garantiria. Como explicar uma diversidade tão grande de faunas fósseis? Como explicar que essas faunas estavam encerradas em determinados estratos e não em outros? Como explicar que essas faunas se sucederam ao longo do tempo? Revoluções, extinções e migrações são os fenômenos naturais invocados na teoria de Cuvier para responder a essas perguntas.

Na busca de comprovar a ocorrência das revoluções, que Cuvier defendia terem ocorrido ao longo da história da Terra, os naturalistas envolvidos com o estudo dos fósseis voltaram-se intensamente para a exploração dos estratos superiores, na busca os indícios da ocorrência da última grande revolução: uma irrupção de águas que poderia ter sido registrada por antigas civilizações e que poderia ser o ponto de fusão entre a história natural e a história civil. Além disso, é nos estratos mais superficiais que se encontram os fósseis da fauna mais assemelhada à atual, e que, portanto, são os mais facilmente determináveis. Isso auxiliava na escolha do material a ser coletado durante o trabalho de campo e no reconhecimento de quais eram os estratos mais promissores para a descoberta de indícios da ultima revolução.

Com esses auxílios, a produção de conhecimento estratigráfico das formações geológicas europeia s avança enormemente. Em apenas algumas décadas após o trabalho de Cuvier e Brongniart, quase todo o continente europeu já estava mapeado ou reconhecido estratigraficamente. Durante a realização dos trabalhos estratigráficos, muitos fósseis são determinados e classificados, aumentando o rol de organismos classificados mediante sua organização corporal. Esses dois avanços, na estratigrafia e na determinação taxonômica, são fundamentais para a transformação do estudo dos fósseis em uma ciência com sólidos objetivos cognitivos. O conhecimento das formas de organização corporal, ao mesmo tempo em que era o objetivo cognitivo de Cuvier para todo seu programa de pesquisa, confirmava e ampliava o poder heurístico de seus métodos, pois permitia, cada vez mais, que novas determinações fossem feitas em consequência do aumento na quantidade de dados utilizáveis no processo de comparação. Isso gerava entre os participantes uma adesão cada vez maior à comunidade que trabalhava sob a orientação dos métodos de Cuvier. Uma situação típica do período em que um paradigma já se encontra instalado em uma área de estudos, e a comunidade envolvida já está praticando um tipo de ciência chamada "normal".

Na maioria das vezes, o sucesso inicial de um paradigma acontece porque ele é uma promessa de sucesso, que pode ser descoberta em exemplos selecionados e ainda incompletos. A ciência normal consiste na atualização dessa promessa, obtida por meio da ampliação do conhecimento daqueles fatos que o paradigma apresenta como particularmente importantes, do aumento da correlação entre esses fatos e as predições do paradigma, e por meio da articulação ainda mais efetiva do próprio paradigma (cf. Kuhn, 2003, p. 44).

Trabalhando sob a orientação do programa de pesquisa de Cuvier, a comunidade estudiosa dos fósseis estava atualizando a promessa de sucesso desse programa. Motivada inicialmente pela promessa de compreender as formas de organização corporal com base nos resultados dos trabalhos de Cuvier, ela passa a produzir trabalhos que confirmam e somam dados aos resultados daquele. Circularmente, essa articulação de dados implica no fortalecimento do próprio programa de pesquisa cuvieriano, pois amplia seu alcance exploratório dos fenômenos estudados: entre eles, os fósseis. Quanto mais fósseis os naturalistas determinam, mais preciso se torna o sistema de classificação de Cuvier, um importante resultado do objetivo cognitivo do seu programa de pesquisa.

3.2 A última revolução

Durante o curso da ciência normal que se desenrolava na área do estudo dos fósseis, grande parte da comunidade científica envolvida estava produzindo dados objetivando atender as duas frentes de trabalho abertas com a aplicação dos métodos anatômico-comparativos e dos princípios estabelecidos pelos trabalhos de Cuvier. Entretanto havia algumas diferenças entre o que estava sendo feito na Europa continental e nas ilhas britânicas.

A divulgação do *Ensaio sobre a teoria da Terra* na Grã-Bretanha fora muito grande e difundia, cada vez mais, uma teoria que receberia muita adesão dos naturalistas anglo-saxões e que motivaria novas pesquisas. As ideias de Jameson, sobre o dilúvio mosaico ter sido a última revolução e que seus traços poderiam ser encontrados por meio das investigações geológicas e fossilíferas, foram apresentadas naquele livro, no mínimo, como tendo recebido o aval de Cuvier. Jameson aproveita a autoridade de uma figura central da história natural para promover ideias que, certamente, receberão boa aceitação em um ambiente em que a teologia natural representava uma forte escola de pensamento e muitos naturalistas ainda elaboram teorias da Terra (cf. Lyell, 1830, p. 72; Outram, 1984, p. 124-5; Rudwick, 2005, p. 468; Caponi, 2008, p. 11).

Essas duas abordagens especulativas contribuíam para a proposta diluvianista de estabelecer a última revolução como sendo o dilúvio bíblico. Proposta esta que Jameson teve facilitada pela longa descrição das narrativas de antigos povos sobre eventos catastróficos de irrupção de águas, que Cuvier fez no discurso preliminar do *Recherches*. Cuvier pretendia estabelecer que a última revolução tenha sido registrada por algum povo antigo, porém, não defendia que o evento tivesse sido narrado precisa e literalmente. Tais narrativas eram indiciais e apontavam para a ocorrência, mas não para a descrição literal.

Mas o *Ensaio sobre a teoria da Terra* teve uma história que fugiu ao controle de Cuvier e do próprio Jameson. Cuvier parece não ter sido solicitado, em momento algum, a adicionar notas ou comentários em nenhuma edição de "seu livro" para o mundo anglófono (cf. Outram, 1984, p. 240-n. 2). Jameson retrocedeu um pouco em suas colocações em defesa do literalismo bíblico após sofrer algumas críticas, mas o retrocesso não foi capaz de frear a imagem do *Ensaio* como um instrumento em defesa do literalismo. Em uma das críticas ao prefácio de Jameson, publicada no *Philosophical Magazine* de 1815, o editor do periódico aponta as passagens em que Jameson cita Cuvier e compara-as com o texto original do "grande naturalista francês". Todas as comparações levam a concluir que Cuvier não havia defendido, em hipótese alguma, as ideias que Jameson expôs como se fossem suas. A criação do mundo em seis dias, que o editor do *Ensaio* comenta em seu prefácio, defendendo ser compatível com o sistema de revoluções proposto por Cuvier, foi o principal alvo da crítica feita no *Philosophical Magazine* (cf. Homo, 1815, p. 225-9). Estava inserida nessa discussão a questão da cronologia da Terra que, segundo Cuvier, deveria ser maior que a pretendida pelos literalistas bíblicos de modo a acomodar uma geo-história composta por várias revoluções. A última dessas revoluções, apesar de ser uma irrupção de águas, não seria o dilúvio narrado no Gênese por várias razões. Uma delas era que nenhum fóssil humano havia sido encontrado, até aquele momento, entre os fósseis da fauna que os diluvianistas acreditavam ter sido atingida pela catástrofe diluviana. Como explicar tal fato, se na narrativa bíblica o homem é o alvo daquela inundação, e obviamente devia sofrer os efeitos da catástrofe?

Essa era uma boa questão, mas que não recebia atenção por parte dos defensores do diluvianismo, os quais encontravam apoio nas supostas palavras de Cuvier transmitidas por Jameson. Utilizando os métodos de Cuvier, os diluvianistas produziam pesquisas visando confirmar supostos fatos narrados na Bíblia como, por exemplo, o dilúvio. Por meio da determinação taxonômica e estratigráfica, eles procuravam estabelecer em que estratos estavam os despojos dos habitantes das terras atingidas pelo dilúvio e, assim, estudar melhor essa fauna na tentativa de estabelecer como e em que momento esta catástrofe ocorreu.

Formava-se aqui uma comunidade diferente reunida em torno das ideias de Cuvier, mas que iria aplicar seus métodos em um programa de pesquisa alheio ao seu. Alheio, mas não conflitante. Os dados levantados pelos diluvianistas somavam-se com aqueles produzidos pela comunidade cuvieriana, aumentando assim o conhecimento das formas de organização corporal. Inúmeros fósseis foram descobertos, descritos, determinados e classificados por naturalistas que acreditavam ter sido o dilúvio a última grande revolução. Seus trabalhos fizeram parte da construção do conhecimento que Cuvier buscava e, portanto, produziam dados utilizáveis no cumprimento dos objetivos cognitivos de seu programa de pesquisa.

Na busca pelos supostos estratos diluvianos, o professor de Geologia em Oxford, William Buckland (1784-1856), acaba realizando vários trabalhos sobre os estratos europeus. Por meio destes estudos ele concluiu que haveria um estrato geológico formado por depósitos extensos e gerais produzidos pela última grande revolução. Para ele esta catástrofe teria ocorrido em âmbito global e, por tratar-se de uma grande inundação, deveria ser identificada com o dilúvio bíblico. A esse estrato ele chamaria de *Diluvium*, uma denominação que durante décadas seria muito usual na estratigrafia, mesmo por aqueles naturalistas que não o relacionavam a causas sobrenaturais (cf. Buckland, 1822a, p. 171-2).

Explorando assuntos como a formação de vales, montanhas e cavernas e a própria distribuição dos fósseis, os trabalhos de Buckland logo recebem a atenção por parte da comunidade britânica envolvida nos estudos dos fósseis e da geologia. O dilúvio geológico, como viria a ser chamada a última catástrofe de irrupção de águas produzida por causas naturais, era para Buckland, o responsável por essas transformações da crosta terrestre. Mesmo acreditando que esse evento catastrófico estava diretamente relacionado à narrativa do Gênese, ele considerava a geologia como a principal fonte de fornecimento de dados para qualquer conclusão a respeito (cf. Buckland, 1836, p. 14). Em sua busca pelos vestígios da última revolução, descobre primeiramente vários fósseis de grandes quadrúpedes, como os mamutes e os mastodontes, e posteriormente fósseis de répteis que compunham a fauna a qual pertenciam os pterodáctilos. Em 1818, tem a oportunidade de mostrar pessoalmente a Cuvier esses e outros fósseis que compunham a coleção do *Oxford Museum of Natural History* (Museu de História Natural de Oxford) (cf. Buckland, 1824a, p. 391).

Depois de ter viajado para Itália em 1809 e 1811, e para Holanda e sul da Alemanha também em 1811, para reorganizar a educação superior nos domínios napoleônicos, Cuvier faz finalmente sua primeira viagem à Inglaterra no ano de 1818. Até este ano, ele já havia acumulado tantos cargos administrativos e acadêmicos que pouco tempo lhe sobrava para viajar. Entre outros, ele já havia sido nomeado para os cargos de professor do Museu Nacional e do Colégio de França, secretário perpétuo da Academia de Ciências, inspetor-geral da Educação Nacional, membro do conselho da Universidade da França, vice-reitor da Faculdade de Ciências de Paris, conselheiro de Estado e vice-ministro do Interior. É também nesse ano que assume a cadeira número 35 da Academia Francesa de Letras (cf. Smith, 1993, p. 9-11; Outram, 1984, p. 292). Em vista de todos esses cargos públicos, sua viagem à Inglaterra torna-se praticamente uma viagem oficial.

Representando as universidades francesas e a Academia de Ciências, ele foi apresentado à corte inglesa e assiste a uma sessão na Câmara dos Comuns. Foi acolhido, como autoridade científica, pelo astrônomo William Hershell, pelo anatomista Everard Home e pelo presidente da Sociedade Real de Londres, Joseph Banks, além de vários membros daquela entidade, da qual já integrava os quadros desde 1806. Cuvier havia sido eleito como membro estrangeiro, em plena iminência da decretação napoleônica do Bloqueio Continental, que estremeceu ainda mais a relação política entre a Inglaterra e a França. Entretanto, como é possível constatar com a eleição de Cuvier, as relações no campo científico mantinham-se em níveis bem razoáveis (cf. Thomson, 1812, p. 1-6, lxviii; Granville, 1836, p. 135-40).

Ainda em Londres, Cuvier pôde finalmente observar as coleções do Colégio Real de Cirurgiões e do Museu Britânico e, em Oxford, a coleção que William Buckland estava estudando e que possuía um fóssil que despertaria sua atenção (cf. Lee, 1833a, p. 38-42, 342-77; Smith, 1993, p. 10-12). Ele havia sido escavado das pedreiras de Stonesfield, na Inglaterra, jazendo em uma formação geológica relacionada à formação do Secundário na Bavária, onde também fora encontrado o fóssil do pterodáctilo. Era um fragmento de mandíbula, que Cuvier reconheceu prontamente como reptiliana, principalmente em função dos dentes cônicos que portava. Dentes com essa conformação são típicos de répteis, um grupo que ele esperava encontrar naqueles estratos secundários de Stonesfield, uma vez que, os estratos bávaros, deviam ser correlacionados aos ingleses.

Desses estratos eram extraídos os fósseis de répteis representantes de uma fauna muito antiga e distinta, tanto pelas formas de organização corporal, quanto por suas dimensões corporais. Mosassauros, pterodáctilos e o grande réptil

descrito por Buckland começavam a compor a fauna reptiliana dos estratos medianos do Secundário. Buckland, que
considerava que o animal tivesse 3o metros de comprimen-
to, anos mais tarde denominará o réptil de Megalossauro,
ainda sem prever que esse animal seria o primeiro represen-
tante descoberto de um grupo taxonômico exclusivo, os dinossauros, que somente seria criado mais tarde (cf. Buckland,
1824, p. 391).

Além do Megalossauro, com sua morfologia semelhante
ao ainda não descoberto *Tiranosaurus rex*, mais dois grupos
de répteis fósseis são descobertos em solo inglês, e Cuvier
também é invocado nos trabalhos que os determinavam taxonomicamente. Os ictiossauros e os plesiossauros são reunidos à fauna dos répteis das formações do Secundário, por
meio dos trabalhos de Everard Home, Fischer von Waldheim,
William Conybeare (1787 -1857) e Henry De la Beche (1796-
-1855). Segundo Cuvier, é Waldheim que denomina de ictiossauro, o "peixe lagarto" fossilizado, determinado por Home.
Apesar de sua morfologia semelhante ao golfinho moderno,
Home de início considera que o animal apresenta afinidades com o grupo dos peixes e, só mais tarde que ele o relaciona ao grupo dos ornitorrincos, embora certamente devesse
ser determinado como um réptil aquático (cf. Home, 1814,
p. 571-7; 1816, p. 318-21; 1818, p. 24-32; 1819, p. 214-6;
Cuvier, 1836, p. 441-5; Rudwick, 2008, p. 582-3).

Conybeare e De la Beche, trabalhando independentemente, chegam à determinação do plesiossauro, um outro réptil
marinho de morfologia singular. O fóssil demonstra que o
animal tinha pescoço longo e fino, corpo roliço e grande,
cauda longa e afinada, assemelhada ao pescoço, e os membros em forma de nadadeiras achatadas. Todas essas características são estudadas por eles do mesmo modo que Waldheim e Home fizeram; a saber, correspondendo-se com

Cuvier e utilizando amplamente os métodos anatômico-comparativos (cf. Conybeare, 1824, p. 381-90; De la Beche, 1821, p. 559-94; Outram, 1980, p. 45-6; Sarjeant & Delair, 1980, p. 274-84). De la Beche, inclusive, publica em 1821 um artigo no qual noticia a descoberta do plesiossauro, formando um elo entre o ictiossauro e o crocodilo, uma vez que fez várias comparações entre o animal descoberto, as espécies atuais e o ictiossauro.

Nessa fase de desenvolvimento do estudo dos fósseis, as comparações não se resumiam àquelas feitas entre espécies atuais e extintas – fossilizadas. Conforme o rol de espécimes fósseis determinadas ia aumentando, as próprias ossadas fossilizadas de espécies desaparecidas passavam a servir como material comparativo. Isto ocorria não somente com os fósseis de répteis do Secundário, mas também com os fósseis de mamíferos escavados em estratos mais superficiais – mais recentes – como os de Yorkshire, na Inglaterra. Lá existiam diversas cavernas em cujos estratos superficiais jaziam muitos desses fósseis, razão pela qual atraíram a atenção de muitos naturalistas.

William Clift (1775-1849) volta sua atenção para os fósseis dessa região, mais especificamente aqueles provenientes de uma caverna denominada Kirkdale. Entre eles Clift estuda uma mandíbula fossilizada extraída dessa caverna, que ele determina como sendo de uma hiena, maior que qualquer espécie atual. Para confirmar a surpreendente descoberta de um fóssil de um animal típico da África em solo inglês, Clift envia desenhos desse fóssil para Georges Cuvier em Paris. Cuvier não só confirma a descoberta do naturalista inglês, como utiliza seus desenhos e conclusões na segunda edição do *Recherches*, lançada entre os anos de 1821 e 1824, mencionando como de costume o nome do responsável pela determinação (Buckland, 1822a, p. 181-4; Cuvier, 1823, p. 394-8).

Buckland também escreve para Cuvier descrevendo o conteúdo fossilífero da caverna de Kirkdale e propondo hipóteses sobre sua formação. Na verdade há um mediador desta carta e da correspondência entre Cuvier e Buckland. O assistente pessoal de Cuvier, o irlandês Joseph Pentland (1797-1873), é por ele encarregado de sua correspondência com os naturalistas ingleses. Martin Rudwcik (2005, p. 613, nota 80, 625, nota 97), Dourinda Outram (1984, p. 172), William Sarjeant e Justin Delair (1980, p. 245-6) argumentam que, embora dominasse a língua inglesa, Cuvier preferia ser intermediado por alguém com maior familiaridade com o inglês. Examinando a quantidade de cartas e os diversos as-

Figura 9. No desenho, está representada o fantástico ingresso de Buckland na caverna de Kirkdale, conduzindo a vela que traria à luz o ambiente pré-diluviano que ele havia imaginado ter formado a assembleia fossilífera encerrada em seus estratos geológicos. A entrada da caverna significa simbolicamente uma passagem através da barreira epistêmica que separa o presente observável do passado pré-humano. Buckland é o iluminado geólogo que pode desvelar aquele mundo, representado neste desenho pelas hienas e suas ossadas. De certo modo, ele estava realizando as aspirações de Cuvier de "romper os limites do tempo" (Gordon, 1894, p. 61).

suntos que Pentland tratou com Buckland e outros naturalistas ingleses, torna-se evidente que, além da questão idio-
mática, tal ação demonstra o afastamento de Cuvier com as
questões mais triviais de articulação de seu paradigma, como,
por exemplo, uma hipótese tratando de um tema local, como
a de Kirkdale. Nessa altura de sua carreira e de sua eminência como autoridade em várias áreas da história natural,
Cuvier reserva seu tempo para dirimir questões mais centrais de seu programa de pesquisa. Os pequenos quebra-cabeças, ou melhor, o encaixe dessas pequenas peças de quebra-cabeças, fazem parte da produção cientifica do período
de ciência normal e podem ser feitos pela própria comunidade científica (cf. Sarjeant & Delair, 1980, p. 245, 257-307;
Kuhn, 2003, p. 60).

Mas para Buckland, mesmo que mediada, a opinião de
Cuvier era fundamental, principalmente porque a vinculação à imagem de Cuvier, já distorcida pelo *Ensaio sobre a teoria da Terra* de Robert Jameson, podia ter algum peso na aceitação de sua hipótese diluvianista. Buckland afirmava que a
caverna de Kirkdale teve seu conteúdo fossilífero formado
pela ação do dilúvio, e que essa catástrofe teria carreado os
despojos dos animais fossilizados para o seu interior. Além
de hienas, ele encontrara vários tipos de quadrúpedes, inclusive herbívoros que não habitam cavernas como fazem alguns animais carnívoros. Para Buckland, esse era um forte
indício de que vários animais da assembleia fossilífera de
Kirkdale haviam sido carreados, e não surpreendidos e apri-
sionados pelas súbitas águas do dilúvio (cf. Sarjeant & Delair,
1980, p. 294-8).

Entretanto, quando verificou pessoalmente a caverna de
Kirkdale, Buckland mudou sua hipótese de modo a dar conta
da explicação da formação de uma assembleia fossilífera tão
diversa. As ossadas parciais de proboscídeos, rinocerontes,

cavalos, bovídeos, alces, raposas e ratos foram ali depositadas pela ação carniceira das hienas, que utilizavam a caverna como abrigo e por lá deixavam também os seus despojos. Essa mudança de posição de Buckland dá-se principalmente após a verificação de que a abertura da caverna era muito pequena para que despojos inteiros de grandes quadrúpedes pudessem penetrá-la em uma enxurrada (cf. Buckland, 1822a, p. 223-6).

Mediante sua nova hipótese de que a caverna de Kirkdale havia sido um abrigo de hienas, Buckland estava utilizando, de forma inovadora, uma reconstrução ambiental composta de fatores bióticos para explicar um dado registrado geologicamente. Essa relação de detritivoria, uma relação ecológica, seria a responsável pela formação de uma assembleia fossilífera de grande diversidade. Mas Buckland limita-se a estabelecer essa explicação sem procurar buscar mais dados que, se, por um lado podiam tornar essa hipótese mais precisa, por outro poderiam suscitar inúmeras especulações.

A certeza de Buckland sobre o impacto da publicação de seu trabalho era tão grande que ele preferiu apresentá-lo para a Sociedade Real de Londres ao invés de divulgá-lo pela *Geological Society of London* (Sociedade Geológica de Londres), como seria natural, por tratar-se de um trabalho sobre geologia. Essa sociedade fora fundada em 1807, com o objetivo de fomentar o progresso das ciências da Terra ao promover entre seus membros o intercâmbio de informações, mas à diferença da Sociedade Real de Londres, o precedente fórum de discussões das áreas da geologia, o caráter de seus encontros eram mais informais. Em poucos anos, consolida-se como uma das mais respeitadas instituições de pesquisa geológica e de divulgação dessa ciência, principalmente pelo alcance de seus periódicos: o *Transactions of the Geological Society of London*, onde os artigos eram publicados na íntegra, objetivando atingir a comunidade científica, e os *Proceedings*

of the Geological Society of London, o qual publicava os sumá-
rios dos trabalhos apresentados em seus encontros e que,
consequentemente, acabava atingindo também um público
mais amplo de interessados (cf. Woodward, 1908, p. 10,
14-6; Rudwick, 2008, p. 28).

Entretanto, a Sociedade Real de Londres tinha um periódico científico de maior circulação que os veículos da Sociedade Geológica de Londres e, assim, o estudo de Buckland,
escrito em 1821 e publicado em 1822, podia ter maior alcance. No artigo, ele relata a descoberta de uma assembleia de
dentes e ossadas fósseis de vários animais, descobertos na
caverna de Kirkdale e faz uma revisão comparativa de cinco
cavernas similares em várias partes da Inglaterra e outras
no continente. Em seu estudo, Buckland procura demonstrar o "antigo estado de habitação" de seu país, em um período imediatamente precedente ao dilúvio (cf. Buckland, 1822a,
p. 224-5). Um estado que podia, até certo ponto, ser descrito
se fosse aplicado o método atualista da comparação. Como,
no caso da reconstrução dos fósseis, a reconstrução de um
ambiente antigo, não mais existente, necessitava da utilização de modelos atuais com os quais os dados podiam ser comparados e extrapolados. Essa era uma permanente orientação atualista de Cuvier que pode, à primeira vista, parecer
contraditória com sua teoria das catástrofes, baseada na ação
de forças mais intensas do que as apresentadas atualmente
na natureza. Porém, referia-se ao seu método e não à sua teoria das revoluções.

No episódio da caverna de Kirkdale, Buckland aplica o método atualista para verificar e comparar como teria sido a ação
carniceira das hienas de Kirkdale. Antes de publicar o artigo
no *Philosophical Transactions of the Royal Society*, ele tem a
oportunidade de observar os hábitos alimentares de uma hiena integrante de uma exposição itinerante que, na ocasião,

passava por Oxford. Por meio dessas observações, ele chega à conclusão de que os ossos e a maneira como estavam dilacerados comprovavam que animais carniceiros, como as hienas, haviam carregado carcaças de animais para o interior da caverna de Kirkdale, onde suas ossadas, com o decorrer do tempo, fossilizaram-se (cf. Buckland, 1822a, p. 186-90; Gordon, 1894, p. 58-62).

Mediante a geo-história que o trabalho de Buckland narra, e também por ter como objeto de estudo os estratos do período precedente à história civil, o impacto esperado pelo naturalista de Oxford acontece ainda naquele ano de 1822. O *Philosophical Transactions of the Royal Society* tinha uma excelente circulação em termos quantitativos e qualitativos, uma vez que o grande número de exemplares atingia naturalistas, amadores e profissionais, além do público geral interessado, em diversos países (cf. Granville, 1836, p. 154-5). Somando-se a esses fatores, o trabalho sobre as cavernas de Kirkdale seria imortalizado no seio popular por meio da forma jocosa como o amigo de Buckland, William Conybeare, utiliza para enaltecê-lo: a divulgação de um cartaz litografado que retrata o fascínio da descoberta de um mundo antediluviano, até então inacessível.

Foi um episódio narrado de maneira emblemática, e mesmo tendo claramente propósitos diluvianistas, o trabalho de Buckland abre espaço para outros que começam a reconstruir pictoricamente os ambientes antigos que se sucederam ao longo da história da Terra. Utilizando os métodos de Cuvier, ele havia reconstruído não apenas os corpos dos animais, mas uma cena de vida "antediluviana" em seu ambiente físico. Uma reconstrução que estava baseada em inferências estabelecidas sobre detalhadas evidências e não em especulações, como até então algumas tentativas de reconstruções ambientais haviam sido feitas (cf. Rudwick, 2005, p. 638).

3.3 A ABRANGÊNCIA TERMINOLÓGICA

Em 1822, o antigo aluno de Cuvier, e sucessor de La Métherie no editorial do *Journal de Physique*, Henry Marie Ducrotay de Blainville (1777-1850), propõe pela terceira vez um termo para definir o estudo dos fósseis como instrumento "para a distinção das formações sedimentares". Após ter proposto os termos *palaeozoologie* (paleozoologia) em 1818 e *palaeosomiologie* (paleosomiologia) em 1820, Blainville prefere adotar um termo mais geral, englobando o estudo dos fósseis de organismos que apresentam as formas de organização corporal dos reinos animal e vegetal (cf. Blainville, 1818, p. 71-2, 1820, p. 80 e 1822, p. liv).

A rápida aceitação que o termo *paléontologie* (paleontologia) – do grego *palaios* (antigo), *ontos* (ser) e *logos* (estudo) – recebeu entre os naturalistas é uma clara demonstração de como já havia uma comunidade formada, que podia agora ser identificada, inclusive por um termo que definia sua atividade geral. Também demonstrava como os trabalhos com fósseis de vegetais iam igualmente produzindo dados que se somavam ao programa de pesquisa iniciado por Cuvier.

Apesar da dificuldade do trabalho com fósseis tão fragmentários como os vegetais e, portanto, de difícil determinação, alguns naturalistas seguiam coletando dados, que logo se integrariam ao escopo de conhecimento sobre as formas de organização corporal deste reino. Os naturalistas alemães, Ernst Friedrich von Schlotheim (1764-1832) e Kaspar Maria von Sternberg (1761-1838) publicam em 1820 trabalhos sobre fósseis de vegetais, visando sua aplicação na determinação estratigráfica. São trabalhos que receberam muita atenção, pois estes fósseis pertenciam aos estratos em que se encontravam as jazidas de carvão, a matriz energética de uma Europa recém-transformada pela Revolução Industrial. Schlotheim, que inclusive já havia proposto o nome *petrefaktenkunde* (estudo dos objetos cavados) para definir o mesmo que Blainville definira, descreve além de fósseis vegetais, vários fósseis de animais. Por sua vez, o trabalho que Sternberg publica centra seu foco no reino vegetal, mas aos moldes de Schlotheim, aplica os princípios da anatomia comparada de Cuvier para a reconstrução da flora do "mundo primitivo" (cf. Schlotheim, 1820, p. xi-xii; 1939 [1813], p. 174-5; Zittel, 1901, p. 126; Edwards,1967, p. 41).

A utilização dos métodos da anatomia comparada em vegetais é um passo natural que os estudiosos dos fósseis de plantas deram em direção à reconstrução paleobotânica. Cuvier havia sido fortemente influenciado pelas ideias do botânico Antoine-Laurent de Jussieu, titular da cadeira de botânica de campo do Museu Nacional, sobre os princípios naturais que orientavam seu sistema de classificação vegetal (cf. Flourens, 1841, p.14-6; Pfaff, 1858, p. 247, 261). Jussieu defendia que vários caracteres deveriam ser utilizados em uma classificação taxonômica e que eles deveriam respeitar uma hierarquia de acordo com sua importância fisiológica. Assim, ele estabelece uma classificação dos vegetais baseada na subordinação dos caracteres, um princípio anatômico que faz parte dos métodos de Cuvier (cf. Jaussaud & Brygoo, 2004, p. 305-7).

São princípios de hierarquia de caracteres vegetais que, quando aplicados, permitem estabelecer quais são os mais estáveis e, portanto, os mais recomendáveis para uma determinação taxonômica. Essa ideia torna-se mais central nos trabalhos de Cuvier, que lhe impõe um papel crucial na zoologia, renovando seu sentido e tornando seu alcance teórico muito mais geral (cf. Guillo, 2003, p. 68-9). A semelhança dos princípios de Jussieu com os da anatomia comparada cuvieriana, essencialmente zoológica, facilitava sua aplicação em uma anatomia comparada dos vegetais.

Com essa utilização, Schlotheim reconstrói vários fósseis de plantas dos estratos Secundários da Turíngia, na Alemanha, e percebe que, apesar das plantas fósseis daquele período geológico serem, de modo geral, semelhantes às samambaias tropicais viventes, em seus detalhes eram diferentes de qualquer espécie conhecida. Chega assim, à conclusão de que representavam uma flora totalmente extinta (cf. Rudwick, 1985a, p. 193).

Essa conclusão é reforçada pelos trabalhos do filho de Alexandre Brongniart, Adolphe Theodore. Em seu livro, *Prodrome d'une histoire des plantes fossiles* (Pródromo de uma História das plantas fósseis), de 1828, resume os resultados preliminares de suas investigações sobre as floras fósseis pertencentes a períodos geológicos diferentes e marcados por uma crescente diversidade e complexidade dos grupos representados. Para Adolphe Brongniart, as plantas mais simples dos tempos primitivos, assemelhadas às tropicais viventes, tinham uma organização corporal que indicava terem vivido em condições cálidas, as quais devem ter prevalecido em sua era. Posteriormente, com a variação climática, a diminuição da temperatura teria feito surgir uma variedade de ambientes que resultou em uma sucessiva diversidade da fauna e da flora. Adolphe Brongniart defende também uma correlação fisiológica entre a biomassa vegetal presente no Carbonífero (354 a 290 milhões de anos atrás) e a posterior aparição dos vertebrados terrestres. O tamanho e a profusão das plantas sugeriam uma alta concentração de dióxido de carbono na atmosfera daquele período geológico, que diminuiu mediante a deposição do carbono nos depósitos de carvão. Somente com essa diminuição, a atmosfera tornou-se adequada para o surgimento dos répteis, o grupo dos vertebrados que invadiu definitivamente o ambiente terrestre. Para o surgimento dos mamíferos foi necessário haver um aumento, ainda maior, na proporção do oxigênio atmosférico. Adolphe Brongniart já havia defendido a ocorrência do processo de sucessão biótica vegetal, representado no registro fóssil das plantas, quando estabeleceu uma sequência partindo das algas, as quais, em sua hegemonia, seriam sucedidas pelas samambaias, cavalinhas, coníferas, cicadáceas, palmeiras e carvalhos, exatamente nesta ordem sucessória (cf. Brongniart, 1828, p. 186-8, 217-23).

Em seu pródromo de 1828, dedicado a Georges Cuvier, Adolphe Brongniart propõe que as plantas fósseis e viventes devem ser classificadas conforme sua organização fisiológica interna, e que esta últiam podia ser vislumbrada por meio da aplicação dos métodos comparativos de Cuvier. Para Adolphe os caracteres anatômicos, que dominam a organização íntima da planta, têm mais valor do que as formas exteriores as quais eram a expressão do caractere interno. Com tal hierarquização de valores dos caracteres, ele estende a aplicação do princípio de subordinação dos caracteres de Cuvier ao estudo dos vegetais fósseis, possibilitando, assim, uma maior precisão nas reconstruções paleontológicas dos vegetais fósseis.

Aplicando intensamente os métodos cuvierianos, Adolphe Brongniart, Schlotheim e outros paleontólogos interessados em fósseis vegetais, começam a recompor um ambiente antigo e já desaparecido, por meio das reconstruções paleobotânicas. Como os fósseis de animais, os vegetais também pertenciam a estratos específicos e era possível reconhecer, em cada uma das formações geológicas, quais eram os animais e também os vegetais que compuseram a fauna e flora da época em que tais estratos estavam sendo formados. Com uma composição composta por mais elementos aportados pelos estudos da flora fóssil, boa parte do meio ambiente no qual viveram os animais e plantas do passado pôde ser visualizada em conjunto, por meio das reconstruções narrativas ou pictoriais que começaram a surgir a partir de então. Surgiram inicialmente como um instrumento de compreensão e conhecimento da geo-história e, mais tarde, passam a ser fundamentais para os propósitos evolucionistas. Desenhos como o *Duria antiquior* e o *Awful changes* (ver fig. 10 e 11), e tantos outros, logo ficaram famosos, por mostrar um ambiente composto pela fauna e flora de épocas an-

Figura 10. Litografia do *Duria antiquior* ou "Um Dorset mais antigo", desenhado por Henry De la Beche em 1830 e utilizada por François Jules Pictet (1809-1872) para ilustrar o seu *Traité élementaire de paléontologie* (*Tratado elementar de paleontologia*), publicado entre 1844 e 1846. Dorset é a região na Inglaterra de onde eram escavados vários fósseis do Jurássico (248 a 65 milhões de anos), como o ictiossauro e o plesiossauro. Para recompor este paleoambiente, De la Beche baseou-se nos trabalhos de vários naturalistas, como Cuvier, Buckland e Conybeare. A predação é praticamente a única interação biótica representada entre os pterodáctilos, plesiossauros, ictiossauros, amonites, peixes e crocodilos, nos ambientes aquático e terrestre. A flora representada é composta por samambaias, palmeiras e plantas aquáticas. No estudo que realizou sobre as "antigas representações pictóricas do mundo pré-histórico", Martin Rudwick (1992, p. 47) afirma que este foi o primeiro desenho a ser publicado representando o paleoambiente em uma "cena de um tempo profundo" (Pictet, 1846, prancha 20).

Felipe Faria

A Lecture.—" You will at once perceive," continued Professor ICHTHYOSAURUS, "that the skull before us belonged to some of the lower order of animals; the teeth are very insignificant, the power of the jaws trifling, and altogether it seems wonderful how the creature could have procured food."

Figura 11. Reprodução do *Awful changes* (Terríveis mudanças) de 1830, que ilustra a segunda edição (1858) do livro *Curiosities of natural history* (*Curiosidades da história natural*) de Francis T. Buckland. Trata-se de uma caricatura de De la Beche sobre as ideias huttonianas de Charles Lyell (1797-1875) de um eterno ciclo de mudanças geológicas e biológicas. Acima, encontra-se o título, "Homem encontrado somente no estado fóssil – Reaparecimento do ictiossauro". Na litografia original, um pouco abaixo, consta um subtítulo com a inscrição: "uma mudança veio por sobre o espírito do meu sonho", retirada do livro de lorde Byron (1788--1824), *The dream* (*O sonho*), de 1816 (cf. Byron, 1826, p. 122). A frase é o refrão com o qual o "sonhador" de Byron move-se de uma fantástica visão para outra, assim como em sonho. É utilizada como alusão à imaginária movimentação temporal e às insólitas visões que a hipótese de Lyell poderia suscitar. De la Beche usa Byron, pois o poeta, no prefácio de seu livro, *Cain, a mistery* (*Caim, um mistério*), afirma que "(...) adotou parcialmente neste poema a noção de Cuvier de que o mundo havia sido destruído várias vezes antes da criação do homem" (Byron, 1824, p. viii). No centro do desenho encontra-se Lyell, representado como um ictiossauro letrado, analisando, em um futuro distante, um crânio humano e discursando para outros ictiossauros e plesiossauros. Na legenda, pode-se ler: "Uma conferência: Vocês irão pela primeira vez perceber", continuou o professor Ictiossauro, "que o crânio pertenceu a algumas das mais primitivas ordens de animais. Os dentes são muito insignificantes. O poder das mandíbulas é frívolo e tudo isso em conjunto faz parecer maravilhoso como a criatura podia obter comida". A caricatura representa uma clara inversão de papéis entre os animais e o homem, com vistas a ridicularizar a proposta de Lyell de uma geo-história cíclica, na qual os répteis podiam voltar a dominar a Terra. Nessa cena, também são representados, ainda que de maneira pouco fiel, vários tipos de vegetais que compõem um paleoambiente (Rudwick, 1992, p. 48-50).

tigas, embora em cenas mostrando as espécies interagindo muito pouco entre si, ou apenas de forma imaginária. De qualquer maneira, inaugurava-se com esses desenhos um tipo de representação que até então era impensada, a representação paleoambiental.

3.4 ALCIDE D'ORBIGNY:

UM CUVIERIANO PRATICANTE DA CIÊNCIA NORMAL

O estudo das faunas fósseis que iam sendo descobertas demandava duas formas de trabalho que ocupam lugares diferentes: o campo e o museu. O naturalista de campo deve ser para lá deslocado a fim de analisar os vários fatores envolvidos em uma boa coleta paleontológica. É necessário avaliar os terrenos, os estratos e os fósseis para decidir qual material a ser coletado e enviado para o museu. Lá, o material coletado deve ser preparado para análise, analisado, comparado e, finalmente, deve ser estabelecida alguma relação taxonômica que possa identificá-lo.

Esses processos produziam dados para as duas frentes de trabalho geradas pelo programa de pesquisa de Cuvier — a estratigrafia e a determinação taxonômica — onde a atuação de Alcide Dessalines D'Orbigny (1802-1857) foi extremamente profícua. No final de sua carreira como titular da cadeira de paleontologia do Museu Nacional, D'Orbigny acrescentou mais de dez mil peças à coleção daquela instituição, que também comprou, após sua morte, os mais de cem mil fósseis de sua coleção particular.

D'Orbigny havia reunido essa enorme quantidade de espécimes em seus trinta e um anos de estudos naturalistas, nos quais ele realizou trabalhos de campo em diversas regiões da América do Sul e da França. De 1826 a 1834, após estudar com Cuvier, Blainville, Geoffroy e Adolphe Brongniart, ele é enviado pelo Museu Nacional ao sul do continente americano para coletar e observar o mundo natural e os povos dessas localidades. Quando retorna a Paris, continua fazendo trabalhos de campo, coletando e observando a estratigrafia e os fósseis de algumas regiões da França. Também estuda vários grupos fósseis, sendo que seu principal objeto de estudo eram os moluscos, os equinodermos e os foraminíferos. Estes últimos, protozoários marinhos e bentônicos, apesar de seu papel na formação de rochas calcárias, mediante a deposição de sua carapaça, ainda não desempenhavam um papel de relevância na estratigrafia, como ocorrerá no século seguinte (cf. Foucault & Raoul, 2005, p. 141).

Os moluscos seguiam sua vocação de serem o material fóssil mais estudado, devido a sua abundância no registro fossilífero, e consequentemente eram os mais utilizados na estratigrafia. O cuvieriano D'Orbigny utiliza-os, juntamente com os foraminíferos, para estabelecer vinte e sete faunas fósseis sucessivas, imaginadas ao relacionar os trabalhos de vários naturalistas que estavam fazendo grandes avanços no estabelecimento do ordenamento de grandes formações geológicas da era Paleozóica – ocorrida entre 545 e 248 milhões de anos atrás (cf. D'Orbigny, 1839, p. 125-57; 1850, p. ix-xxxix, 394; Fischer, 1878, p. 444-5).

Alguns naturalistas ingleses, como De la Beche, John Phillips (1800-1874), William Fitton (1780-1861), Gideon Mantel (1790-1852), Roderick Murchison (1792-1871), entre outros, haviam entrado em uma controvérsia sobre o ordenamento dos estratos geológicos dos períodos que compunham essa era predecessora do surgimento dos grandes répteis. Segundo a teoria das catástrofes, essa deveria ter sido uma era dominada por animais marinhos como peixes, moluscos e equinodermos. Esses dois últimos grupos eram estudados por D'Orbigny, que logo percebe a existência de várias distinções entre as faunas que se sucediam (cf. D'Orbigny, 1840, p. 11; 1850, p. xxxi-xxxii).

É somente com a conclusão desse debate, que ficaria conhecido como "controvérsia devoniana", que os naturalistas acabam por estabelecer o ordenamento das formações secundárias na sequência conhecida atualmente para a era Paleozóica, a saber, a sequência Cambriano (545 a 495 milhões de anos), Ordoviciano (495 a 443 milhões de anos), Siluriano (443 a 417 milhões de anos), Devoniano (417 a 354 milhões de anos), Carbonífero (354 a 290 milhões de anos) e Permiano (290 a 248 milhões de anos) (cf. Rudwick, 1985b, p. 458-60).

Os sequenciamentos foram observados por D'Orbigny, que via ser perfeitamente possível encaixar os animais que estudava naquela sequência estratigráfica em que os limites de algumas camadas, eram, para ele, estabelecidos pela ocorrência de catástrofes geológicas. Com o aporte do material que coletou, ele teve à sua disposição uma enorme quantidade de peças para submeter ao método comparativo e poder definir com grande precisão as relações entre determinadas espécies fósseis e os estratos onde estavam encerradas e assim, D'Orbigny imaginou vinte e sete estratos que representavam as faunas extintas por revoluções.

Cuvier não estabelece com precisão o número de revoluções ocorridas na história do globo terrestre. Tal cifra será estabelecida objetivamente por Léonce Élie de Beaumont (1798-1874), com seus trabalhos sobre os estratos do Secundário e Terciário, nos quais ele fixa em quatro os eventos catastróficos que modelaram a crosta do planeta durante aqueles períodos (cf. Beaumont, 1830). Mesmo com essa quantidade de revoluções, a migração, como mecanismo pelo qual as localidades atingidas por elas poderiam recompor sua fauna, continuava sendo considerada plausível. Supunha-se que o estoque faunístico do passado, que era muito maior do que o atual, podia ter sofrido reduções e, ainda assim, permanecer em níveis quantitativos e qualitativos (em termos da atual ciência da ecologia) de população e de biodiversidade que permitiam que as localidades acometidas pelas revoluções fossem novamente repovoadas.

Entretanto, a ampliação do número de revoluções, feita por D'Orbigny, fragilizava a hipótese da migração, pois demandava um estoque orgânico inicial incomensurável para que, após tantos eventos dizimadores, ainda pudesse ter restado uma fauna tão diversa como a atual. Surgia, assim, mais uma anomalia dentro da teoria das catástrofes; anomalia que é aparentemente resolvida com uma mudança de hipótese. Contudo, essa articulação teórica marcará a imagem de Cuvier e de sua teoria das catástrofes com a atribuição da autoria de uma hipótese que ele teve o cuidado de refutar, prévia e explicitamente, em sua maior obra de divulgação, o *Recherches*. No capítulo em que argumenta que as espécies vivas não são variedades das espécies extintas, Cuvier declara objetivamente que "(...) não pretendo que seja necessária uma nova criação para produzir as espécies existentes, eu somente digo que elas não existiam nos mesmos lugares e que elas devem vir de outros [lugares]" (Cuvier, 1812, p. 81).

Com suas vinte e sete revoluções, D'Orbigny viu-se obrigado a adotar uma hipótese que resolveria a anomalia teórica gerada com a enorme quantidade de faunas desaparecidas nestas catástrofes. Criações sucessivas de faunas inteiras seriam a resposta para explicar como haviam tantas formas de vida e em grande quantidade, mesmo ocorrendo ao longo da história do globo eventos que as dizimavam completamente. Esse fator de criação podia ser sobrenatural ou natural, sendo que algum processo ou alguma força deveria ser o responsável pela geração de novas faunas, a partir da ocorrência de uma revolução extintiva. Essa hipótese podia ser facilmente incorporada à teoria das catástrofes, mas com o ônus de substituir a hipótese da migração. Com essa incorporação, nascia a *teoria das criações sucessivas*.

Surgida muito tarde na carreira de Cuvier, essa teoria não recebeu grande atenção por parte dele. Possivelmente, tal comportamento tenha sido mais uma de suas estratégias para lidar com os embates, a que muitos dos resultados de seus trabalhos conduziam-no. Em vários deles, Cuvier se exime de apresentar opiniões, como faz quando recebe questionamentos sobre a origem dos fenômenos que estudava. Sobre os fenômenos geológicos, por exemplo, ele afirma haver uma demanda enorme de respostas a questões ainda não respondidas, sendo que, em tal situação, é mais prudente aguardar os estudos produzirem mais dados e informações. Sobre a origem da vida, então, simplesmente responde ser um assunto não tratável pela ciência (cf. Cuvier, 1835, p. 1-2, 8). Mas esse posicionamento frente a hipóteses não fundadas nos dados empíricos permitiu que a autoria da teoria das criações sucessivas continuasse a ser-lhe atribuída até os dias de hoje. Cuvier manteve sua posição nas edições posteriores do *Recherches*, negando defender aquela hipótese, mas, ainda assim, a imagem de ter sido seu criador permanece vinculada ao seu nome.

Apesar de D'Orbigny ter, no mínimo, contribuído para a geração da teoria das criações sucessivas, que é uma resposta à anomalia epistemológica do esmaecido poder explicativo da hipótese migratória cuvieriana frente a grande quantidade de faunas extintas que ele propõe este naturalista produz uma quantidade de trabalhos que aumenta enormemente os inventários taxonômicos e estratigráficos que resultavam da execução do programa de pesquisa de Cuvier.

D'Orbigny participa ativamente do processo cumulativo de produção de dados, orientado pelo referencial teórico da teoria das catástrofes; ele tem também uma atuação nas duas frentes de trabalho do programa de pesquisa de Cuvier, a saber, a estratigrafia e a determinação taxonômica; e, finalmente, D'Orbigny desenvolve as duas formas de atuação características do pesquisador em historia natural, ou seja, a pesquisa de campo e a de museu. D'Orbigny é, sem dúvida, um autêntico praticante da ciência normal no âmbito da paleontologia cuvieriana. Ele coleta, determina e classifica fósseis seguindo a orientação teórica e metodológica de Cuvier, e produz uma enorme quantidade de dados empíricos que aumentam a compreensão das formas de organização corporal do mundo natural, cumprindo, assim, o objetivo cognitivo do programa de pesquisa cuvieriano.

3.5 Anomalias: "não há absolutamente fósseis humanos"

Na busca de cumprirem os compromissos de suas adesões ao programa de pesquisa de Cuvier, os naturalistas dessa comunidade científica produziam cada vez mais conhecimentos que corroboravam a teoria das catástrofes e que reforçavam tanto o poder heurístico dos métodos anatômico-comparativos, quanto o sistema de classificação baseado na organização corporal.

Na estratigrafia, Constant Prévost, Barthélemy de Basterot (1800-1887), Gerard-Paul Deshayes (1796-1875), Jules Desnoyers (1800-1887), Heinrich Georg Bronn (1800-1862) e outros estavam emprestando as ideias do projeto estatístico que De Candolle havia proposto para a botânica e começavam a desenvolver trabalhos utilizando essa prática, resultando em um detalhamento preciso dos fósseis e estratos do Terciário (cf. De Candolle, 1820, p. 359-422; Basterot, 1825, p. 1-11; Desnoyers, 1825, p. 176-89; Deshayes, 1831, p. 185-9; Rudwick, 2008, p. 166-7).

Nesse detalhamento estratigráfico, os defensores da teoria das catástrofes conseguiam enxergar um número crescente de evidências que comprovam a ocorrência de mais e mais catástrofes. Essa constatação, além de expandir os limites do tempo necessários para acomodar a ocorrência de tantos eventos catastróficos, também aumentava o conhecimento da geo-história e dos processos que resultaram na conformação geológica atual. A direção temporal ficava cada vez mais explícita quando os fatos, desvelados pelos dados geológicos e fossilíferos, eram interligados em uma cadeia de eventos.

Mesmo não sendo esse o objetivo cognitivo do programa de pesquisa de Cuvier, sua incorporação tornou-se inevitável. Vários cuvierianos seguiam produzindo trabalhos que forneciam cada vez mais dados para uma compreensão geo--histórica do globo. Para eles, a geo-história deveria conectar-se com a história civil no momento em que ocorreu a última revolução. O dilúvio geológico teria dizimado faunas inteiras, em um processo de extinção muito mais súbito do que o outro fator extintivo que Cuvier considerava. O homem, por meio das suas atividades interventivas na natureza, já teria extinguido várias espécies, como, por exemplo, a famosa ave mauriciana, o dodô, sobre a qual Cuvier, alguns anos mais tarde, publica artigos na França, Alemanha e Inglaterra (cf. Smith, 1993, p. 116-23).

Outro fator de intervenção humana no mundo orgânico, mas que à diferença da extinção, não trazia consequências para a história natural, era o poder do homem de produzir variedades a partir da domesticação de espécies. Não trazia consequências porque não ocorrera no passado, uma vez que o homem não esteve presente nas regiões onde os fósseis das faunas antigas estavam sendo escavados. A prova dessa conclusão, segundo Cuvier, era a total inexistência de fósseis humanos nos estratos das regiões já bem estudadas geologicamente. Partindo desse pressuposto, Cuvier afirma que essa ausência é uma "prova a mais" de que as espécies fósseis das faunas antigas não são variedades das espécies atuais (Cuvier, 1812, p. 76-9). Ele argumenta ainda que essas variações, apesar de gerarem traços muito distintos, não são suficientes para o estabelecimento de um novo grupo taxonômico, pois obedecem aos limites impostos pelas leis da anatomia comparada, manifestando-se em caracteres mais subordinados que não alteram a organização corporal do animal, sendo, portanto, insuficientes para a produção de novas espécies (Cuvier, 1812, p. 79-81).

Até a época da primeira edição do *Recherches* (1812), algumas descobertas de antigas ossadas humanas já haviam sido feitas, porém, nenhuma delas encontrava-se inequivocamente em estado fossilizado, e os estratos nos quais eram escavadas, quando bem descritos, estavam posicionados por sobre o estrato representativo da última grande revolução. Para Cuvier, esse era o caso das ossadas humanas estudadas por Lazzaro Spallanzani (1729-1799), no ano de 1786. Elas compunham o que o naturalista italiano chamou de "monte de ossos", e as ossadas que ali estavam, segundo Spallanzani, apresentavam um aparente estado de fossilização (cf. Spallanzani, 1798, p. 278-83).

Na busca para verificar tal afirmação, Cuvier aproveita sua passagem por Pavia, em 1809, e examina tais ossos chegando a conclusão de que: "(...) apesar da asserção desse célebre observador [Spallanzani], eu afirmo que não há nenhum dos quais se possa sustentar que seja humano". Após alguns anos, Cuvier, em seus cursos ministrados no Colégio de França, afirma que o próprio Spallanzani teria declarado seu equívoco. Após citar o exemplo do monte de ossos de Spallanzani, Cuvier prossegue no *Recherches* discorrendo sobre o *Homo diluvii testis* de Scheuchzer que, como ele já havia determinado, não passava de uma salamandra gigante (cf. Cuvier, 1812a, p. 83; 1812b, p. 1-20; Cuvier & Saint-Agy, 1843, p. 271-2).

Outros supostos exemplos de fósseis humanos, segundo Cuvier, deviam ser refutados por diversas razões. Dentre suas explicações, essas ossadas, descobertas em fendas de cavernas, apresentavam apenas um recobrimento pelo processo de incrustação, não atingindo, assim, a condição de fóssil. Apesar do pouco conhecimento que se tinha sobre os processos de fossilização, os naturalistas já sabiam que os restos introduzidos em uma caverna, principalmente calcária, normalmente são recobertos por uma crosta de minerais, que rapidamente os isola da ação dos agentes decompositores, acelerando assim o processo de fossilização (cf. Berbet-Born, 2002, p. 415; Simões & Holz, 2000, p. 45).

No caso dos fósseis analisados por Cuvier, o recobrimento era muito tênue indicando que sua formação era recente e, consequentemente, serem posteriories a última revolução. Também discute a descoberta de artefatos humanos antigos, escavados em estratos onde se encontravam fósseis representativos de faunas extintas. Para Cuvier, esses artefatos seriam modernos e teriam sido perdidos pelos mineradores durante as escavações e sua mistura com os fósseis seria decorrente do descuido nas técnicas de escavação (cf. Cuvier, 1812a, p. 83).

Essa falha na metodologia de trabalho das escavações seria um dos principais pontos dos questionamentos relacionados às descobertas dos supostos artefatos e ossadas humanas em estratos anteriores à última revolução, ou em associação com fósseis de seres extintos. Baseando-se nessas falhas, grande parte da comunidade científica alegava, por exemplo, não ser possível afirmar com certeza em quais estratos foram feitas as descobertas de Robert de Paul Lamanon (1752-1787) e François-Xavier Burtin (1743-1818). Realizadas independentemente entre os anos de 1781 e 1784, suas descobertas de antigos artefatos humanos foram fortemente questionadas, pois dependiam dos relatos efetuados pelos trabalhadores contratados para auxiliar nas escavações, e esses relatos muitas vezes podiam estar direcionados pelos interesses dos trabalhadores em valorizar o achado, adaptando-o ao resultado desejado pelo naturalista (cf. Lamanon, 1782, p. 192; Burtin, 1783, p. 218; 1785, p. 8; Rozier & Mongez, 1784, p. 173-4; 1785, p. 76- 8; Buckland, 1822a, p. 228; Rudwick, 2005, p. 278, 284-5).

Tal desejo estava diretamente relacionado à importância que esse tipo de descoberta teve no esclarecimento de questões tão relevantes como as vinculadas à antiguidade do homem e da própria Terra. Como os fósseis já vinham sendo utilizados como fonte de dados para esse último propósito, ou seja, a composição de uma geohistória, o principal resultado produzido com essa utilização foi a extensão da cronologia geológica. Esse sim é um resultado buscado por Georges Cuvier e por ele manifestado quando discorre sobre a necessidade de "romper os limites do tempo" no discurso preliminar do *Recherches*. Tal rompimento com os limites temporais seria fundamental para a concepção da "sucessão de eventos que precederam o nascimento do gênero humano" que, para Cuvier é um marco na história do globo terrestre (cf. Cuvier, 1812, p. 3).

Ao dividir a geo-história em pré-humana e humana, Cuvier relacionava o estabelecimento do homem nas regiões razoavelmente bem exploradas geologicamente à última grande revolução ou catástrofe. Cuvier entendia que o mundo pré-humano fora habitado por seres que atualmente eram encontrados no estado fóssil, ou por aqueles que tinham sua distribuição biogeográfica diferente da atual. Mediante essa diferença, seria necessário estabelecer em que momento terminava um período, aquele composto pela fauna extinta, e iniciava-se o outro, que é composto pela fauna atual, para, desse modo, juntá-los em uma única narrativa.

Apesar de parecer que esta proposta estabelece a narrativa histórica como objetivo cognitivo do programa de pesquisa de Cuvier, é importante esclarecer que ele utilizava atemporalmente o termo "história" com o sentido de "exposição empírica" sobre algum fenômeno que se está descrevendo (Cuvier, 1835, p. 8). Conforme Gustavo Caponi (2008, p. 17-24), o próprio termo "história natural" denomina, para Cuvier, um tipo de física particular que remete a uma ciência teórica voltada ao estabelecimento das leis da organização, independentemente de qualquer conotação temporal.

Estabelecer o marco temporal divisório entre um mundo composto pela fauna extinta e o mundo atual era um dos escassos objetivos de Cuvier dentro do campo geo-histórico. Com o auxílio da evidência fóssil, ele busca o momento da distinção entre a narrativa da história do globo terrestre somente baseada nas evidências geológicas e fossilíferas e a narrativa baseada, também, em registros humanos, ou seja, a narrativa antropológica. Contudo, a evidência fóssil não pode estabelecer essa distinção conclusivamente.

Os fósseis de organismos marinhos e de plantas, os mais abundantes, eram de certo modo ambíguos no tocante a suas relações com seus similares viventes. As relações taxonômicas estabelecidas entre eles ainda eram incipientes e dúbias, visto que somente com os trabalhos do próprio Cuvier, no campo da anatomia comparada, é que elas começaram a ser estabelecidas com maior precisão. Nessa situação, permanecia difícil a proposta de estabelecer a distinção entre um mundo "pré-humano e humano", uma vez que os fósseis de animais terrestres, os mais facilmente identificáveis, eram raros. A possível descoberta de fósseis humanos poderia evidentemente estabelecer quando esses mundos distinguiram-se, o que era extremamente importante nessa perspectiva. Além disso, tratava-se de uma espécie ainda vivente e com sua anatomia bem conhecida, fatores que poderiam evitar com eficiência qualquer ambiguidade taxonômica.

Entretanto, para Cuvier, a aceitação de qualquer evidência do surgimento do homem nessas regiões devia estar baseada em dados levantados por meio de métodos estabelecidos sob critérios rigorosos que implicassem, quando de sua execução, na maior aproximação possível da compreensão do fenômeno. Para ele, as pesquisas realizadas anteriormente à publicação do *Recherches*, inclusive aquelas envolvendo fósseis humanos, não podiam ser conclusivas, pois careciam dos conhecimentos de anatomia comparada, uma disciplina científica iniciada, praticamente, com seus trabalhos.

3.6 A NORMALIDADE DA RESISTÊNCIA

No decorrer das primeiras décadas do século XIX, a busca por fósseis humanos intensifica-se, mas, ainda assim, poucos avanços são feitos sobre a constatação da existência de ossadas humanas que pudessem ser consideradas como verdadeiros fósseis. Naturalistas como Louis Augustin d' Hombres-Firmas (1776-1857), Jean-Jacques Huot (1790-1845) e Marcel de Serres (1780-1862) produziram trabalhos discutindo essa questão, reportando-se às ossadas humanas descobertas em cavernas francesas entre os anos de 1821 e 1824. Como era de esperar, por terem uma orientação cuvieriana, eles descartaram a possibilidade de que estas ossadas fossem fósseis, e para tanto, basearam-se em estudos químicos que apontavam para sua recenticidade, visto que ainda conservavam boa parte de sua matriz orgânica não revestida por calcário (cf. Hombres-Firmas, 1821, p. 227-33; Serres, 1823, p. 277-95; Huot, 1824, p. 138-48).

Por volta desse mesmo período, William Buckland, trabalhando em cavernas da região sul do País de Gales, descobre fósseis de mamíferos europeus extintos (rinoceronte, mamute, urso das cavernas etc.) em associação com ossadas de animais viventes (carneiros). Contrariando a teoria das catástrofes, que pressupõe a separação estratigráfica dos fósseis de faunas de épocas distintas, essa descoberta parecia indicar a convivência entre seres extintos e viventes, deixando clara, assim, a existência de uma anomalia na teoria. Entretanto, Buckland, cuvieriano como era, rejeita essa contradição nos dados argumentando sobre o estado não fossilizado da ossada do carneiro e também sobre a dinâmica de inundações da caverna, que teria misturado os restos dos animais de diferentes épocas em um mesmo estrato (cf. Buckland, 1824b, p. 83-87). Trata-se de uma hipótese *ad hoc* que visa neutralizar um desajuste observacional.

Mas essa não seria a única descoberta de Buckland a suscitar discussões. No interior de uma das cavernas, na época chamada de Paviland, ele descobre, em estratos superficiais, um esqueleto humano incompleto e diversos artefatos associados a fósseis de animais da fauna extinta. Prontamente interpreta, como no caso anterior, que aquela associação era decorrente da dinâmica de inundações de Paviland, e conclui, devido às características tecnológicas dos artefatos que estavam ao seu redor (pederneira, anéis de marfim etc.), que se tratava de um ser humano que vivera naquela região por volta da época da ocupação romana (cf. Buckland, 1824b, p. 92).

A questão das ossadas humanas é discutida mais profundamente por Buckland no final da primeira parte de seu livro, publicado em 1824, no qual trata das relíquias do dilúvio universal, as quais, nesse trabalho, são os restos orgânicos encontrados por ele e que estavam contidos em cavernas, fendas e cascalho. O último capítulo dessa obra está reservado ao tratamento das principais descobertas de ossadas humanas em cavernas, realizadas até aquela data. Buckland cita seis dessas descobertas, ocorridas em solo britânico, afirmando que todas as ossadas foram originadas após a última revolução, mesmo que algumas tenham sido encontradas associadas a fósseis da fauna extinta. Ele entende que, como em Paviland, essa condição é resultante da dinâmica de inundações das cavernas, que misturava em um mesmo estrato restos orgânicos de diferentes épocas (cf. Buckland, 1824b, p. 64-7).

Buckland também discute o caso de ossadas humanas descobertas por Schlotheim, na região de Köstritz (Saxônia). Segundo ele, tais ossadas encontravam-se em um estrato inferior e mais antigo do que o estrato em que os fósseis de animais extintos estavam sendo desenterrados pelo naturalista alemão. Por tal situação, elas podiam ser interpretadas como mais antigas do que as da fauna desaparecida. Não conformado com esta observação anômala, o cuvieriano Schlotheim admite serem necessários estudos mais aprofundados, visto que admite a possibilidade de todo aquele material ter sido misturado pela ação de inundações sucessivas, provocadas por transbordamento de lagos adjacentes situados em altitudes elevadas (cf. Buckland, 1824b, p. 167-70).

O caso das ossadas humanas descobertas por Schlotheim também é reportado por Cuvier, a partir da edição definitiva do *Recherches* (1825), onde também fez referência ao posicionamento parcimonioso daquele naturalista frente a qualquer afirmação sobre a antiguidade do material estudado (cf. Cuvier, 1830, p. 138-41). Cuvier ainda inclui, nessa obra, uma discussão sobre um esqueleto humano descoberto na Ilha de Guadalupe pelo militar e naturalista amador, Manuel Cortés y Campomanès. O estado incompleto desse esqueleto não impediu que se constatasse que era humano, entretanto sua pouca antiguidade foi prontamente reconhecida devido à sua associação com conchas de moluscos viventes, além da facilidade de dissolução da matriz rochosa, um indicativo de sua formação recente. Essa foi a constatação do correspondente da Academia de Ciências na Martinica, Alexandre Moreau de Jonnès (1778-1870), corroborada pela descrição feita por Charles König (1774-1851), curador da exposição de mineralogia do Museu Britânico (cf. Cuvier, 1830, p. 138-40).

Charles König publica uma descrição em 1814, tirando proveito da pilhagem daquele fóssil pelas tropas inglesas e da discussão sobre os supostos fósseis humanos, levantada pela publicação da primeira edição do *Recherches* (1812), mas que ainda não citava aquele esqueleto. Em seu estudo, König compara a matriz calcária que envolvia o esqueleto com vários estratos geológicos da Ilha de Guadalupe, observando a presença de diversos restos orgânicos. Esse fato demonstrava que aquela matriz tinha formação mais recente, pois não houvera tempo suficiente para que os restos orgânicos, tais como conchas, corais etc., se decompusessem em uma granulometria fina, como havia ocorrido nos outros estratos (cf. König, 1814, p. 107-20).

Em 1818, quando estava em Londres, Cuvier pôde analisar pessoalmente esse fóssil ratificando as conclusões de Moreau de Jonnès e König. Antes dessa oportunidade ele pôde fazer várias comparações, pois tinha em mãos outro esqueleto humano, que fora coletado no mesmo local e enviado para Paris, após a queda de Napoleão. Todas essas análises reforçavam ainda mais suas próprias conclusões sobre a inexistência de fósseis humanos nas regiões bem exploradas em termos geológicos (cf. Cuvier, 1830, p. 138-40).

Quando Cuvier esteve com Buckland em Oxford, este último aproveitou a oportunidade e mostrou ao ilustre visitante francês dois pequenos maxilares fossilizados encontrados em estratos do Secundário, onde era esperada apenas a descoberta de répteis. Cuvier reconhece-os como provenientes de mamíferos, uma afirmação que contrariava suas próprias ideias, pois esse grupo taxonômico, segundo a sucessão biótica estabelecida pelos trabalhos feitos sob a orientação da teoria das catástrofes, deveria aparecer somente em estratos superiores aos do Secundário (cf. Cuvier, 1812, p. 68-73; 1830, p. 112-21).

Essa potencial anomalia ao Catastrofismo foi prontamente resolvida por Cuvier por meio do reposicionamento do surgimento dos mamíferos à época em que ainda predominavam os répteis e, dessa forma, o ordenamento sucessório biótico da teoria das catástrofes não precisava ser profundamente alterado (cf. Buckland, 1824a, p. 391; Rudwick, 2008, p. 72). Mas uma resolução desse tipo não se estenderia às investigações sobre os fósseis humanos, pois Cuvier e grande parte da comunidade científica dos paleontólogos continuavam a negar a existência desses fósseis e não apenas sua posição estratigráfica.

Somente em 1827 haveria uma alteração na normalidade desse posicionamento conservador. Nesse ano, o jovem naturalista amador Paul Tournal (1805-1872) publica uma comunicação descrevendo duas cavernas que contêm ossadas fósseis, localizadas na região de Bize, no sul da França. Com uma abordagem claramente cuvieriana, Tournal discute a necessidade de aprofundar as pesquisas sobre os fósseis encontrados em cavernas, defendendo que a quantidade de fósseis contidas nesse tipo de cavernas promete "explicar, de uma maneira mais plausível, uma das últimas catástrofes que se abateu sobre o globo, fazendo desaparecer vários grupos de animais". Discorre também sobre os estratos jurássicos que formaram aquelas cavernas, os quais continham conchas de moluscos e alguns fósseis de mamíferos extintos e viventes, tais como ursos das cavernas, javalis, cavalos etc. Sobre esses fósseis, prefere deixar as explicações para o naturalista Marcel de Serres, que o acompanhou na exploração daquelas cavernas. No ano seguinte (1828), Tournal complementa o trabalho anunciando a descoberta de ossadas humanas fossilizadas em associação com fósseis de animais extintos. O estado de fossilização das ossadas humanas podia ser constatado pelas características químicas que apresentavam, pois eram as mesmas dos fósseis da fauna extinta. Baseando-se nesta constatação, ele afirma que: "a proposição em geral admitida, de que não existem em nossos atuais continentes, ossos humanos no estado fóssil, pode então ser posta em dúvida, ou, ao menos, não pode ser dada como resolvida" (cf. Tournal, 1827, p. 78-82; 1828, p. 349).

Serres, por sua vez, já havia expressado seu interesse nesse assunto desde 1823, quando inicia uma série de trabalhos discutindo a questão da existência de fósseis humanos. Em todos eles, Serres cita, na mesma ordem utilizada por Cuvier, os fósseis tratados na segunda edição do *Recherches*. Em um trabalho posterior, Serres faz referência à descoberta de Tournal, discordando que as ossadas que este havia descoberto pudessem ser consideradas fósseis, pois haviam sido encontradas em estratos formados recentemente (cf. Serres, 1828, p. 25-43). Nesse trabalho, Serres faz uma revisão dos estudos sobre as descobertas de cavernas que continham fósseis na região do sul da França sem citar uma importante descoberta destinada a acelerar o ritmo das discussões sobre os fósseis humanos, feita pelo naturalista Jules de Christol (1802-1861), em cavernas da região de Montpellier, também localizada no sul da França.

Em 1829, Christol comunica que ele, da mesma forma que Tournal, havia descoberto ossos humanos associados a fósseis de animais extintos (rinocerontes, ursos-das-cavernas, hienas etc.). Entretanto, segundo Christol, os fósseis que descobrira apresentavam um estado de fossilização que poderia ser constatado não apenas mediante a execução de análises químicas, mas também por meio das condições geológicas em que foram escavados. Sua convicção era tão inabalável, que ele afirma que a sua descoberta é "a única deste gênero que, até o presente, podia satisfazer às condições estratigráficas e de composição indicadas pelos geólogos" (Christol, 1829a, p. 3).

O reconhecimento da qualidade de seus métodos e trabalhos por parte da comunidade científica, como, por exemplo, pelo mineralogista Pierre-Louis-Antoine Cordier (1777-1861) e por William Buckland, resulta em certa inclinação na aceitação de suas conclusões. O primeiro, presidindo a seção de 29 de junho de 1829 da Academia de Ciências, procede à leitura da comunicação de Christol, expressando que, se os fatos enunciados por aquele jovem naturalista "são exatos, devem ser vistos como mais conclusivos em favor de uma mistura de ossadas humanas com os restos de animais antediluvianos, que aqueles que fornecem as cavernas de Bize". Buckland, por sua vez, expressa ter "grande confiança nas observações de Christol" e que "ele estava ciente das dificuldades de um exame do conteúdo de uma caverna" (Christol, 1829b, p. 28; Buckland, 1830, p. 394).

Provocado pelo artigo de Christol, Tournal publica um artigo incentivando-o a defender a contemporaneidade do homem com a fauna extinta e fazendo diversas considerações teóricas sobre as cavernas e seus fósseis. Sem citar o nome de Cuvier, Tournal menciona que as observações de Christol foram realizadas por: "(...) quem viu as coisas, tais como elas eram, e não como seria desejado que fossem". Provavelmente esta seria uma alusão à resistência da comunidade científica em conceber a "realidade da associação das ossadas humanas com aquelas de animais extintos" (cf. Tournal, 1829, p. 244; Rudwick, 2008, p. 232).

Possivelmente, a resistência inquietava Tournal e Christol desde o momento em que o trabalho deste último havia sido apresentado na seção da Academia de Ciências, quando uma comissão foi encarregada de examiná-lo. A comissão já estava analisando vários trabalhos que versavam sobre cavernas com fósseis, como, por exemplo, os de Serres e de Tournal, além de outros, sendo que para esse trabalho ela era presidida por Cuvier (cf. Institut, 1921, p. 274). Para Christol, isso poderia tornar-se uma vantagem, pois ter seu trabalho avaliado por Cuvier, que era uma autoridade da paleontologia, deveria proporcionar projeção de seu trabalho no meio científico, independentemente das conclusões a que este último pudesse chegar. A crença no rigor da aplicação dos métodos de Cuvier, que era praticamente inabalável, sobrepunha-se a uma possível pré-concepção de resultados.

O relatório que a referida comissão devia elaborar teve sua emissão protelada, pois esta esperava o envio do material referente aos trabalhos de outros naturalistas, que também versavam sobre o mesmo assunto. Segundo um pronunciamento de Cuvier, feito sete meses após a leitura do trabalho de Christol (29 de dezembro de 1829), somente este naturalista havia enviado amostras do material recolhido nas cavernas que estudou. Na seção de 28 de junho de 1830, ou seja, um ano após a leitura do trabalho de Christol, Serres informou a Academia de Ciências, que "havia tomado conhecimento, por

Felipe Faria

meio dos jornais", de que a comissão que "estava encarregada de fazer um relatório a respeito de suas próprias observações e as de Christol e Tournal, aguardava a chegada das principais peças nas quais aquelas observações estavam fundadas". Comprometeu-se a "enviá-las muito em breve" (Institut, 1921, p. 377, 465).

Em meio a todo esse atraso, Tournal prossegue com suas tentativas de convencer a comunidade científica utilizando os meios que tinha ao seu alcance. Desde uma visita a Paris, onde entrega os espécimes solicitados por Cuvier, até a publicação de seus trabalhos em vários periódicos, como, por exemplo, no boletim da recém-criada *Société Géologique de France* (Sociedade Geológica da França). Essa sociedade fora criada, sob os auspícios de Carlos x, apenas três meses antes de estourarem os levantes populares que resultaram na revolução de julho de 1830, que o deporia. Talvez motivados pelas ideias de igualdade, muito em voga naqueles dias de luta antiabsolutista, seus membros não eram distinguidos em classes e não havia restrições para os estrangeiros, como havia em outras instituições francesas de fomento à atividade intelectual e científica. Outra estratégia de fomento da atividade foi o lançamento de seu boletim, no mesmo ano de sua fundação, visando dar notícia das seções e trabalhos dos membros e que se tornava muito rapidamente um dos mais importantes veículos de publicações científicas na área da geologia (cf. Société, 1830-1831, p. 7-9; 1833, p. i-xi; Rudwick, 2008, p. 337).

Mas, ainda que Tournal lançasse mão desse recurso, ele continua a enfrentar resistência na aceitação de sua hipótese da contemporaneidade do homem com a fauna extinta (cf. Tournal, 1864, p. xx; Rudwick, 2008, p. 408-12). Todavia, um dos principais opositores dessa hipótese sai de cena em maio de 1832. Georges Cuvier morre subitamente, deixando uma

194

lacuna incomensurável na história natural, porém, a força de suas ideias e teorias permaneceu por longo tempo atuando com a força de um paradigma dentro do domínio dos estudos paleontológicos. Seria necessário, ainda, algum tempo para que se extinguisse a resistência, ditada pela adesão à teoria das catástrofes, da qual reclamava Tournal (cf. Kuhn, 1962, p.151; Faria, 2008, p. 168-70; Rudwick, 2008, p.410).[1]

3.7 MAIS EVIDÊNCIAS ANÔMALAS, MAIS RESISTÊNCIAS NORMAIS

Alguns meses após a morte de Cuvier, François Jean Arago (1786-1853), o outro secretário perpétuo da Academia de Ciências, convida Tournal a publicar um artigo sobre as ossadas humanas das cavernas de Bize no periódico que editava, *Annales de Chimie et de Physique*. Falando agora para um público mais extenso, Tournal pôde afirmar que a discussão sobre o fenômeno das ossadas de cavernas já "contava com numerosos partidários em campos opostos" (Tournal, 1833, p. 164).

Tournal argumenta para ambos os "campos", e tece considerações gerais sobre a formação das cavernas, a origem das ossadas fósseis, sua relação com a última catástrofe e sobre a contemporaneidade dos artefatos e ossadas humanas com fósseis de animais extintos. Segundo Tournal, para cons-

---

1 Cuvier morre no dia 13 de maio de 1832, aos sessenta e dois anos de idade, vítima de um acidente vascular cerebral. É notável como até esse fato derradeiro de Cuvier tenha se transformado em mais um equívoco de vários historiadores da ciência. Eles afirmam que a *causa mortis* seria o cólera, pois, naquele momento, Paris e boa parte da Europa enfrentavam uma epidemia daquela doença. O biógrafo de Cuvier, Phillipe Taquet (2005), abre seu livro sobre o nascimento de um gênio, discorrendo paradoxalmente sobre a morte de Cuvier e descrevendo os procedimentos de autópsia pelos quais passou seu corpo e que levaram à constatação da verdadeira causa de sua morte.

Figura 12. Esta litografia representa Georges Cuvier aos cinquenta anos de idade e compõe o frontispício da biografia que George Louis Duvernoy publica em 1832, um ano após a morte do grande *savant* francês, com o título de *Notice historique sur les ouvrages et la vie de M. Baron Cuvier* (*Notícia histórica sobre as obras e a vida do senhor barão Cuvier*). Duvernoy foi quem coletou e editou as anotações de Cuvier que resultaram na publicação dos três últimos volumes de sua obra *Leçons d'anatomie comparée*, iniciada em 1800. No ano em que completou seu quinquagésimo aniversário, no auge de sua carreira, Cuvier foi feito barão, por meio de um ato de Luís XVIII, mesmo tendo sido um homem forte durante o período napoleônico. Essa é uma clara demonstração de sua grande habilidade para lidar com as adversidades impostas pelo turbulento período histórico em que viveu, estivessem elas no campo científico ou no político.

tatar essa contemporaneidade não era necessário utilizar o critério de fossilização, muitas vezes estabelecido quimicamente. Bastava verificar as associações das ossadas humanas com outros fósseis e sua posição estratigráfica. Definir se alguma daquelas ossadas que ele trabalhara podia ser considerada fóssil tornara-se uma "questão secundária", "quase uma questão de vocábulo" (Tournal, 1833, p. 172). Mas nem a divulgação desse artigo, nem o fim da resistência de Cuvier, decretada por sua morte, foram suficientes para que a comunidade científica, naquele momento, considerasse aceita a existência de fósseis humanos e a contemporaneidade do homem com a fauna extinta.

Após a publicação deste trabalho de Tournal, ele e Christol retiraram-se de cena por motivos profissionais alheios à discussão. Serres, que passara a defender a existência dos fósseis humanos, permaneceu praticamente sozinho na missão de convencer a comunidade que, apesar de interessar-se muito pelo assunto, continuava a questionar a metodologia utilizada na obtenção de vários dados que eram levantados, os quais contrariavam uma diretriz interna da hipótese das catástrofes. Serres prosseguiu, então, publicando trabalhos em defesa da contemporaneidade do homem com a fauna extinta, que acabaram por valer-lhe uma premiação da Sociedade Holandesa para as Artes e Ciências Liberais, em 1835. Mesmo com esse prêmio, os trabalhos de Serres provocavam uma grande resistência em sua aceitação, pois identificavam a última revolução como sendo o dilúvio mosaico (cf. Serres 1859, p. 203). Não poderia ser diferente, pois à diferença de Buckland, o fórum de discussões em que Serres atuava era a Europa continental, onde a escola de pensamento diluvianista não tinha a mesma aceitação.

Durante o transcorrer do concurso que premiou Serres, um naturalista amador belga publica uma obra em dois volumes sobre cavernas contendo ossadas fósseis da região de Liège na Bélgica. Philippe-Charles Schmerling (1790-1836) já havia publicado alguns trabalhos sobre o assunto desde 1831, mas a obra publicada entre 1833 e 1834 trouxe dados e argumentos que conduzem, mais tarde, a comunidade científica na direção da aceitação da existência de fósseis humanos. Schmerling, que utiliza corretamente os métodos da anatomia comparada, inicia sua argumentação em favor da existência de fósseis humanos afirmando que o próprio Cuvier admitia a contemporaneidade da espécie humana com a fauna extinta, sem referir-se, entretanto, por razões óbvias, à restrição biogeográfica prevista por Cuvier. As descrições de Schmerling são ricamente detalhadas e apoiadas no recurso visual de pranchas ilustrativas de excelente qualidade (cf. Schmerling, 1833, p. 53). Schmerling utiliza para sua obra um título que era claramente de estilo cuvieriano: *Recherches sur les ossemens fossiles découverts dans les cavernes de la province de Liège* (*Investigações sobre as ossadas fósseis descobertas nas cavernas de província de Liège*).

As descrições dos estratos geológicos e da metodologia empregada nas escavações também receberam muita atenção e, praticamente, tornaram o recorrente questionamento desses métodos muito enfraquecido. Para isso, Schmerling teve o cuidado de descrever as cavernas demonstrando que não havia nenhum traço de alteração dos estratos por algum tipo de perturbação, tal como, por exemplo, inundações ou ação humana (cf. Schmerling, 1833, p. 9-52).

Contudo, um dos principais recursos retóricos do livro de Schmerling estava relacionado aos próprios fósseis que descobriu. Em uma das cavernas, denominada Engis, ele descobriu dois crânios humanos incompletos, juntamente com fósseis de animais extintos em um único fragmento de rocha sedimentar. Esse tipo de fragmento rochoso, denominado de "brecha" (*breccia*), porque é composto de sedimentos e fragmentos de rochas circundantes, indica que não houve perturbação geológica que pudesse alterar o sepultamento e a formação dos fósseis que ele continha (cf. Schmerling, 1833, p. 60). No final do livro, Schmerling cita outra descoberta importante. Nos mesmos estratos em que se encontravam os crânios, ele descobrira artefatos humanos confeccionados com fragmentos de pedras e ossos de animais. Esses artefatos indicavam claramente certo nível de aculturação de seu fabricante, o que, para Schmerling, reforçava a constatação de uma maior antiguidade do homem, pois o desenvolvimento desse estágio cultural demandava um longo tempo (cf. Schmerling, 1834, p. 177-9).

Enquanto Schmerling publicava o primeiro volume de seu livro, Charles Lyell (1797-1875) visitou-o, conhecendo as cavernas e a coleção de fósseis que o naturalista belga havia estudado. A partir da terceira edição de sua grande obra, *Principles of geology* (*Princípios de geologia*), lançada entre os anos de 1834 e 1835, Lyell passa a citar o trabalho de Schmerling, que apresenta uma hipótese alternativa sobre os processos de fossilização, a qual poderia explicar a associação de ossadas de animais de épocas distintas, como era o caso das cavernas da região de Liège. Nessa obra, entretanto, Lyell comenta, dentre outros, os trabalhos de Serres, Tournal e Christol, para questioná-los, centrando sua argumentação na recentidade dos artefatos e dos ossos citados por aqueles naturalistas, visto que diferiam muito pouco dos artefatos produzidos por conhecidas tribos primitivas da Gália (cf. Lyell, 1835, p. 237-9).

Lyell cita os trabalhos de Schmerling em um subcapítulo em que expõe as alternâncias entre os estratos geológicos de cavernas, que seriam provocadas pelas dinâmicas de inundação e de formação das rochas. Mediante a ocorrência dessas alternâncias, seria muito difícil a determinação exata de uma posição estratigráfica. Lyeel argumenta, assim, contra a existência de fósseis humanos, ou seja, por meio de uma hipótese que envolve a dinâmica de formação dos estratos em que se encontravam os supostos fósseis, o que levava a discussão para o campo teórico.

Concordando com Schmerling que aquela caverna não fora um abrigo de animais, e tampouco de humanos, Lyell argumenta que a fenda pela qual os animais caíram no interior da caverna deveria ter permanecido aberta "através de períodos de infinita geração", ocasionando um acúmulo assincrônico de espécimes pertencentes a diferentes épocas. Quanto à formação do fragmento rochoso em que se encontravam os crânios descobertos por Schmerling, Lyell utiliza a explicação de Buckland sobre as inundações em cavernas que produziam o transporte das ossadas, perturbando dessa forma o ordenamento de sua posição nos estratos geológicos (cf. Lyell, 1835, p. 233-5).

É possível notar que, a essa altura das discussões, os comentários de Lyell sobre os fósseis humanos expressava uma nova forma de argumentação contra sua alegada existência. Ao invés de questionar a aplicação dos métodos de Schmerling, os quais conhecia pessoalmente e que haviam sido bem descritos e utilizados no *Recherches* deste último, Lyell prefere discutir as hipóteses que explicariam *em termos da atualidade* o fenômeno em discussão. Essa migração para o campo de discussão teórica é característico do período de ciência extraordinária, onde uma anomalia já é claramente reconhecida como tal (cf. Kuhn, 1962, p. 86-7). No âmbito da paleontologia, a questão do estabelecimento de uma maior antiguidade para o homem, e da contemporaneidade deste com a fauna extinta, funcionava funcionando como uma espécie de anomalia, pois não podia ser respondida pela teoria das catástrofes, usada pela comunidade científica, não somente para compreender os fenômenos estudados, mas também para programar suas pesquisas. Quando isso ocorre, é comum que haja a supressão de uma novidade fundamental que se comporta como anomalamente. Nesse caso, a supressão deu-se, em um primeiro momento, por meio dos questionamentos da metodologia, e com Lyell, passa a ocorrer por meio de uma proposição teórica ou hipótese. As explicações de Schmerling subvertiam os compromissos básicos da ciência normal, dentro do âmbito do estudo dos fósseis e da geologia, que estava apoiada na teoria das catástrofes. Naquele momento de crise, que duraria alguns anos, seria natural que houvesse uma resistência que se apoiava em questões teóricas para enfrentar um potencial abalo na teoria que orientava o programa de pesquisa vigente (cf. Kuhn, 1962, p. 5-6, 86-7).

3.8 Peter Lund e a anomalia na paleontologia cuvieriana

Curiosamente, apesar da profusão de descobertas de ossadas humanas e fósseis de vários grupos animais, até o ano de 1837, nenhum fóssil de símio havia ainda sido descoberto ou descrito. Porém, nesse ano, três descobertas desses fósseis seriam realizadas, praticamente em concomitância e, ao invés de provocarem resistência em sua aceitação, reforçaram os questionamentos relacionados à convivência entre faunas extintas por diferentes revoluções. Esses fósseis de símios também foram encontrados em associação com outros de animais extintos, contrariando o esperado pela teoria das catástrofes, a qual também previa que o surgimento do grupo dos símios, nas regiões já exploradas geologicamente, somente ocorreria após a última revolução.

Em janeiro daquele ano, Edouard Lartet (1801-1871) comunica à Academia de Ciências a descoberta que fizera do maxilar fossilizado de um macaco semelhante a um gibão (*Pliopithecus antiquus*) em uma caverna da região de Sansan, no sul da França (cf. Lartet, 1837, p. 85-92). Submetido à avaliação de uma comissão formada por aquela instituição, o trabalho de Lartet recebe o comentário de que se trata de "uma das mais felizes e inesperadas descobertas que foram feitas na paleontologia nos últimos tempos" (Académie, 1837, p. 997). Seis meses mais tarde, os naturalistas ingleses, Hugh Falconer (1808-1865) e Proby T. Cautley (1802-1871) comunicam à Sociedade Geológica de Londres outra importante descoberta. Tratava-se de um osso fossilizado do tornozelo de um símio (*Semnopithecus entellus* – langur cinza) encontrado em escavações realizadas nas Montanhas Siwalik, na Índia. Da mesma forma que Lartet, os naturalistas britânicos utilizam intensamente os métodos da anatomia comparada cuvieriana e reconstroem o animal a partir daquele osso, assim como fizeram em outro trabalho que lhes valeria uma das premiações máximas daquela instituição, a medalha *Wollaston* (cf. Cautley & Falconer, 1837, p. 499-504; Prinsep,1837, p. 891).

Em terras do Novo Mundo, o naturalista dinamarquês Peter W. Lund (1801-1880) também descobre um fóssil de macaco em cavernas da região de Lagoa Santa, Minas Gerais, no sudeste do Brasil. Lund comunica a descoberta do *Prothopithecus brasiliensis* na memória que publica em 1837, determinando o fóssil como semelhante a um gibão e pertencente ao grupo dos Catarrinos (macacos do Velho Mundo). Com essa determinação, ele propunha uma ampliação para a abrangência biogeográfica desse grupo, que se limitava à Ásia, Europa e África (cf. Lund, 1950 [1837], p. 175).

Essas e outras descobertas geraram anomalias que não se adequavam ao catastrofismo, uma vez que essa teoria também defendia a inexistência de fósseis de símios nas regiões bem exploradas geologicamente da Europa, da Ásia e da América. Eram como peças de "quebra-cabeças" que não se encaixam na figura a ser montada, uma vez que, sob a orientação do catastrofismo, os responsáveis por essas descobertas esperavam produzir dados que confirmassem a teoria orientadora, do mesmo modo que a pessoa que está montando um quebra-cabeça espera encaixar todas as peças, completando a figura prevista.

Mas diante de evidências fortes, a resistência torna-se fragilizada. Os fósseis de símios europeus, asiáticos ou sul-americanos, haviam sido escavados de estratos facilmente identificáveis como de grande antiguidade, seja pela associação com fósseis inequivocamente antigos ou pelo ordenamento dos estratos superiores e inferiores, que já possuíam descrições bem definidas e que, dessa forma, possibilitavam aos naturalistas determinar com segurança sua antiguidade.

Todos os naturalistas envolvidos com as descobertas de fósseis de símios são típicos representantes de uma parcela da comunidade científica da paleontologia que, a partir dos resultados produzidos pelo programa de pesquisa de Cuvier, procurou por novos territórios, ainda não explorados geologicamente, para fazer suas coletas. Evidentemente, a promessa de novas descobertas impulsionava tal empreendimento. Com os métodos da anatomia comparada e da estratigrafia eles podiam, ainda no campo, analisar quais eram os terrenos e estratos mais promissores em termos de fósseis. Novas espécies, que esses métodos permitiam determinar, eram escavadas em quantidade nos territórios inexplorados. Essas espécies somavam-se ao sistema de classificação de Cuvier e confirmavam a sequência da sucessão biótica prevista por sua teoria das revoluções.

Nessa busca, Peter Lund encontra um fóssil inesperado não somente por sua condição de antiguidade, mas também pela distribuição biogeográfica. Mesmo tendo que redistribuir biogeograficamente o grupo dos símios Catarrinos, a teoria que motivava Lund não precisava sofrer nenhuma alteração. O catastrofismo podia ser aparentemente aprimorado com o aporte de dados biogeográficos tão importantes. É o que Lund afirma explicitamente, quando escreve que sente "verdadeiro prazer em contribuir, com minhas pesquisas neste país, para sua confirmação [do catastrofismo]" (Lund, 1950 [1837], p. 183).

Essa convicção que Peter Lund tinha na teoria das catástrofes orienta suas pesquisas paleontológicas, realizadas em mais de 800 cavernas, grutas e abrigos rochosos da região de Lagoa Santa, à procura de fósseis capazes de produzir dados que auxiliassem na compreensão da história natural da região estudada e na confirmação do catastrofismo cuveriano. Entretanto, todo esse trabalho acaba por conduzi-lo a um questionamento da teoria das catástrofes de Cuvier. Antes mesmo de escavar o fóssil do símio, Lund já havia encontrado diversos fósseis que apresentavam inconformidades com aquela teoria. Ele encontra fósseis de espécies atuais, tais como, por exemplo, roedores, morcegos e canídeos no estrato *Diluvium*, de onde já havia escavado fósseis de megatério, megalonix, selidotério (uma preguiça-gigante) e esmilodonte, que é o tigre-dentes-de-sabre, descoberto e descrito por Lund (cf. Faria, 2008, p. 141-5). Lund, como partidário do catastrofismo que era, acreditava que essa fauna desaparecida não podia ter convivido com a atual, pois havia sido submetida a uma revolução que a extinguira, tendo deixado o local desabitado. Essa situação supunha-se estar representada nos estratos geológicos que se formaram e que deviam ser separados dos estratos representantes da fauna sucessória, a qual teria migrado de localidades não atingidas pela revolução.

Em 1838, Lund escava a ossada de mais um animal vivente, um preá (*Loncheres illiger*, atualmente *Trinomys setosus elegans*), em estratos do *Diluvium*. Preocupado com esse resultado da determinação taxonômica gerada pela descoberta, Lund escreve que não havia encontrado diferença alguma que justificasse outra determinação taxonômica e que "se este resultado for confirmado por estudos posteriores, teremos aqui uma exceção à regra da existência de dessemelhanças entre as espécies das duas épocas geológicas" (Lund, 1950 [1838], p. 230; Correa *et al.*, 2005, p. 169).

Com o decorrer de seus trabalhos, Peter Lund inclina-se a aceitar a ideia da convivência da fauna atual com a fauna extinta pela última revolução. Em sua última memória publicada, "Quinta memória: as espécies de carnívoros atuais e fósseis nos planaltos centrais do Brasil tropical", de 1841, ele centra suas investigações sobre o grupo dos canídeos. Estes, segundo Lund, deviam apresentar uma maior diferença entre as formas extintas e as atuais, o que facilitaria a constatação da convivência entre aquelas faunas, caso as duas formas fossem encontradas no mesmo estrato geológico. Em certo ponto desse trabalho, Lund discorre sobre os fósseis de canídeos extintos que "jaziam em promiscuidade com restos da fauna atual" e sobre como era possível distingui-los (cf. Lund, 1950 [1841], p. 382, 411-2).

Após a publicação da "Quinta memória", Peter Lund também passa a comunicar as descobertas que fez de ossadas humanas fósseis no *Diluvium* das cavernas de Lagoa Santa. Seu enfoque principal nessas comunicações é o estabelecimento da antiguidade do homem no continente americano, a qual ele passa a desconfiar, progressivamente, ser tão remota quanto à da fauna extinta que está estudando (cf. Lund, 1950a [1844]; 1950b [1844], p. 492-3). Essa desconfiança apoiava-se na associação estratigráfica daquelas ossadas humanas com fósseis de animais extintos. Mas pensando segundo as diretrizes de Cuvier, o estado de petrificação, no qual se encontravam aquelas ossadas humanas, não permitia a Lund chegar a alguma conclusão sobre sua antiguidade.

Cauteloso em suas conclusões, Lund procura cercar-se de dados que permitam avançar na resolução de seus questionamentos. Para confirmar a antiguidade dos estratos em que trabalha, ele utiliza os dados obtidos com os trabalhos de Élie de Beaumont sobre a identificação da antiguidade de estratos contíguos, porém soerguidos parcialmente. Em 1840, juntamente com o geólogo Pierre-Armand Dufrenoy (1792--1857), Beaumont publica a primeira carta geológica da França, nos moldes da carta geológica que Cuvier e Alexandre Brongniart haviam publicado em 1808. Mas é em seu trabalho publicado entre os anos de 1829 e 1830, claramente intitulado, em homenagem a Cuvier, *Recherches sur quelques-unes des révolutions de la surface du globe...* (*Investigações sobre algu-*

mas revoluções da superfície do globo...), que Beaumont apresenta diferentes exemplos de coincidência entre o soerguimento das camadas de certos sistemas de montanhas e as mudanças súbitas que produziram nas linhas de demarcação que se observa entre determinados estágios dos terrenos sedimentares. Aplicando esses conhecimentos, Lund percebe que, no caso da geologia da região de Lagoa Santa, os estratos indicavam um soerguimento extremamente antigo, pois apresentavam evidências de terem sofrido modificações e deposições de sedimento, ou seja, processos geológicos lentos (cf. Lund, 1950b [1844], p. 496-7).

Procurando corroborar suas conclusões sobre a antiguidade da ossada fóssil do símio *P. brasiliensis*, descoberto em Lagoa Santa, Lund invoca os dados produzidos pelos trabalhos de Edouard Lartet sobre o fóssil de outro animal desse grupo, o *Pliopithecus antiquus*. Para Lund, esses fósseis de símios, podiam resolver de modo afirmativo "o importante problema da existência da mais elevada família dos mamíferos na era geológica passada, que todos os naturalistas inclinam-se a resolver negativamente, em vista das pesquisas sempre infrutíferas" (cf. Lund, 1950 [1838], p. 237).

O modo pelo qual Lund utiliza os trabalhos da comunidade científica, que é orientada pelas ideias do catastrofismo, indica sua adesão aos fundamentos daquela teoria e seus compromissos epistemológicos. Mesmo encontrando-se isolado em uma região remota do Novo Mundo, participa dessa comunidade pensando em fornecer dados a ela, mas também utilizando os que ela produzia. Esse compartilhamento é típico do período de ciência normal, no qual os resultados das pesquisas de um membro da comunidade devem corroborar o referencial teórico e, com isso, inspirar novas pesquisas (cf. Kuhn, 2003, p. 221). É isso o que, primeiramente, ocorre com Peter Lund quando visava confirmar a teoria orientadora do paradigma da paleontologia cuvieriana, mas não será assim que ele terminará suas pesquisas.

Até o final de seus trabalhos, Lund não chega a uma conclusão definitiva sobre seus questionamentos. Em 1845, ele interrompe subitamente seus trabalhos, enviando, em seguida, à Sociedade Real dos Antiquários do Norte na Dinamarca, um comunicado sobre a antiguidade do homem, intitulado *"Remarques sur les ossemens humains fossiles trouvés dans les cavernes du Brésil"* ("Observações sobre as ossadas fósseis humanos encontradas nas cavernas do Brasil"). Nessa ocasião ele despacha para Copenhague dezenas de baús com sua imensa coleção, como dono ao rei Christian VIII e ao povo da Dinamarca, parciais financiadores de seus trabalhos (cf. Luna Filho, 2007, p. 25). Essa coleção fica sob a curadoria do zoólogo Johanes Reinhardt (1816-1882) que a organizou e estudou, resultando na publicação do *Museo Lundii*, que é uma compilação de monografias descritivas do material coletado por Lund e que atualmente está exposta no Museu Zoológico da Universidade de Copenhague (cf. Couto, 1950, p. 10).

Mas um ano antes de cessar suas atividades científicas, inclinado a aceitar a contemporaneidade do homem americano com os animais extintos da fauna cenozoica, Lund envia uma carta ao Instituto Histórico e Geográfico Brasileiro, sob o título de "Novas observações sobre a antiguidade do homem em Lagoa Santa". Nessa comunicação, ele questionava se os resultados fornecidos principalmente pelos fósseis descobertos na Europa, como no caso da maior parte dos fósseis investigados por Cuvier, podiam ser aplicados indistintamente a qualquer outra parte da Terra. Nesse trabalho, Lund afirma que não podia ter "dúvida alguma de que a existência do homem neste continente data de tempos anteriores à época em que acabaram de existir as últimas raças de animais gigantescos, cujos restos abundam nas cavernas deste país, ou, em outros termos, anteriores aos tempos históricos" (Lund, 1950b [1844], p. 493). Entretanto, em sua comunicação anterior, intitulada "Notícia sobre ossadas humanas fósseis achadas numa caverna do Brasil", Lund continua afirmando, mas de forma menos vigorosa, que "numerosas espécies de animais parecem ter desaparecido das classes atuais da criação depois da aparição do homem neste hemisfério" (Lund, 1950a [1844], p. 486).

Peter Lund permanece, portanto, inconcludente sobre a convivência de faunas extintas com as atuais, inclusive o homem, e também sobre a antiguidade deste último. Mesmo que seus questionamentos pudessem levar a teoria das catástrofes a uma crise epistemológica, seguiu até o final de seus trabalhos utilizando, e defendendo, os métodos da anatomia comparada cuvieriana e os resultados que ela produzia na elucidação da história do globo terrestre. Aliás, foi utilizando os métodos cuvierianos que Lund chega aos dados que o levam a questionar a teoria das catástrofes de Cuvier, em um dos seus pontos mais importantes, que era a hipótese de que as faunas extintas e as atuais não poderiam ter convivido.

Muito adequadamente, no último trabalho em que trata da antiguidade do homem em Lagoa Santa, Peter Lund escreve que foram os trabalhos de Georges Cuvier que permitiram o real esclarecimento do significado dos fósseis para a elaboração de uma verdadeira história natural. Porém, com relação aos fósseis humanos, que os partidários do catastrofismo defendiam não haver esperança de encontrar indícios que pudessem indicar a convivência do homem com a fauna extinta, Lund declara que "na verdade, a massa de documentos que parecem conduzir a uma conclusão contrária à já exposta vai aumentando todos os dias, e não poucas das primeiras autoridades da ciência têm-se inclinado diante da força irresistível dos fatos" (Lund, 1950b [1844], p. 490).

Essa força dos fatos também emanava dos trabalhos de outros naturalistas, tais como Edouard Lartet que, da mesma forma que Lund, era cuvieriano em seu início de carreira, passa a questionar a orientação teórica do catastrofismo. Mas à diferença do naturalista radicado no Brasil, ele transforma gradativamente seus questionamentos em contestações, chegando a ponto de vislumbrar o dia em que a palavra "cataclismo" seria riscada do "vocabulário da geologia positiva" (Lartet, 1858, p. 414). Lartet faz essa declaração no momento em que a teoria do uniformitarismo, de Charles Lyell, recebe forte adesão por parte da comunidade científica envolvida com as questões geológicas. Durante os debates que se seguiram entre defensores do catastrofismo e defensores do uniformitarismo, os questionamentos impostos por trabalhos como os de Lund e Lartet, mostram-se determinantes para o abandono da teoria das catástrofes.

O uniformitarismo contrapõe-se ao catastrofismo por defender que os atuais fenômenos geológicos transformadores da crosta terrestre atuaram no passado com a mesma intensidade que operam hoje. Esses fenômenos, em sua maioria, não atuaram de forma súbita ou catastrófica, mas por meio de uma ação lenta e gradual, que demandou grandes períodos de tempo. Com esses pressupostos torna-se possível estabelecer quais os agentes e processos que estiveram envolvidos na configuração geológica de alguma localidade e, assim, descrevê-los, em uma espécie de narrativa histórica, que não tinha o interesse do naturalista orientado pelo catastrofismo, mas podia acomodar melhor questionamentos, tais como os de Lund e de Lartet. Como o catastrofismo não dava conta de explicar a ocorrência de fósseis de faunas extintas nos mesmos estratos geológicos em que se encontravam representantes da fauna atual, a comunidade científica irá buscar outra base teórica para esclarecer a anomalia.

O uniformitarismo de Lyell virá de encontro a essa demanda, carreando consigo o conceito de processos naturais ocorrendo de forma gradual e a concepção de um tempo geológico mais amplo que o aceito, até então, pelos seguidores do catastrofismo. Essa ampliação da concepção do tempo, que estava relacionada à atuação lenta e gradual dos agentes transformadores da crosta, também servirá de embasamento para a formulação de teorias evolutivas como a teoria da seleção natural de Charles Darwin, que necessita de um mecanismo agindo gradual e lentamente e não de maneira súbita, como deveriam ocorrer as revoluções defendidas pelos adeptos da teoria das catástrofes.

3.9 A REVOLUÇÃO EVOLUCIONISTA

Os pontos em que surgem as anomalias, no interior do paradigma cuvieriano da paleontologia, estão relacionados a questões como a ocorrência gradual dos fenômenos geológicos, dentre outras. O debate sobre esse tema invocava evidentemente aspectos teóricos, mas também implica no questionamento da interpretação dos dados geológicos. Por isso, a questão dos fósseis humanos foi de fundamental importância para levar a discussão para o campo teórico, de modo a resultar na consciência da anomalia, isto é na consideração de que o paradigma em que a comunidade científica da paleontologia operava não dava conta de resolver alguns problemas, dentre os quais a convivência de faunas extintas com a atual foi, sem dúvida, o maior deles.

A descoberta de fósseis humanos em estratos anteriores à última revolução, apesar da enorme resistência que sofreu, acaba sendo reconhecida, provocando algumas alterações teóricas. De fato, não era necessário abandonar a teoria; bastava introduzir uma hipótese *ad hoc*. Os defensores do catastrofismo poderiam aceitar o fato de que o homem surgiu nos territórios geologicamente explorados antes da última revolução e, mesmo assim, sua teoria não precisaria ser abandonada. Os mecanismos propostos por Cuvier para explicar as extinções e as sucessões bióticas podiam permanecer os mesmos, sendo apenas necessário alterar a hipótese construída com base nesses mecanismos. Diante da possibilidade do homem ter surgido nesses lugares em uma época anterior à prevista, apenas o posicionamento estratigráfico desse evento, e a sequência da sucessão biótica, deviam ser alterados, sendo posicionados em um momento geológico anterior ao que se defendia até então.

Entretanto, a busca pelos fósseis humanos provoca várias descobertas de fósseis de animais de faunas de épocas distintas, que não estão separados estratigraficamente. Realocar todos esses grupos fósseis numa sequência de sucessão biótica que fosse aceita por toda comunidade científica tornava-se uma tarefa cada vez mais difícil, principalmente após todas as discussões geradas pelo posicionamento negativista de Cuvier e de grande parte da comunidade científica da paleontologia na questão dos fósseis humanos.

Até Charles Lyell, que apesar de sua divergência com os partidários do catastrofismo sobre o método interpretativo dos fenômenos geológicos, resiste em aceitar a existência dos fósseis humanos associados aos de animais pertencentes a faunas desaparecidas. Primeiramente, da mesma forma que Georges Cuvier, ele questiona os métodos utilizados nas descobertas desses fósseis. No momento seguinte, volta-se para o campo teórico, fornecendo hipóteses que envolvem a dinâmica de formação dos estratos em que se encontravam os supostos fósseis. Contudo, anos mais tarde, Lyell expressa sua mudança de posicionamento frente à própria questão da existência dos fósseis humanos.

O acúmulo de novos conhecimentos, principalmente em função das novas descobertas, teve evidentemente um papel fundamental nessa mudança de posição, mas elas receberiam pouca atenção se os naturalistas envolvidos não tivessem a preocupação de demonstrar minuciosamente os métodos empregados. Desse modo, com a maior precisão na aplicação e na descrição dos métodos, as descobertas passaram a acumular novas evidências a favor da existência de fósseis humanos. Por outro lado, os fósseis de símios não necessitaram de tanto acúmulo de evidências para que fossem aceitos como tal. Eles receberam rápida aceitação da comunidade científica, pois suas descobertas, praticamente concomitantes, foram realizadas sob condições pouco questionáveis e minuciosamente descritas.

Em sua mudança de posição, Lyell relaciona os fósseis de símios aos de humanos, pois ele mesmo já se encontrava sob uma nova orientação teórica conduzida por um pensamento filogenético. Obviamente influenciado pelos debates que se seguiram sobre a origem do homem após a publicação de *A origem das espécies* de Charles Darwin, em novembro de 1859, Lyell publica em 1863 um livro tratando da questão da antiguidade humana. Dedicando um capítulo inteiro para discutir as descobertas de Schmerling, ele aproveita a oportunidade para enaltecer a qualidade dos trabalhos e métodos do naturalista belga e declarar o que não havia antes feito, isto é, o devido "peso, ao qual considero agora que lhe seja devido" (Lyell, 1863, p. 68).

No capítulo subsequente continua discutindo as descobertas de Schmerling, mais especificamente os crânios fósseis da caverna de Engis. Todavia introduz algumas comparações anatômicas entre eles e os crânios de aborígenes australianos e neandertalenses (Huxley, 1863, p. 140; Lyell, 1863, p. 85-9). Levando em consideração os aspectos evolutivos envolvidos nessas comparações, abre-se a possibilidade de estabelecer uma sequência evolutiva do homem. O estabelecimento dessa sequência filogenética humana está baseado no conceito de unidade de tipo, proposto na teoria evolutiva de Darwin, que passa a orientar os trabalhos paleontológicos a partir de então. Darwin conceituava-o assim "Por unidade de tipo entende-se aquela concordância fundamental de estrutura, que observamos nos seres organizados pertencentes à mesma classe, a qual independe inteiramente de seus hábitos de vida. Pela minha teoria, a unidade de tipo é explicada pela unidade de descendência" (Darwin, 1859, p. 233). A busca pela "unidade de descendência" estabelece como novo objetivo da paleontologia a construção de filogenias, pois esse será um dos objetivos do novo paradigma que se instala no âmbito da história natural, o evolutivo (cf. Kuhn, 2003, p. 227).

Contudo, as transformações que ocorrem nesse domínio de conhecimento, quando se instala o paradigma evolutivo na história natural, não alteram as frentes de trabalho já existentes na paleontologia. A determinação taxonômica e a estratigrafia permanecem como instrumentos fundamentais para a produção de dados para atender os objetivos cognitivos da história natural darwiniana. Determinar taxonomicamente as espécies, e localizá-las estratigraficamente, eram pontos de partida para sua classificação, esteja ela baseada em sua organização corporal, como defendia Cuvier, ou baseada em sua filogenia, como Darwin propôs.

Essa permanência das frentes de trabalho torna pouco perceptível a presença e atuação do novo paradigma – o evolutivo – no âmbito da paleontologia. Os naturalistas que atuavam nessa área da história natural, seja no campo ou no museu, continuam utilizando os mesmos métodos estratigráficos e anatômico-comparativos para produzir suas de-

terminações taxonômicas, as quais devem, a partir da instalação do novo paradigma, produzir mais dados para a construção de filogenias.

Talvez estes sejam os motivos que tornem difíceis a
detecção de uma crise ocorrida no âmbito da paleontologia,
durante o desenrolar da revolução epistemológica na história natural, provocada pelas ideias de Darwin. As anomalias
teóricas geradas pela questão das numerosas catástrofes de
D'Orbigny, pelos fósseis de faunas distintas associados estratigraficamente e pelos fósseis humanos são resolvidas com
a introdução de hipóteses que não são inconsistentes com a
teoria orientadora do paradigma cuvieriano. A crise que se
instala em outros domínios da história natural, provocada
pela introdução do fator evolucionista, não se instala da mesma forma na paleontologia (cf. Mayr, 2006, p. 325).

O estabelecimento das relações filogenéticas requer
uma visão ampla dos vários fenômenos naturais envolvidos.
As relações ecológicas bióticas, tais como a predação, a competição etc., são fundamentais para o funcionamento do mecanismo da seleção natural, e compõem o que Darwin chama
de "luta pela existência". Os efeitos dessa luta invertem a ordem da economia natural cuvieriana, de uma maneira que
Gustavo Caponi definiu com grande acuidade em sua obra
sobre a importância e influência das ideias e métodos de um
fisiologista de museu, como Georges Cuvier, no âmbito da
história natural pré-darwiniana, pois "a natureza estava todavia dominada por essa economia [cuvieriana] onde cada ser
vivo tinha uma função a cumprir e não um lugar a conquistar
ou a defender como ocorre no caso de Darwin" (Caponi, 2008,
p. 128-9). Trata-se de uma nova forma de enxergar a dinâmica das relações entre os seres vivos e seu ambiente. Aliás,
é praticamente a inauguração dessa forma de "saber como é
o mundo" (cf. Kuhn, 2003, p. 24). Até a discussão provocada

pelos trabalhos de Darwin, os naturalistas davam pouca importância ao ambiente em que seu objeto de estudo se inseria no mundo natural. Praticamente, só as relações impostas pelas propriedades físicas e químicas do ambiente eram motivo de atenção na historia natural cuvieriana (Caponi, 2008, p. 130-3).

A dinâmica das relações entre os organismos, trazida à tona com a revolução darwiniana, não é a única a instalar-se. Peter Bowler, em sua obra sobre a biologia evolutiva no período compreendido entre o lançamento de *A origem das espécies* até o momento da elaboração da síntese evolutiva moderna, que estabeleceria, definitivamente, o neodarwinismo como o paradigma da biologia, define que a maior revolução conceitual ocorrida com a revolução darwiniana foi a transição da visão de um mundo estático para uma visão histórica, baseada em processos materiais (cf. Bowler, 1996, p. 15-6). Essa visão histórica, que passa a orientar os trabalhos dos paleontólogos a partir de então, consiste na elaboração das sequências filogenéticas baseadas na teoria de Darwin sobre a filiação comum. Sua teoria da unidade de tipo recebe uma adesão enorme, apesar da resistência da comunidade científica em aceitar a teoria da seleção natural. Esta pronta adesão provoca a produção de muitos trabalhos voltados à narração da história da vida, baseada nas relações filogenéticas, onde os fósseis são praticamente os protagonistas.

Utilizando os mesmos métodos estratigráficos e anatômico-comparativos desenvolvidos por Cuvier, os integrantes do novo paradigma objetivam conhecer historicamente os seres estudados. Para alcançar o novo objetivo cognitivo é necessária a compreensão das relações filogenéticas existentes entre as espécies. Por sua vez, os adeptos do paradigma anterior, os cuvierianos, podiam continuar a produzir seus trabalhos sob a sua orientação teórica e, mesmo assim, produzir dados utilizáveis no novo paradigma. As determinações taxonômicas, baseadas na organização corporal dos animais, podem ser utilizadas em um sistema de classificação taxonômica baseado nesse mesmo critério, mas também podem ser utilizadas em um sistema fundamentado nas relações filogenéticas estabelecidas com base no conceito de unidade de tipo, pois a organização corporal funciona como um dos fortes critérios para o estabelecimento da unidade tipológica.

Dadas essas peculiaridades, a transição do paradigma na paleontologia demandou tempo até que a comunidade paleontológica formasse consenso sobre a interpretação teórica dos dados que produziam, que independentemente dessa situação, serviam tanto para a interpretação evolucionista de Darwin, como para a fixista de Cuvier. Foi necessária, a morte de uma geração de cientistas para que se consumasse a conversão de toda a comunidade para o novo paradigma (cf. Kuhn, 1962, p. 151). Contudo, com a pouca visibilidade que teve o período de crise epistemológica na Paleontologia, torna-se muito difícil a detecção dos naturalistas remanescentes que mantiveram a adesão ao paradigma antigo, mesmo após a introdução dos novos objetivos cognitivos da história natural, impostos pela revolução darwiniana.

3.10 A paleontologia
sob o novo paradigma da história natural

A paleontologia havia produzido uma infinidade de conhecimentos que forneceram suporte à elaboração de teorias em diversas áreas da história natural. Com a possibilidade da reconstrução ambiental, essas áreas puderam cada vez mais contribuir para a compreensão dos "mundos antigos". Quando as teorias de Darwin receberam publicidade, as teorias transformistas já contavam com o aporte de dados produzidos pelas reconstruções paleontológicas, que podiam ser integrados na composição do paleoambiente. Essas reconstruções permitiram uma melhor compreensão do ambiente em que estas faunas viveram e, consequentemente, de suas interações. Com o aprofundamento do conhecimento, logo surgiram hipóteses sobre os mecanismos pelo qual opera a transformação das espécies, e de como eles operam.

O acompanhamento dessa transformação ao longo do tempo, em relação ao ambiente em que as espécies viveram, baseia-se na análise de uma cadeia de transformações e eventos que somente os fósseis podem narrar com precisão. Esse é um sentido histórico, necessário à construção de filogenias, que passa a fazer parte dos objetivos cognitivos da paleontologia, mesmo antes da revolução darwiniana se instalar na história natural.

Mesmo quando da instalação do paradigma cuvieriano na paleontologia, as ideias transformistas continuaram sendo discutidas e recebendo adeptos durante toda a primeira metade do século XIX. O filho de Geoffroy Saint-Hilaire (1805--1861), Isidore, professor de zoologia do Museu Nacional e da Sorbonne, por exemplo, encarregava-se de passar às novas gerações de alunos as ideias transformistas de seu pai e de Lamarck. Tais ideias tomaram tamanha força com o aporte das evidências provenientes dos dados produzidos pela Paleontologia, que chegaram a ser defendidas até por membros componentes do laboratório de Paleontologia do Museu Nacional, recentemente criado por D'Orbigny, e evidentemente um santuário das ideias fixistas e ligadas ao catastrofismo (cf. Laurent, 1997, p. 295; Jussaud & Brygoo, 2004, p. 239).

Seu cunhado e assistente, Jean Albert Gaudry (1827--1908), declara-se abertamente um transformista, logo após sua morte em 1857, e passa a empreender nesse laboratório uma paleontologia voltada aos novos objetivos cognitivos a serem impostos pela revolução darwiniana, antes mesmo que ela se iniciasse (Gaudry, 1859, p. 838). Narrar a história do surgimento dos seres vivos sobre a Terra constituía um desses objetivos, e será uma marca no trabalho de Gaudry, que se queixava da orientação fixista dos trabalhos executados naquele laboratório e que estavam refletidos na maneira como as espécies fósseis "estavam enfileiradas ao lado das formas vivas que mais se aproximavam", pois "como até então se admitia a fixidez das espécies, não se pensava em estudar suas evoluções através das eras" (Gaudry, 1896, p. 2), muito menos em expô-las nas galerias do Museu Nacional, de maneira que o fenômeno evolutivo ficasse evidenciado.

Serão necessários mais de vinte anos para que a coleção de fósseis do Museu Nacional seja rearranjada de modo a atender o objetivo de Gaudry, de elaborar uma narrativa da história dos seres vivos e, com isso demonstrar a transformação das espécies ao longo do tempo. Somente em 1879, o ocupante da cadeira de anatomia comparada do Museu Nacional, Paul Gervais (1816-1879), morre, liberando a coleção de vertebrados fósseis de seu domínio fixista e de sua forma cuvieriana de dispor os espécimes, ou seja, segundo suas relações de organização corporal (cf. Jussaud & Brygoo, 2004, p. 239, 249-50). Gaudry pôde, então, realizar seu projeto de instalação de uma galeria de paleontologia naquele museu, que atendesse aos seus propósitos.

Na longa execução desse projeto, ele descobre vários fósseis que serviam como "formas intermediárias" entre as espécies para as quais os evolucionistas buscavam estabelecer uma sequência evolutiva. As descobertas que fez nas escavações das jazidas fossilíferas de Pikermi, na Grécia, permitiram-lhe, por exemplo, construir uma sequência evolutiva dos cavalos, que ele representou como um diagrama ramificado.

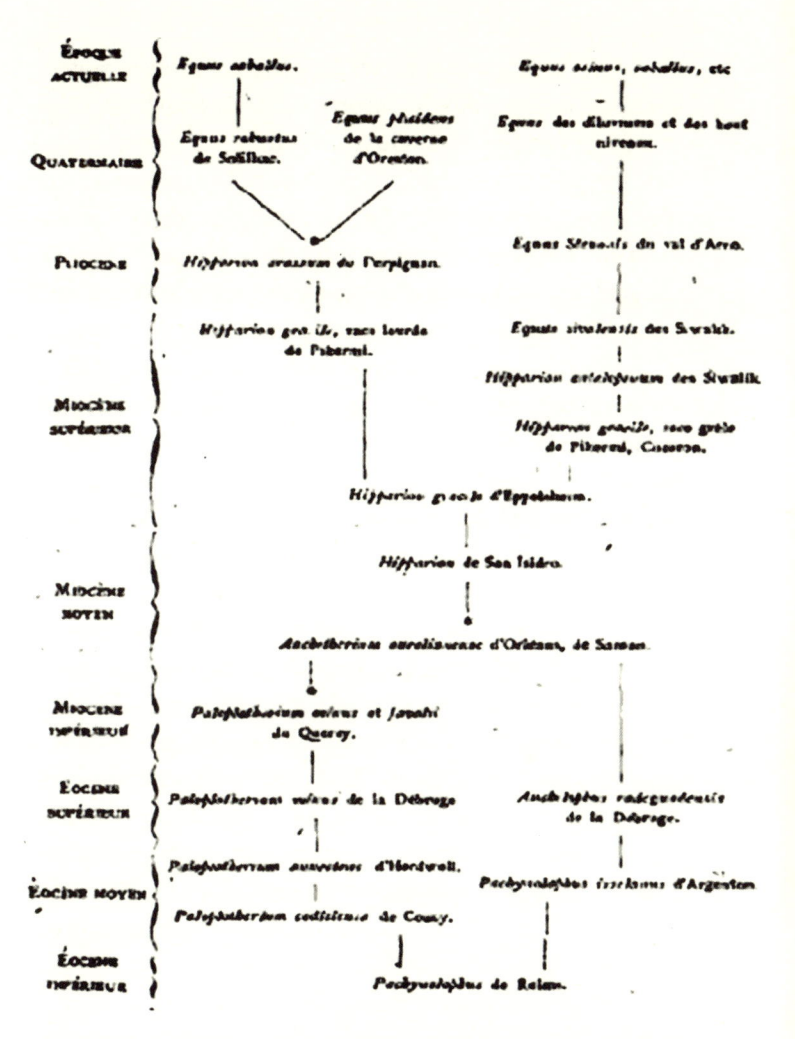

Figura 13. Filogenia dos solípedes formulada por Gaudry, representando a evolução desse grupo desde o Eoceno (54 a 33 milhões de anos atrás) até a época atual. A sequência evolutiva já vinha sendo trabalhada por ele desde 1866, sendo que nesta de 1888, ele propõem que o grupo composto pelos animais de um só casco estivesse relacionado ao dos paquidermes, devido à presença de "diminutos dedos laterais". Gaudry chegaria a essa constatação utilizando um conjunto numeroso de "formas intermediárias" do grupo do *Hipparion* (gênero de equídeo extinto no Pleistoceno (1,8 milhão de anos até 10.000 anos atrás) (cf. Gaudry, 1888, p. 138-40).

Apesar do diagrama parecer ter sido construído para atender aos interesses dos defensores da teoria da seleção natural, Gaudry está interessado na perspectiva histórica baseada nas relações genealógicas, o que pode ser evidenciado na observação desse trabalho. As "formas intermediárias" se encaixam como peças de quebra-cabeças, e a sequência evolutiva pode ser observada como se estabelecida de forma lenta e gradual ao longo do tempo geológico.

A ausência das formas transicionais era a principal objeção à teoria da Seleção Natural que os estudos paleontológicos produziam. Os opositores das teorias evolutivas argumentavam que o registro fossilífero demonstrava haver lacunas nas pretensas sequências filogenéticas dos evolucionistas. Com isto, afirmavam ser impossível ocorrer transformações lentas e graduais como, por exemplo, requeria a Teoria da Seleção Natural. Para contra-argumentar sobre um fato tão ostensivo, Darwin teve que dedicar um capítulo inteiro de *A origem das espécies* para tratar da questão, admitindo a dificuldade da descoberta de sequências que não apresentassem essas lacunas. O trabalho de Gaudry pode ser utilizado como exemplo de sequência evolutiva que completava essas lacunas, pelo menos de maneira a manter fortalecida a argumentação dos defensores do evolucionismo.

Outro exemplo de sequência evolutiva tendendo à completude surge com a descoberta dos fósseis do *Archaeopterix* e do *Compsognathus*, e é prontamente utilizada por Thomas Huxley (1825-1895) em sua defesa "da doutrina da evolução" (cf. Huxley, 1868, p. 66-75). O fóssil do qual "as melhores partes determináveis de sua estrutura preservada, declararam-no inequivocamente ser uma ave (...)" foi escavado das pedreiras de ardósia de Solenhofen, localizadas na região da Bavária, na Alemanha. O *Archaeopteryx lithographica* tinha uma morfologia avicular, e o tamanho aproximado de um corvo, sendo que seu fóssil apresentava caracteres anatômicos diagnósticos de dinossauros (dentes, cintura pélvica, cauda etc.) assim como apresentavam caracteres de aves, como, por exemplo, impressões de penas, que constavam na rocha matriz. Já havia sido descrito em 1861 por Hermann von Meyer (1801-1869) e Andreas Wagner (1797-1861), mas é o superintendente do departamento de história natural do Museu Britânico, o grande anatomista comparativo Richard Owen (1804-1892), que declara seu caráter inequívoco (cf. Owen, 1864, p. 45-6).

Como já discutido, desde a aquisição da coleção de Hans Sloane, o Museu Britânico empreenderá esforços para augmentá-la, como fez com a coleta de inúmeros espécimes realizadas em viagens exploratórias, como, por exemplo, as peças que Joseph Banks trouxe a bordo do *H. M. S. Endeavour*, no decorrer da expedição de James Cook ao Taiti (1768-1771). Esse incremento torna o prédio desse museu impróprio para expor a grande coleção de história natural que se acumulava. Em 1880, o departamento de história natural é desmembrado e sua coleção transferida para o prédio do recém-criado *Natural History Museum* (Museu de História Natural), construído sob a orientação de Richard Owen e sob os protestos de Thomas Huxley, que alegava que aquela obra, assim como a autonomia gerada pelo desmembramento do museu aumentavam o poder de Owen e, consequentemente, o peso de suas ideias contrárias à teoria de Darwin (cf. Bowler, 1996, p. 31-2).

Entretanto, a conclusão de Owen de que o *Archaeopteryx* tem caracteres de dois grupos taxonômicos distintos – as aves e os dinossauros – acaba contribuindo para a aceitação do evolucionismo. Trabalhando intensamente com os métodos da anatomia comparada, Owen, o "Cuvier britânico", como foi chamado pelo ex-presidente da Sociedade Geológica de

Londres, Roderick Murchison (1792-1871), chega à conclusão de que "sob a lei da correlação nós podemos inferir" que a conformação de vários ossos evidenciam que se trata de "instrumentos de voo" (Owen, 1864, p. 45-7, 61).

Além de participar da descoberta do *Archaeopteryx*, Andreas Wagner fez a determinação taxonômica do *Compsognathus Longipes* que também havia sido retirado de estratos bávaros, mas, nesse caso os estratos eram calcários e a localidade era Kelheim. Tinha o mesmo porte físico do *Archaeopteryx*, mas a aparência de um pequeno dinossauro terópoda (grupo dos dinossauros bípedes e carnívoros, como o *Tiranosaurus Rex*), mas o que se destacava era que o animal apresentava em sua conformação anatômica, diversos caracteres de aves, como por exemplo, os ossos pneumáticos. Mediante uma análise minuciosa, Wagner afirma que o réptil "lembrava-nos muitas formas de aves". Contudo, uma semelhança maior podia ser verificada se os dois fósseis, *Archaeopterix* e *Compsognathus*, fossem postos lado a lado, pois apresentam mais similaridades entre si do que com os grupos aos quais foram relacionados. Eram autênticas formas intermediárias, mesmo sendo de níveis taxonômicos superiores.[2]

Huxley aproveita os trabalhos de Owen e Wagner para aumentar o poder de seu arsenal argumentativo a favor do evolucionismo. O peso da declaração de Owen emanava, principalmente, de sua reconhecida autoridade no campo da ana-

---

2 As semelhanças anatômicas entre estes dois animais é tão grande, que em 1951 outro espécime alemão de *Archaeopteryx*, que não evidenciava nenhuma impressão de penas, foi descrito com um *Compsognathus*. Somente em 1973, com o advento de técnicas complementares à Anatomia Comparada, este fóssil seria reconhecido como o quinto espécime descoberto de *Archaeopteryx*. O fóssil completo deste animal que exibe estas impressões com a maior nitidez, encontra-se atualmente exposto, em destaque, numa câmara isolada do *Museum für Naturkunde* (Museu de História Natural) de Berlim (cf. Wagner, 2003 [1861], p. 271-5; Owen, 1864, p. 33-47; Pough *et al.*, 1999, p. 408-13).

tomia comparada. Uma autoridade reconhecida por toda a comunidade científica, além de Huxley e do próprio Darwin, que havia enviado os fósseis coletados durante sua viagem de circunavegação (1831-1836) para que Owen os determinasse taxonomicamente, ao invés de remetê-los a Paris como era seu desejo inicial (cf. Darwin, 1836).

3.11 A NOVA NORMALIDADE NA PALEONTOLOGIA

Embora tanto Gaudry quanto Owen não estivessem interessados em contribuir para a aceitação da teoria da seleção natural, ainda assim, por meio das sequências filogenéticas que seus trabalhos produziram, estavam indiretamente atendendo ao novo objetivo cognitivo da história natural evolutiva e, consequentemente, inseriam-se na prática da ciência normal desse novo paradigma.

Com a aceitação da teoria de unidade de tipo de Darwin, sua teoria da seleção natural também consegue atrair mais adeptos com o passar do tempo. Embora esse avanço tenha sido um pouco tímido, até o momento da elaboração da teoria sintética evolutiva, por volta dos anos quarenta do século xx, alguns paleontólogos já estavam procurando mais dados no registro fossilífero que pudessem corroborar a teoria da seleção natural. E as peças mais preciosas nessa busca são as "formas intermediárias". A metáfora do quebra-cabeça utilizada por Thomas Kuhn, para descrever o trabalho da comunidade científica durante o período de ciência normal, serve muito bem para esse caso, pois vários espécimes fósseis encaixavam-se perfeitamente no espaço virtual teórico projetado para eles pelos evolucionistas, assim como a peça de quebra-cabeça deve ser encaixada na área em que ela pode acoplar-se com totalidade. Sob a luz de uma teoria evolutiva é possível imaginar a morfologia de uma espécie que faça a intermediação entre outras duas em uma sequência filogenética e, assim, passar a compô-la. A imagem virtual que se encaixava no espaço também virtual podia ter algum valor preditivo e, havendo a confirmação da predição, no caso a descoberta da espécie intermediária, a Teoria seria confirmada. No caso negativo, ou seja, não havendo a descoberta de uma espécie intermediária, não ocorria o processo de falseamento, pois concluía-se que eram necessárias mais investigações para a formação de um consenso.

Trabalhando sob a orientação do novo paradigma na história natural, vários naturalistas seguiam produzindo dados que corroboravam as teorias evolutivas e fomentando inúmeras hipóteses sobre as relações filogenéticas entre os grupos taxonômicos. Um típico exemplo desse tipo de produção é executado por Florentino Ameghino (1854-1911), com fósseis de mamíferos da Patagônia que compuseram importantes sequências filogenéticas. Assim como Peter Lund e D'Orbigny fizeram sob a orientação do paradigma cuvieriano, Ameghino faz sob o novo paradigma evolutivo, também em terras do Novo Mundo.

À diferença de Gaudry e à semelhança de Lund e D'Orbigny, Ameghino se encontrava trabalhando com fósseis de uma localidade muito distante, estendendo assim, o alcance geográfico dos estudos paleontológicos. Além disso, ele atua nas duas frentes de trabalhos que o programa de pesquisa do novo paradigma havia absorvido do anterior.

Para estabelecer as idades dos fósseis que estudou, Ameghino teve que determinar os estratos com os quais trabalhava. Essa determinação estratigráfica e a coleta de fósseis são realizadas, evidentemente, em campo, ao passo que suas determinações taxonômicas fazem parte de seu trabalho no gabinete. Ao praticar, por meio de todas essas atividades, a ciência normal da história natural evolutiva, Ameghino explora, sob esse novo paradigma, um território que não havia sido explorado antes. Mesmo quando Darwin esteve pelos campos da Patagônia, fazendo observações e coleta de fósseis, o novo paradigma ainda não operava. É possível que ele já estivesse pensando em termos evolutivos, mas sua teoria da seleção natural, ainda não havia sido elaborada. Suas coletas nessa ocasião produziam dados que cumpriam o programa de pesquisa em vigência, que ainda era o de Cuvier, pois seriam analisadas por um cuvieriano; e, se não o fossem, seriam, muito provavelmente, enviadas a um centro de pesquisas ainda dominado pelas ideias de Cuvier, o Museu Nacional (Rudwick, 2008, p. 487).

Pode parecer paradoxal imaginar Darwin produzindo dados utilizáveis por um paradigma que não seja o evolutivo. Mas em outro trabalho, isso aparece de forma muito evidente. Ao retornar da viagem no *H.M.S. Beagle*, Darwin desenvolve alguns trabalhos na área da geologia, tais como, por exemplo, seu trabalho sobre as formações de recifes de coral e sobre as formações de terraços geológicos existentes nas encostas do vale de Glen Roy, localizado nas *highlands* escocesas (cf. Darwin, 1837, p. 552-4); nesse trabalho, que contribuiu para sua eleição como membro da Sociedade Real de Londres, a pouca utilização que Darwin faz dos dados fossilíferos é estritamente estratigráfica (cf. Rudwick, 1982, p. 197). Como Cuvier e Brongniart propuseram trinta anos antes, Darwin estabelece correlações entre os estratos dos vales da região de Glen Roy, na Escócia, por meio do conteúdo fossilífero, embora estivesse pensando em termos geo--históricos (cf. Darwin, 1839, p. 56-7). Essa perspectiva histórica na interpretação dos dados geológicos é a única diferença na interpretação dos dados produzidos pela aplicação do método estratigráfico desenvolvido por Cuvier e

Brongniart, mas não impedia que esses dados também fossem utilizados para cumprir outro programa de pesquisa. A historicidade decorre da influência que as ideias de Charles Lyell tiveram sobre Darwin. Lyell defendia o retorno da busca por explicações causais no campo da geologia, e sob essa orientação, Darwin estabelece como objetivo específico de seu trabalho em Glen Roy uma demonstração de como se formaram aqueles extraordinários terraços geológicos. Os fósseis nesse estudo, praticamente, não despertaram nenhum interesse em Darwin. O novo paradigma que se instala na história natural e, consequentemente, na paleontologia, ainda não se manifestava nos trabalhos de seu futuro propositor.

Contudo, aplicando os produtivos métodos estratigráficos cuvierianos, Darwin chega a formular uma hipótese que mais tarde refuta. A ação do soerguimento da crosta era, para ele, a responsável pela formação dos tais terraços. Essa hipótese sofre severa rejeição por parte da comunidade científica ao longo de mais de duas décadas, até que o próprio Darwin reconheça seu erro e também, que a hipótese proposta por Louis Agassiz (1807-1873) era mais plausível (cf. Barlow, 1959, p. 84). A ação de geleiras deve ter sido responsável por diversos processos que resultaram na conformação geológica atual, inclusive na de Glen Roy. Essa hipótese baseava-se na teoria das glaciações que Agassiz propôs ao longo de sua carreira (cf. Agassiz, 1840, p. i-v; 1873, p. iii-iv), iniciada com aulas e a orientação de Cuvier, e que seguiu posteriormente com Agassiz, cumprindo uma tarefa não terminada por seu professor.

No final de sua vida, Cuvier estava executando seu projeto de escrever um compêndio sobre a *Histoire naturelle des poissons* (*História natural dos peixes*), mas morre sem finalizá-lo. Agassiz tem a oportunidade de avançar paleontologicamente com esse projeto e produzir, entre os anos de 1833 a 1843, um grandioso trabalho, o *Recherches sur les poissons fossiles (Investigações sobre os peixes fósseis)*. Um dos resultados produzidos com os cinco volumes de estudos diversos sobre peixes fósseis é o estabelecimento de uma "era dos peixes" que precede a dos répteis e a dos mamíferos, como era previsto pela teoria das catástrofes. Outro resultado é a constatação de Agassiz que, mediante toda a diversidade de fósseis em diversas épocas, as faunas que esses animais compunham deviam ter sido completamente eliminadas, não restando nenhum estoque remanescente.

Para explicar como essas faunas eram substituídas, Agassiz utiliza com vigor a teoria das criações sucessivas, que estava recebendo muita atenção desde os trabalhos de D'Orbigny (cf. Agassiz, 1844, p. xxiv-xxvi). Nessa utilização, a imagem de Cuvier permaneceria seriamente comprometida, pois Agassiz faz declarações expressas sobre o incentivo que recebeu de Cuvier no começo de sua carreira, e de como se apoiava no *Recherches* desse autor para chegar a suas conclusões (cf. Agassiz, 1833, p. ix-x). Além disso, o reconhecimento de Cuvier como o criador da teoria das catástrofes tornava muito natural relacioná-lo à teoria que Agassiz utilizava, pois esta última tinha sua argumentação centrada na ocorrência das revoluções cuvierianas.

Desde o início da vigência do paradigma evolutivo que passa a orientar as ciências biológicas, desvincular a imagem de Cuvier dessa, e de outras distorções históricas, torna-se uma tarefa muito difícil. Literalista bíblico, criacionista, diluvianista e teórico da Terra, são denominações que modelam a forma como Cuvier é apresentado ao mundo até os dias de hoje. Sua oposição ao transformismo foi real, mas como sempre, baseou seus trabalhos, métodos e programa de pesquisa no rigor científico, seja metodológico ou teórico. Contudo, essa oposição não foi suficiente para evitar que até o resultado de seus próprios trabalhos contribuíssem para a instalação do novo paradigma evolutivo, mas foi o bastante para estigmatizá-lo como um dos principais opositores do evolucionismo. Um evolucionismo, a sua época transformismo, que demandou décadas até que alguma de suas teorias obtivesse consenso da comunidade científica.

Sua maneira kuhniana de "saber como o mundo é", constituída pelos métodos e princípios anatômico-comparativos, não lhe permitia aceitar teorias transformistas, as quais propunham uma efemeridade da organização corporal. Essa era a base de sua contra-argumentação, similar a de muitos outros opositores do transformismo e, posteriormente, do evolucionismo, mas ainda assim, recai-lhe sobre os ombros esse estigma de uma maneira muito particular. Talvez, porque sua imagem esteja associada a um criacionismo que também não lhe é devido. Ao longo de sua carreira, Cuvier refutou, por diversas vezes, hipóteses criacionistas e do dilúvio. Mas, ao defender o potencial extintivo das catástrofes de sua teoria, ele possibilitou uma utilização de seus argumentos para reforçar tais hipóteses. Os defensores da teoria das criações sucessivas distorceram sua ideia da ocorrência, ao longo da história da Terra, de diversas "catástrofes sucessivas", provocando "extinções sucessivas", eventos que a ciência pode e deve estudar. Porém, a questão da criação não era assunto para a ciência (cf. Cuvier, 1835, p. 1-2, 8).

Capítulo 4

A revolução darwiniana
na paleontologia cuvieriana

Até a segunda metade do século XVII, os fósseis foram tratados basicamente como objetos de curiosidade, possuidores de poderes mágicos e curativos, ou ainda, como vestígios da ocorrência de algum mito. Somente quando sua origem orgânica foi reconhecida, eles passaram a integrar como fonte de dados, os estudos que objetivavam a compreensão do mundo natural. No início, evidenciando algumas poucas características estratigráficas, eles começaram a servir como indicador classificatório para a mineralogia. Entretanto, durante esse período eles praticamente provocaram mais questões do que esclarecimentos, pois a partir do pressuposto aceito de que eram restos de seres que viveram em um duradouro passado, sua distribuição universal devia ter ocorrido em um processo complexo, cabendo, assim, inúmeras hipóteses explicativas. O dilúvio mosaico era a resposta mais usual, mas não a única, e assim permaneceria até a virada do século XVIII para o XIX.

A situação é típica de um período pré-paradigmático, tal como Thomas Kuhn o denominou. No âmbito do estudo dos fósseis, havia uma concorrência de paradigmas gerando uma proliferação de articulações e de tentativas de confirmá-los. Durante essa concorrência, aprofunda-se a discussão sobre quais os métodos e interpretações teóricas, que devem ser considerados legítimos para aquela área de conhecimento. Essa é a situação que Georges Cuvier encontra quando inicia seus estudos no campo da anatomia comparada, que acabam por levá-lo a trabalhar com os fósseis. Interessado em compreender as formas de organização corporal existentes no mundo natural, Cuvier teve que estudar, além dos seres viventes, os seres dos quais somente seus restos ou vestígios remanesciam, pois eles também compunham o rol de variações de organizações corporais possíveis e existentes na natureza.

Mesmo com o reconhecimento, por parte da comunidade científica, da origem orgânica dos fósseis, até o início dos trabalhos de Cuvier os animais que eles representavam não participavam praticamente de nenhum sistema de classificação taxonômico. Nem mesmo sua condição de vivente ou extinto estava estabelecida, permitindo assim, o surgimento de muitas especulações sobre os dados que podiam ser extraídos dos fósseis e sua utilização.

A determinação taxonômica será uma das primeiras utilizações a serem feitas com esses dados. Mas para torná-la realizável, era necessário que os seres originários dos fósseis fossem reconstruídos, para possibilitar sua comparação com os viventes e, dessa forma, estabelecer suas posições taxonômicas. O método comparativo, que orientava todo o trabalho de Cuvier, permitia a reconstrução não só do posicionamento taxonômico, mas principalmente do próprio organismo. Como não podia experimentar no campo da fisiologia, Cuvier lança mão dos métodos da anatomia comparada, que o supriram de dados com os quais obteve excelente compreensão da organização corporal de todos os seres vivos e extintos. Por meio da extrapolação desses dados ele podia, a partir de poucos fragmentos fósseis, reconstruir o organismo completo. Com base no animal reconstruído, com sua anatomia, fisiologia e morfologia determinadas, tornava-se possível verificar quais suas afinidades fisiológicas e assim classificá-lo taxonomicamente. Essa era a principal frente de tarefas do programa de pesquisa que Cuvier propunha para o estudo dos fósseis. A determinação taxonômica permitia aprimorar seu sistema de classificação taxonômico, pois aumentava o rol de peças comparativas e, consequentemente, aumentava a compreensão da organização corporal, uma vez que somente por meio da comparação esse conhecimento podia ser atingido.

Os fósseis foram particularmente muito importantes nessa empreitada, pois forneciam o conhecimento de formas de organização corporal muito diversas e complexas. Além disso, podiam fornecer dados que permitiam compor um bom sistema explicativo da origem e dos processos geológicos ocorridos no decorrer da história do globo – uma teoria da Terra.

Essas características fizeram dos fósseis um importante instrumento da agenda proposta por Cuvier para a geologia, desde o inicio de sua carreira. Mas sua efetivação só se torna possível quando ele adentra os quadros do Museu Nacional. Utilizar os fósseis como instrumentos históricos, relacionando-os à história do globo terrestre e ao rol das formas possíveis e existentes de organização corporal ao longo do tempo, é a principal utilização, feita por Cuvier, desses "documentos" no campo da história natural. Para tanto, logo no início de sua carreira, trata de formar redes de cooperação de trabalhos e informações, pois sabia da necessidade de dispor da maior quantidade possível de dados sobre seus objetos de estudo. Aproveita essa rede para reforçá-la como uma comunidade científica que trabalhasse sob a orientação de seus métodos e programa de pesquisa. Aproveita também sua posição como membro do Museu Nacional, dispondo de uma das melhores coleções anatômicas do mundo, além da coleção de fósseis e de animais vivos. Não deixa de aproveitar, igualmente, a oportunidade proporcionada por seus cursos de anatomia comparada e geologia, na divulgação de suas ideias para além dos inúmeros artigos que publica nos mais importantes periódicos científicos e de divulgação, existentes na época.

Todas essas condições, e muitas outras, foram de extrema utilidade na instalação do primeiro paradigma na paleontologia, pois para que o programa de pesquisa de Cuvier recebesse adesão, foi necessária inicialmente uma "aposta" da comunidade na proposta teórico-metodológica do novo paradigma. Inicialmente, ele precisa convencer o maior número possível de estudiosos de que seus métodos eram heuristicamente valiosos. Somente então ele pôde contar com a participação dos estudiosos em seu programa de pesquisa, pois a partir de seu convencimento eles passam a querer contribuir no sentido de aumentar o conhecimento que formava a base de sua adesão. Com essa contribuição, Cuvier pode não só expandir o conhecimento das formas de organização corporal, mas também aproveita para impor sua maneira de classificar taxonomicamente.

No intuito de gerar confiança em seus métodos e programa de pesquisa, Cuvier publica uma quantidade enorme de trabalhos, demonstrando os bons resultados que suas aplicações produziam. Exercícios de predição, como dos episódios do sariguê de Montmartre e do *Homo diluvii testis*, resultaram em importantes instrumentos retóricos, mas fizeram parte de uma estratégia mais geral de Cuvier. Para a grande adesão da comunidade científica da história natural aos seus métodos e programa de pesquisa, ele utiliza o recurso literário como principal meio de divulgação de suas ideias. Pretendia reunir em um único livro todos os seus trabalhos com ossadas fósseis de quadrúpedes, para que o leitor tivesse a oportunidade de verificar em um único texto, o avanço de suas pesquisas no esclarecimento da história do globo e de seus habitantes.

Mas até que essa obra ficasse pronta, Cuvier precisou lançar mão de outros recursos que permitissem a consolidação de sua rede de cooperação de trabalhos e informações. Em 1800, ele publica um apelo internacional convocando todos os naturalistas do mundo a integrar a agenda que ele propunha para a geologia. Nesta, os fósseis são tratados como documentos históricos e determinados taxonomicamente com a precisão imposta pela anatomia comparada. O apelo é um marco em sua carreira, pois estabelece, precisa e ostensivamente, seus objetivos para a geologia e estudo dos fósseis, além de ter recebido um acolhimento extremamente positivo no seio da comunidade científica da época.

Esse acolhimento reflete-se na quantidade de respostas emitidas por naturalistas de toda a Europa e de outras partes do mundo. Participar do programa de pesquisa de Cuvier e desenvolver sua agenda, integrando-se em um grandioso projeto de investigação sobre o mundo natural, era tão motivador, que rapidamente os naturalistas enviam suas contribuições. Minuciosas descrições e pranchas de desenhos são a principal fonte de troca de dados entre os participantes da rede de cooperação, iniciada durante a vigência de tempos belicosos entre a França e vários países da Europa. As guerras, que perduraram por grande parte de sua carreira, pouco alteraram o desenvolvimento das ciências; entretanto, em uma área de conhecimento que necessita de observações e coletas feitas em campo, a imobilidade que ela causou trouxe alguns inconvenientes. Por outro lado, como os sistemas de comunicação não sofreram muitos danos, os naturalistas estrangeiros podiam corresponder-se, mantendo assim, um ritmo quase normal aos trabalhos que necessitavam de dados provenientes de locais distantes.

Esse era o caso dos fósseis. Para que os trabalhos fossem executados em sistema reticular de cooperação, era necessá-

rio o envio de descrições e desenhos, visto que, por sua raridade, os fósseis inviabilizavam uma análise presencial de todos os naturalistas envolvidos nos trabalhos. Por meio desse
material, Cuvier monta uma espécie de "museu virtual" de
fósseis, com o qual podia dispor de peças comparativas para
ampliar ainda mais seu conhecimento sobre a organização
corporal dos seres vivos.

O aporte de todo esse material descritivo e pranchas com
desenhos não é a única demonstração dos resultados do apelo internacional de Cuvier. A forma como ele é referenciado
nos trabalhos dos componentes da comunidade científica
mundial pode ser tomada como um bom critério de avaliação. Naturalistas de toda a Europa e da América do Norte, que
já mencionavam Cuvier em seus trabalhos, passaram a fazê-
-lo com muito mais ênfase e a citá-lo como um referencial
para comparação de seus resultados e conclusões. Isso se re-
flete na consolidação da imagem que ele construía, de ser uma
autoridade da ciência. Por meio da exposição global gerada
por seu estratégico e perpétuo cargo no Instituto Nacional e,
principalmente, mediante o reconhecimento dos resultados
de seus trabalhos, Cuvier passa a ser considerado um
referencial da comunidade científica universal. Este era um
claro sinal de que seu paradigma "triunfara", pois não só os
componentes da comunidade científica que ele formara re-
conheciam sua autoridade, mas da mesma maneira também
faziam os membros componentes de outras áreas das ciências, que integravam a comunidade científica mundial.

O reconhecimento emanava da condição que o paradigma cuvieriano havia atingido ao gerar um ordenamento na
delimitação e resolução dos problemas concernentes, que
passaram então a ser assumidos como exemplares ou modelos de investigação científica na área da paleontologia.
Mas para que isso ocorresse, Cuvier teve que convencer a co-

munidade científica da precisão, aplicabilidade e proficuidade de seus métodos e programa de pesquisa. Segundo Kuhn, "para que o paradigma possa triunfar é necessário que conquiste alguns adeptos iniciais que o desenvolverão até o ponto em que argumentos objetivos possam ser produzidos e multiplicados" (Kuhn, 2003, p. 201). Quando isso ocorrer, a comunidade irá explorar as possibilidades e, na medida em que avançar o processo que mostra o que seria pertencer a uma comunidade guiada por aquele paradigma, o número e a força de seus argumentos persuasivos aumentarão. Quando tal situação estiver instalada, a quantidade de experiências, instrumentos, artigos e livros baseados naquele paradigma multiplicar-se-á gradativamente. Um número crescente de cientistas será convencido da fecundidade daquela nova concepção e daquela nova maneira de praticar aquela ciência (cf. Kuhn, 2003, p. 201-2). Isso deve acontecer até mesmo em áreas apenas relacionadas, como ocorreu no caso dos fósseis vegetais, em que os naturalistas passaram a utilizar os métodos de Cuvier, inicialmente elaborados para espécimes zoológicos, conseguindo excelentes resultados nas reconstruções paleobotânicas e na compreensão da organização corporal das plantas ao longo de sua história.

A pronta atenção dispensada ao seu apelo internacional e as referências elogiosas da comunidade científica a Cuvier demonstram que foram cumpridos importantes quesitos elencados por Kuhn na instalação de um paradigma. O estudo dos fósseis passou a ter objetivos cognitivos que eram compartilhados por toda uma comunidade. Nesse compartilhamento, as pesquisas são produzidas dentro de um referencial metodológico cuveriano, que produz resultados capazes de gerar mais adesões de cientistas ao serem confirmatórios do próprio paradigma. Quanto mais fósseis são determinados taxonomicamente, mais dados confirmatórios do sistema de classificação taxonômica proposto por Cuvier são gerados. Com essa geração, surge também a certeza do naturalista cuvieriano de que suas pesquisas confirmam os resultados dos estudos orientados pelo programa de pesquisa de Cuvier.

Para expandir ainda mais seus estudos e, principalmente, as dimensões físicas que eles podiam cobrir, Cuvier precisou correlacionar os estratos geológicos em que se encontravam os fósseis, para assim mapeá-los continuamente e ter uma visão global da disposição do material fossilizado que encerravam. Percebendo que havia uma relação entre determinados estratos e grupos fósseis específicos, formula o princípio da correlação fossilífera, juntamente com Alexandre Brongniart. O princípio permitiu a confecção de mapas estratigráficos que demonstravam haver uma sucessão de faunas ao longo do tempo, provocada pelas revoluções. Na busca de estabelecer esse ordenamento faunístico, além da busca por novos espécimes fósseis, os naturalistas cuvierianos abriram uma nova frente de trabalho no programa de pesquisa de Cuvier. A determinação estratigráfica gerava os dados para a produção dos mapas e os fósseis eram intensamente utilizados no cumprimento dessa tarefa, ao serem determinados taxonomicamente e terem os estratos em que foram encontrados identificados geognosticamente. Essas duas frentes de trabalho, determinação estratigráfica e taxonômica, geraram cada vez mais adeptos ao tão fecundo paradigma cuvieriano.

Contudo, mesmo considerando a adesão maciça da comunidade científica, ainda havia naturalistas que se opunham parcialmente às ideias de Cuvier, mas que não podiam deixar de reconhecer os avanços que ele estava fazendo no campo da história natural. A área da geologia, na qual Cuvier adentrou propondo metodologias que permitiram a geração de dados esclarecedores dos fenômenos envolvidos, tinha sua cadeira no Museu Nacional ocupada por um colega que lhe dirigiu questionamentos teóricos. Faujas de Saint-Fond, assim como Lamarck, embora por motivos diferentes, objetava a ideia da ocorrência do fenômeno da extinção, o qual a comunidade científica já havia aceitado consensualmente. Ele não considerava o principal argumento de Cuvier para refutar a hipótese do "fóssil vivente", a qual defendia ser possível encontrar os representantes das formas fósseis vivendo atualmente em algum lugar inexplorado do globo terrestre.

Cuvier havia escolhido o grupo dos quadrúpedes fósseis, e iniciado seus trabalhos com grandes espécies, com finalidade de utilizar suas dimensões como contra-argumento dessa hipótese. A facilidade de compreender e aceitar a irrisória possibilidade de que espécies de grandes quadrúpedes, como os proboscídeos, pudessem ainda existir sem o conhecimento humano, tornava-se um claro recurso de convencimento da hipótese da extinção. Mas, ainda assim, Saint-Fond empreendeu certa resistência a essa hipótese pertencente à estrutura teórica cuvieriana.

De fato, o reconhecimento da ocorrência de extinções ao longo da história da Terra leva Cuvier à formulação não apenas de hipóteses, mas de toda uma teoria que visa explicar os dados gerados por seu programa de pesquisa. Uma teoria na qual as catástrofes e a migração eram considerados os processos responsáveis pela produção de fenômenos como os da sucessão biótica, o ordenamento estratigráfico e a extinção. Ao longo de sua história, a Terra submetera-se ao efeito da ocorrência de diversas revoluções da sua superfície. Essas catástrofes geraram alterações na configuração geológica, mas principalmente, geraram mudanças no reino animal, pois extinguiram diversas faunas e redistribuíram as remanescentes.

A teoria das catástrofes de Cuvier é intensamente divulgada por meio da obra que ele planejava publicar há anos, reunindo todo seu material sobre os quadrúpedes fósseis. O *Recherches sur les ossemens fossiles de quadrupèdes* tem como objetivo a divulgação dessa teoria e, também, de sua agenda para a geologia, além de expor a eficácia de seus métodos anatômico-comparativos e estratigráficos. Esses assuntos são tratados no discurso preliminar, que mais tarde seria desmembrado da obra e publicado separadamente. O restante do livro está voltado à divulgação dos resultados de seus trabalhos. Esta forma de editoração, além da dedicatória e do estilo prosaico e eloquente adotado por Cuvier, demonstra sua preocupação em atingir a maior quantidade possível de naturalistas, além do público geral interessado. Novamente ele estava operando no sentido de conquistar o maior número de adeptos que acreditassem na promessa de sucesso, emanada pela própria capacidade do seu programa de pesquisa na resolução dos problemas definidos implicitamente dentro do seu campo de atuação. Essa condição contribuía para uma adesão cada vez maior de pesquisadores da área de estudos ligados às classificações taxonômicas dos fósseis e à estratigrafia. Uma circularidade típica de um período de ciência normal, onde o paradigma já instalado tem suas possibilidades exploradas, a força de seus argumentos aumentada e a quantidade de experiências, instrumentos, artigos e livros baseados no paradigma, multiplicados.

Quando isso ocorre, Cuvier arrefece o ritmo intenso de produção científica sobre os fósseis, que ele impôs a si mesmo, sem comprometer a execução de seu programa de pesquisa. A comunidade científica, que se formara com seus apelos e incentivos, estava dando conta de articular o paradigma no qual ela se engajara. Artigos, livros, comunicações em sessões públicas etc. são os instrumentos de divulgação dessa articulação; a grande quantidade de descobertas e bibliografia produzida demonstra que a comunidade estava solidamente estabelecida. Vários desses veículos de divulgação faziam alusão a Cuvier, ou a suas obras, ou então eram dedicadas a ele, estabelecendo definitivamente sua autoridade, como um exemplar no campo da paleontologia.

A teoria das catástrofes, por força de sua influência, também se torna central no âmbito dessa ciência, pois se propõe a explicar vários fenômenos constatados com as investigações orientadas pelo próprio paradigma. Permite, assim, um ajuste teórico, ou seja, a inclusão ou modificação de alguns pontos, sem que os fundamentos do programa de pesquisa cuvieriano fossem alterados, ou muito menos a estrutura metodológica. Saint-Fond, por exemplo, nega a ocorrência da extinção sem refutar a ocorrência de eventos catastróficos. Outros naturalistas, por sua vez, reforçavam a teoria das catástrofes por meio da articulação da hipótese causal. Tendo a potência devastadora do dilúvio mosaico, ou tendo alta recorrência, como foi proposto por D'Orbigny, as catástrofes são consideradas como responsáveis pela extinção de diversas faunas, que se sucederam ao longo do tempo e que têm sua história natural registrada geologicamente.

Essas são algumas das articulações teóricas que se desenrolam no paradigma instalado na paleontologia pelos trabalhos de Cuvier sem qualquer alteração dos procedimentos metodológicos, também instalados por ele. Após ter conquistado a confiança dos componentes da comunidade científica, utilizando habilmente os recursos de divulgação disponíveis para expor a precisão e a aplicabilidade de seus métodos, Cuvier luta para mantê-la e estendê-la. Certo da grandiosidade de seu projeto, ele sabe da necessidade da formação de uma rede de cooperação que atinja o maior número possível de estudiosos, cobrindo territórios cada vez mais amplos.

Mas como resultado dessa ampliação, era mais do que certo que sua teoria sofresse algumas articulações, que acabaram por possibilitar o surgimento de algumas distorções. Mesmo com uma ciência normal operando e demonstrando o sucesso do paradigma, durante sua instalação ele era apenas uma promessa que podia ser descoberta em exemplos selecionados e incompletos. A ciência normal consiste na atualização dessa promessa, obtida por meio da ampliação do conhecimento daqueles fatos que o paradigma apresenta como particularmente importantes. Da mesma forma, ela consiste no aumento da correlação entre esses fatos e as predições do paradigma e, ainda, por meio da articulação mais efetiva do próprio paradigma. Neste aspecto, a teoria das catástrofes falha na promoção de uma boa articulação quanto ao número de catástrofes que atingiram o globo terrestre durante sua história. Isso deu margem a várias distorções que resultaram no estigma da imagem de Cuvier.

A inclusão de hipóteses explicativas causais de fenômenos abordados por sua teoria vinculou sua posição a escolas de pensamento que pouco tinham a ver com o rigor científico de Cuvier. Os diluvianistas e os defensores da teoria das criações sucessivas utilizaram vestígios da última grande revolução cuvieriana, e a grande quantidade de revoluções que estavam sendo detectadas, para formular hipóteses *ad hoc*, em substituição ao caráter natural das catástrofes e ao processo de migração, constantes na estrutura teórica original de Cuvier. Era uma articulação interna do paradigma, que, por ser pontual, não produzia grandes alterações teóricas, mesmo que tivesse efeito sobre seu poder explicativo e, consequentemente, preditivo. Além disso, os métodos permanecem os mesmos, sendo que até mesmo os diluvianistas e "criacionistas sucessivos" permanecem produzindo dados estratigráficos e dados sobre a organização corporal das formas extintas de vida, os quais contribuem para o cumprimento dos objetivos cognitivos de Cuvier, demonstrando, assim, haver a permanência de um nível de adequação empírica satisfatório na paleontologia cuvieriana. Os fósseis que eles descobriam, objetivando confirmar suas hipóteses diluvianistas ou criacionistas, eram determinados taxonomicamente por meio dos métodos da anatomia comparada, podendo assim, também atender aos objetivos cognitivos da paleontologia cuvieriana.

Pouco importava se havia discordância, ou mesmo distorção teórica, durante a vigência do paradigma cuvieriano na paleontologia. Os fósseis continuavam sendo determinados taxonomicamente mediante os métodos acordados, fossem eles empregados por diluvianistas, "criacionistas sucessivos", transformistas, evolucionistas ou pelos próprios cuvierianos. Mesmo que os critérios de classificação taxonômica pudessem ser outros, utilizavam sempre a morfologia e a fisiologia dos organismos como instrumentos importantes para a execução da atividade. Procedendo desse modo, produzem inúmeros dados que podiam ser aproveitados no empreendimento do programa de pesquisa cuvieriano.

Durante a vigência dessa situação, dos muitos dados produzidos, alguns começam a gerar questionamentos que implicam na instalação de um novo paradigma. Na busca por todos os tipos de ossadas fósseis, alguns naturalistas engajados no paradigma cuvieriano descobrem, em um mesmo estrato geológico, associações de fósseis de faunas distintas. Tais descobertas funcionam como anomalias e podiam gerar a crise que antecede uma revolução científica. Baseando-se na teoria das catástrofes, as faunas de épocas diferentes deviam, obrigatoriamente, estar separadas estratigraficamente. As descobertas daqueles fósseis contrariavam esse pressuposto teórico e, em decorrência dessa situação, são tratadas da forma prevista pela estrutura das revoluções científicas idealizada por Thomas Kuhn (cf. Kuhn, 2003 p. 201-2). Primeiramente, tentando suprimir a novidade, não a divulgando, como, por exemplo, Alexandre Brongniart faz com o amonite descoberto nas proximidades do Mont Blanc. Posteriormente, questionando se as metodologias empregadas na obtenção dos dados são confiáveis, como Cuvier, e até Lyell fizeram, no caso dos fósseis humanos.

Dessa maneira, os primeiros ataques contra os problemas não resolvidos seguem à risca as regras do paradigma em vigor, mas com a contínua resistência, eles vão envolvendo, sucessivamente, algumas articulações menores do paradigma. Essas supressões e questionamentos somam-se a propostas de reordenamento parcial na sucessão biótica de espécies, as quais demandavam apenas modificações pontuais que não implicavam em nenhuma mudança na estrutura teórica do paradigma.

Com o número crescente de descobertas de fósseis de faunas distintas associados em um mesmo estrato geológico, os questionamentos centrava-se no aspecto metodológico. Essa situação pode ser verificada com a reação de parte da comunidade científica à descoberta de fósseis humanos. Segundo uma hipótese baseada na teoria das catástrofes, o homem, e também os símios, devem ter surgido nas regiões exploradas geologicamente somente após a ocorrência da última revolução e, portanto, não pode haver fósseis desses grupos nesses locais. Entretanto, a partir da terceira década do século XIX, várias ossadas humanas e de símios são descobertas em solos do Velho e do Novo Mundo, evidenciando gradativamente a existência de uma anomalia teórica no catastrofismo.

Ao se confrontar com a anomalia, o cientista tenta, primeiramente, isolá-la e suprimi-la. No caso da paleontologia, a metodologia seria o ponto principal dessa estratégia de supressão da novidade. Em um primeiro momento, o modo como os pretensos fósseis humanos foram escavados ou identificados estratigraficamente seria o principal fator de questionamento da precisão dos resultados daqueles trabalhos. Posteriormente, os questionamentos dirigem-se para o campo teórico, após aplicar as regras da ciência normal e verificar que elas podem não estar tão corretas, o integrante do paradigma cuvieriano procura descobrir até que ponto essa aplicação era possível. Desse modo, ele gera hipóteses ou teorias especulativas visando resolver o problema, dado o pressuposto de que nenhuma experiência pode ser concebida sem o apoio de alguma espécie de teoria.

Na verdade, a proposição teórica de Charles Lyell para a resolução da anomalia epistemológica gerada pelos fósseis humanos está orientada por uma teoria que causará uma profunda revolução científica, em toda a história natural. O paradigma do evolucionismo, instalado com a revolução darwiniana, teve a adesão da comunidade científica, após essa aceitar a teoria da unidade de tipo, de Charles Darwin. Mediante esta nova orientação, os historiadores naturais passam a produzir trabalhos voltados à elaboração de genealogias evolutivas. Com Charles Lyell não foi diferente. Apoiado na ideia de sequências filogenéticas, ele passa a argumentar a favor da existência de fósseis humanos, apresentando uma genealogia evolutiva do homem. Quando ele fez isto, a comunidade científica no campo da história natural passa a estar sob a orientação do paradigma evolutivo, e sua hipótese é bem-aceita, assim como, a resolução da questão em função dos trabalhos de Schmerling e de outros naturalistas interessados em fósseis de cavernas.

Contudo, esta situação que se instala com a questão dos fósseis humanos não pode ser tomada como típica de uma crise epistemológica, pois apesar do crescente aporte de dados que contrariam a teoria orientadora do paradigma da paleontologia cuvieriana, seus adeptos continuam a produzir trabalhos que contribuíam para os objetivos cognitivos de Cuvier. Mesmo quando já instalado o novo paradigma, o evolutivo, as determinações taxonômicas e estratigráficas continuam a ser realizadas sob a orientação dos métodos cuvierianos, objetivando a classificação taxonômica e estratigráfica. A classificação dos grupos taxonômicos está, a partir de então, voltada para a construção de sequências filogenéticas, mas à semelhança do sistema de classificação cuvieriana, a anatomia e a fisiologia dos organismos classificados fazem parte dos principais critérios. Para a constatação de uma unidade de tipo entre grupos taxonômicos, as características anatômico-fisiológicas podem ser posicionadas entre as mais importantes. Isto possibilita que os trabalhos orientados pelo método anatômico-comparativo de Cuvier produzam dados que podem ser utilizados pelos adeptos do seu paradigma, mas também do novo paradigma evolutivo.

Com esta dupla utilização, tornou-se quase imperceptível a constatação da ocorrência de uma crise, como a prevista por Kuhn, na paleontologia cuvieriana. Durante muitos anos ainda, inúmeros paleontólogos estariam operando sob a orientação metodológica e teórica de Cuvier, porém, seus trabalhos estariam produzindo dados também utilizáveis pelo evolucionismo. Esses dados que levavam à composição de genealogias, somar-se-iam àqueles que possibilitavam à composição de paleoambientes e que, dessa maneira, poderiam reforçar outra teoria darwiniana, a da seleção natural – que tem o entorno ambiental dos organismos, biótico ou abiótico, como peça fundamental de sua estrutura.

Assim, é possível constatar que, quando totalmente instalado na paleontologia, o paradigma evolutivo demanda transformações que se refletirão no âmbito programático da paleontologia, mas não no metodológico. Diferentemente da estrutura proposta por Kuhn, na qual deveria haver também uma mudança dos compromissos metodológicos no momento em que há a mudança teórica, o programa de pesquisa de Cuvier será finalmente abandonado, mas grande parte de sua metodologia permanecerá, pois a compreensão da organização corporal continua sendo fundamental para atingir os objetivos cognitivos de inúmeras áreas da história natural, inclusive da paleontologia. Para produzir o conhecimento que possibilita essa compreensão, os métodos da anatomia comparada de Cuvier permanecem até os dias de hoje sendo utilizados. Esta permanência também impede que a estrutura das revoluções científicas prevista por Thomas Kuhn, seja aplicada sem relativizações no âmbito da paleontologia, pois o rompimento epistemológico requerido por este autor ocorre apenas de forma parcial, indicando a possibilidade de haver tipos diferentes de revoluções científicas, ou que elas ocorram em diferentes graus.

Talvez a maior visibilidade de um conflito entre os paradigmas cuveriano e evolutivo possa ser percebida mediante as distorções que a teoria das catástrofes sofreu. Os aspectos de pouca cientificidade da teoria das criações sucessivas e do diluvianismo, que foram atribuídos indevidamente à Cuvier, podem ser os principais responsáveis pela forte rejeição que suas ideias fixistas sofreram no momento em que o evolucionismo começava a instalar-se como paradigma. A estrutura teórica do verdadeiro paradigma cuveriano não obstaculizava diretamente o evolucionismo. A ocorrência de catástrofes, extinções, migrações, sucessões bióticas etc. podiam ser incorporadas pelas teorias evolucionistas como, de fato, foram posteriormente. Apenas o elemento fixista da teoria das catástrofes opunha-se à nova proposta teórica do novo paradigma. Mas ainda sendo importante, essa divergência não seria capaz de produzir o estigma que a imagem de Georges Cuvier sofre até a atualidade.

Certamente se não estivesse, de maneira equivocada, vinculado à imagem de criacionista, diluvianista e literalista bíblico, o papel que ele desenvolveu para o estabelecimento e manutenção do primeiro paradigma na paleontologia seria reconhecido de outra forma. Essas imagens o ligam, fortemente, à oposição sofrida pelo evolucionismo no mundo inteiro e, particularmente, na França. Poucos são os historiadores que conseguem visualizar o seu verdadeiro papel no desenvolvimento de uma ciência como a paleontologia, sem posicioná-lo como um ícone antievolucionista.

Apesar de seu fixismo, um posicionamento tão comum em sua época, torna-se claro que, em toda sua obra, marcada por um rigor científico incontestável, Cuvier produz uma enorme quantidade de dados extremamente importantes para a constituição do evolucionismo. Ele ainda legaria métodos extremamente eficazes à estratigrafia e à anatomia comparada, com os quais os adeptos do paradigma evolutivo podiam, e podem até hoje, realizar seus objetivos cognitivos.

Cuvier também rompe com os limites do tempo até então imaginados, pois constata o enorme intervalo de tempo demandado para acomodar os processos que ele verifica ocorrerem na história do globo. A partir dessa concepção do tempo geológico como sendo um tempo profundo, isto é um tempo imensamente ampliado com relação ao do Gênese, os processos lentos e graduais, requeridos pelas teorias evolutivas, puderam ser apropriadamente acomodados.

Portanto, parece muito adequado não só posicionar Cuvier como formador do primeiro paradigma da paleontologia, mas também alinhá-lo em uma tradição de estudos que conduz ao que Ernst Mayr (1904-2005) propôs como biologia evolutiva. Este autor, em sua grande obra sobre "o desenvolvimento do pensamento biológico", defende que existem duas tradições concorrentes ao longo da história dessa ciência, que confluíram em dois campos complementares: a biologia evolutiva e a biologia funcional. Na primeira tradição, os objetivos cognitivos das disciplinas que a integram estão mais relacionados a causas remotas tais como o fenômeno evolutivo, ao passo que, na segunda tradição, objetiva-se a compreensão dos fenômenos de funcionamento dos seres vivos (cf. Mayr, 1998, p. 87-91; Caponi, 2004, p. 200-2).

Ao ter como base de seu pensamento os critérios fisiológicos, Cuvier deve estar diretamente relacionado à tradição de estudos que confluíram na biologia funcional. Porém, como os trabalhos realizados sob a orientação de seus métodos anatômico-fisiológicos, e também estratigráficos, produziram dados que foram intensamente utilizados pelos evolucionistas, sua contribuição para a tradição da história natural que confluiu na biologia evolutiva deve ser defendida, apesar do aparente paradoxo. O fixista Cuvier desenvolveu diversas condições epistemológicas que abriram espaço para a instalação de uma revolução na história natural. Mesmo tendo que lutar para modificar a história natural, que era intensamente orientada pelas ideias de Cuvier, os evolucionistas puderam contar com o aporte de conhecimentos que a paleontologia cuvieriana produziu. Darwin assim o fez.

Referências bibliográficas

ACADÉMIE des Sciences. *Compte rendus hebdomadaires des séances de l'Académie des Sciences*, 4, 1837.

ADAMS, F. D. *The birth and development of the geological sciences*. Baltimore: Williams & Wilkins, 1938.

AGASSIZ, L. *Recherches sur les poissons fossiles*. Neuchatel: Imprimerie de Petit-pierre, 1833. t. 1.

_____. *Études sur les glaciers*. Neuchatel: Jean & Gassmann, 1840a.

_____. *Monographie des poissons fossiles du vieux grès rouge ou système dévonien (old red sandstone) des Iles Britaniques et de Russie*. Neuchatel: Jean & Gassmann, 1840b.

_____. *Geological sketches by L. Agassiz*. Boston: James Osgood, 1873.

AGUILLON, L. L'école des mines: notice historique. *Annales des Mines*, 15, p. 433--686, 1889.

ALLABY, M. *Dictionary of earth sciences*. Oxford: Oxford University Press, 2008.

APPEL, T. A. *The Cuvier-Geoffroy debate: french biology in the decades before Darwin*. Oxford: Oxford University Press, 1987.

AUCOC, L. *L'institut de France: lois, status et règlements concernant les anciennes académies et l'institut, de 1635 à 1889*. Paris: Imprimerie Nationale, 1889.

BALZAC, H. *La peau de chagrin*. Bruxelas, Meline, 1833. t. 1.

BARLOW, N. *The autobiography of Charles Darwin*. London: Collins, 1958.

BASTEROT, M. B. Description géologique du bassin terciaire du sud-ouest de la France. *Mémoires de la Société d'Histoire Naturelle de Paris*, 2, p. 1-100, 1825.

BEAUMONT, M. L. E. Recherches sur quelques-unes des révolutions de la surface du globe présentant différens exemples de coïncidence entre le redressement des couches des certains systèmes de montainges, et les changemens sudains qui ont produit les lignes de démarcacion qu'on observe entre certains étages consécutif des terrains de sédiment. *Annales des Sciences Naturelles*, 19, p. 177-240, 1830.

BERBET-BORN, M. Carste de Lagoa Santa, MG — berço da paleontologia e da epeleologia brasileira. In: SCHOBENBENHAUS, C. C, et al. (Ed.). *Sítios geológicos e paleontológicos do Brasil*. Brasília: DNPM (SIGEP), 2002. p. 415-30.

BLAINVILLE, H. M. D. Resume des principaux travaux dans les différentes sciences physiques publié pendant l'année 1817. *Journal de Physique, de Chimie, d'Histoire Naturelle et des Art*, 86, p. 5-97, 1818.

_____. Analyse des principaux travaux faits ou publiés dans les différentes sciences physiques dans les cours de l'année 1819. *Journal de Physique, de Chimie, d'Histoire Naturelle et des Arts*, 90, p. 5-105, 1820.

_____. Analyse des principaux travaux dans les différentes sciences physiques, publiés dans l'année 1821. *Journal de Physique, de Chimie, d'Histoire Naturelle et des Arts*, 94, p. v-LXXVII, 1822.

BLANCKAERT, C. et al. (Ed.). *Le muséum au premier siècle de son histoire*. Paris: Muséum National d'Histoire Naturelle, 1997.

BOUGAINVILLE, M. Discours du président de l'Institut. *Mémoires de la classe des sciences mathématiques e physiques de l'Institut de France, année 1808*, p. 170--1, 1809.

BOWLER, P. *Life's splendid drama*. Chicago: University Chicago Press, 1996.

BROCCHI, G. *Conchiologia fossile subapennina con osservazioni geologiche sugli Apennini e sul suolo adiacente*. Milano: Dalla Stamperia Reale, 1814.

BRONGNIART, A. *Mémoire sur les terrains de sédiment supérieurs calcareo-trappéens du Vicentin, et sur queleques terrains d'Italie, de France, d'Allemagne etc., qui peuvent se rapporter à la même époque*. Paris: Levarult, 1823.

_____. *Prodrome d'une histoire des plantes fossiles*. Paris: Levrault, 1828.

BRONGNIART, A. & DESMAREST, A. G. *Histoire naturelle des crustacés fossiles*. Paris: Levarult, 1822.

BUCKLAND, W. Account of an assemblage of fóssil teeth and bones of elephant, rhinoceros, hippopotamus, bear, tiger, and hyaena, and sixteen other animals; discovered in a cave at Kirkdale, Yorkshire, in the year 1821: with a comparative view of five similar caverns in various parts of England, and others on the continent. *Philosophical Transactions of the Royal Society of London*, p. 171-236, 1822a.

_____. Notice on the megalosaurus or great fossil lizard of Stonesfield. *Transactions of the Geological Society*, 2, 1, p. 390-6, 1824a.

_____. *Reliquae diluvianae: or observations on the organic remains contained in caves, fissures, and diluvial gravel, and on other geological phenomena attesting the action of an universal deluge*. London: Murray, 1824b.

_____. Antediluvian human remains. *The American Journal of Sciences and Arts*, 18, p. 393-4, 1830.

_____. *Geology and mineralogy considered with reference to natural theology*. London: W. Pickering, 1836. v. 1.

BUFFON, G. L. L. *Histoire naturelle, générale et particulière avec la description du Cabinet du Roy*. Paris: Imprimerie Royale, 1749. t. 1.

_____. *Histoire naturelle, générale et particulière avec la description du Cabinet du Roi*. Paris: Imprimerie Royale, 1754. t. 11.

_____. *Histoire naturelle, générale et particulière*. Paris: Imprimerie Royale, 1778. t. 5.

_____. *Les époques de la nature*. Paris: Imprimerie Royale, 1780. t. 1.

BURTIN, F. X. Oryctographie de Bruxelles, ou description des fossiles, tant naturels qu'accidentels, découvert jusqu'à ce jour dans les environs de cette ville (Prospectus). In: GOUMICOURT, D. (Ed.). *Le voyageur dans les Pays-Bas Autrichiens, ou letters sur l'état actuel de ces pays*. Amsterdam: Libraire Changuion, 1783. p. 214-20.

BYRON, G. G. *Cain, a mistery*. London: W. Bensow, 1824.

_____. *The works of Lord Byron*, Paris: Galignani, 1826. 10v.

CAMPER, P. *Ouevres de Pierre Camper, qui ont pour objet l'histoire naturelle, la physiologie et l'anatomie comparée*. Paris: Jansen, 1803. t. 1.

CAP, P. A. *Ouevres complètes de Bernard Palissy, édition conform aux textes originaux imprimé du vivant de l'auteur*. Paris: Dubochet & Cie., 1844.

CAPONI, G. Los objetivos cognitivos de la paleontologia cuvieriana. *Principia*, 8, 2, p. 233-58, 2004.

_____. Funcionalismo cuvieriano *vs* adaptacionismo darwiniano: consideraciones sobre la nócion de condições de existencia. *Episteme*, 22, p. 79-99, 2005.

_____. El viviente e su medio: antes e después de Darwin. *Scientiae Studia*, 4, 1, p. 9-43, 2006.

_____. *Georges Cuvier: um fisiólogo de museo*. México: Universidad Nacional Autónoma de México (LIMUSA), 2008.

_____. *Buffon – breve introducción al pensamiento de Buffon*. México: Universidad Autónoma Metropolitana, 2010.

CARVALHO, I. S. (Ed.). *Paleontologia*. Rio de Janeiro: Interciência, 2000.

CASEY, E. R. & RICHARDS, J. F. C. *Theophrastus on stones – introduction, greek text, english translation, and commentary*. Columbus: The Ohio State University, 1956.

CAUTLLEY P. T. & FALCONER, H. Notice on the remains of a fossil monkey from the tertiary strata of the Siwalik Hills in the north of Hindoostan. *Transactions of the Geological Society of London*, 2, 5, p. 499-504, 1837.

CHATEAUBRIAND, F. A. R. *Génie du christianisme*. Paris: Ledentu, 1830. t. 1.

CHRISTOL, J. *Notice sur les ossemens humains fossiles des cavernes du département du Gard*. Montpelier: Martel Ainé, 1829a.

_____. Cavernes à ossements renfermant des débris humains. *Bulletin des Sciences Naturelles et de Géologie*, 19, p. 28-9, 1829b.

COHEN, C. *Le destin du mammouth*. Paris: Seuil, 1994.

CONYBEARE, W. On the discovery of an almost perfect skeleton of the plesiosaurus. *Transactions of the Geological Society of London*, 1, 2, p. 381-90, 1824.

CORREA, M. M. O.; LOPES, M. O. G.; CÂMARA E. V. C.; OLIVEIRA, L. C. & PESSOA, L. M. The karyotypes of *trinomys mooenji* (Pessoa, Oliveira & Reis, 1992) and *Trinomys setosus elegans* (Lund, 1841) (Rodentia, Echimyidae) from Minas Gerais, eastern Brazil. *Arquivos do Museu Nacional*, 63, 1, p. 169-74, 2005.

COUTO, C. P. (Ed.). *Peter Wilhelm Lund: memórias sobre a paleontologia brasileira*. Rio de Janeiro: Instituto Nacional do Livro, 1950.

CUPANI, A. A dimensão retórica da racionalidade científica. *Revista Reflexão*, 64/65, p. 54-76, 1996.

CUVIER, G. Discours prononcé par le citoyen Cuvier, à l'ouverture du cours d'anatomie comparée qu'il fait au Muséum National d'Histoire Naturelle, pour le citoyen Mertrud. *Magasin Encyclopédique ou Journal des Sciences des Lettres et des Arts*, 5, p. 145-55, 1795.

_____. Notice concerning the skeleton of a very large species of quadruped, hitherto unknown, found at Paraguay, and deposited in the Cabinet of Natural History at Madrid. *Monthly Magazine*, 3, p. 637-8, 1796a.

_____. Notice sur le squelette d'une três-grand espèce de quadrúpede inconnue jusqu'à prèsent, trouvé au Paraguay, et déposé au Cabinet d'Histoire Naturelle de Madrid. *Magasin Encyclopédique ou Journal des Sciences des Lettres et des Arts*, 1, p. 303-10,1796b.

_____. Sur les différentes espèces de rhinocéros. *Bulletin de Sciences par la Société Philomathique de Paris*, 1, p. 17, 1797.

_____. Extrait d'un mémoire sur les ossemens fossiles de quadrúpedes. *Bulletin de Sciences par la Société Philomatique de Paris*, 1, p. 137-9, 1798a.

_____. Extrait d'un mémoire sur les ossemens fossiles de quadrúpedes, lu à la Société d'Histoire Naturelle, par le citoyen Cuvier. *Magasin Encyclopédique*, 3, p. 145-50, 1798b.

_____. Mémoire sur les ossemens fossiles de quadrúpedes; par Cuvier – extrait. *Journal de Physique, de Chimie, d'Histoire Naturelle et des Arts*, 47, p. 315-7, 1798c.

_____. Extrait d'un mémoire sur um animal dont on trouve les ossements dans la Pierre à plâtre des environs de Paris, & qui paraît ne plus exister vivant aujourd'hui. In: RUDWICK, M. J. S. *Georges Cuvier, fossils bones, and geological catastrophes – new translations & interpretations of the primary texts*. Chicago: Chicago University Press, 1997 [1798d]. p. 285-90.

_____. *Tableau élémentaire de l'histoire naturelle des animaux*. Paris: Baudouin, 1798e.

_____. Sur les ossemens si se trouvent dans le gypse de Montmartre, par le C. Cuvier. *Bulletin de Sciences par la Société Philomatique de Paris*, 1, p. 154-5, 1798f.

_____. Sur les ossemens si se trouvent dans le gypse de Montmartre, par le C. Cuvier. *Magasin Enciclopédique ou Journal des Sciences des Lettres et des Arts*, 4, p. 289-91, 1798g.

_____. Mémoires sur les espèces d'éléphans vivantes et fossiles. *Mémoires de l'Institut National des Sciences et Arts – Mémoires de la Classe des Sciences Mathématiques et Physiques*, 2, p. 1-22, 1799.

_____. Mémoire sur l'Ibis des Anciens Égyptiens. *Journal de Physique, de Chimie, d'Histoire Naturelle et des Arts*, 51, p. 184-92, 1800.

_____. Extrait d'um ouvrage sur les espèces de quadrupèdes. Dont on a trouvé les ossemens dans l'intérieur de la terre, adresse aux savans et aux amateurs des sciences, par G. Cuvier, membre de l'Institut, professeur au Collège de France et à l'École Centrale du Panthéon, etc. *Journal de Physique, de Chimie, d'Histoire Naturelle et des Arts*, 52, p. 253-67, 1801a.

_____. Extrait d'um ouvrage sur les espèces de quadrupèdes. Dont on a trouvé les ossemens dans l'intérieur de la terre, adresse aux savans et aux amateurs des sciences, par G. Cuvier, membre de l'Institut, professeur au Collège de France et à l'École Centrale du Panthéon, etc., imprime par ordre de la classe des sciences mathématiques et physiques d' l'Institut national, du 26 brumaire an 9. *Magasin Enciclopédique ou Journal des Sciences des Lettres et des Arts*, 1, p. 60-82, 1801b.

_____. On galvanism. *Philosophical Magazine*, 9, p. 85-93, 1801c.

_____. Extrait of a memoir on the fossil bones of quadrupeds. *Philosophical Magazine*, 9, p. 170-92, 1801d.

_____. Mémoire sur l'ibis des anciens égyptiens. *Annales du Muséum National d'Histoire Naturelle*, 4, p. 116-35, 1804a.

_____. Mémoire sur le squelette presque entier d'un petit quadrupède du genre des sarigues, trouvé dans la pierre à plâtre des environs de Paris. *Annales du Muséum National d'Histoire Naturelle*, 5, p. 277-92, 1804b.

_____. Sur le mégalonix, animal de la famille des paresseux, mais de la taille du boeuf, dont les ossemens ont été decouverts em Virginie, em 1796. *Annales du Muséum National d'Histoire Naturelle*, 5, p. 358-75, 1804c.

_____. Sur le grand mastodonte, animal três-voisin de l'élephant, mais à mâchelières hérissés de gros tubercules, dont on trouve les os em divers endroits des deux continents, et surtout près des bords de l'Ohio, dans l'Amérique septentrinale, improprement nommé *mammouth* par les anglais et par les habitants des États-Unis. *Annales du Muséum d'Histoire Naturelle*, 8, p. 270-312, 1806.

_____. Sur le grand animal fossile des carriers de Maestricht. *Annales du Muséum d'Histoire Naturelle*, 12, p. 145-76, 1808.

_____. Sur quelques quadrupèdes ovipares fossiles conservés dans les schistes calcaires. *Annales du Muséum d'Histoire Naturelle*, 13, p. 401-37, 1809.

_____. *Rapport historique sur les progrès des sciences naturelles depuis 1789, et sur le état actuel, presenté a Sa Majesté l'Empereur et Roi, en son Conseil d'état, le 6 février 1808, par la classe des sciences physiques et mathematiques de l'Institut, conformément à l'arrêté du Governement du 13 vêntose an x*. Paris: L'Imprimiere Impériale, 1810.

_____. *Recherches sur les ossemens fossiles de quadrupèdes, ou l'on rétablit les caractères de plusier espèces d'animaux que les révolutions du globe paroissent avoir détruite*. Paris: Deterville, 1812. v. 1.

_____. *Le règne animal distribué d'après son organisation, pour servir de base à la histoire naturelle des animaux et d'introduction a l'anatomie comparée*. Paris: Deterville, 1817. v. 1.

_____. *Recherches sur les ossemens fossiles de quadrupèdes, ou l'on rétablit les caractères de plusier animaux que les révolutions du globe ont détruit les espèces*. Paris: G. Dufour et D'Ocagne, 1823. v. 4.

_____. *Recueil des éloges historiques lus dans les séances publiques de l'Institut Royal de France*. Paris: F.G. Levrault, 1827. v. 3.

_____. On the state of natural history, and the progress wich it has made since the return of the maritime peace. *Edinburgh New Philosophical Journal*, p. 1-14, 1829.

_____. *Discours sur les révolutions de la surface du globe, et sur les changements qu'elles ont produits dans le règne animal*. Paris: Edmond D'Ocagne, 1830.

_____. *Leçons d'anatomie comparée de Georges Cuvier, recueillies et publiés par M. Dumeril*. Paris: Crochard, 1835. v. 1.

_____. *Recherches sur les ossemens fossiles de quadrupèdes, ou l'on rétablit les caractères de plusier animaux que les révolutions du globe ont détruit les espèces*. Paris: Edmond D'Ocagne, 1836. v. 10.

_____. *Lettres de Georges Cuvier a C. M. Pfaff sur l'histoire naturelle, la politique et la littérature (1788-1792)*. Paris: Librairie Victor Masson, 1858.

_____. *Recueil des éloges historiques lus dans les séances publiques de l'Institut de France*. Paris: Firmin Didot, 1861. v. 10.

Felipe Faria

CUVIER, G. & BORY, P. *Discours sur les révolutions du globe, par Cuvier, avec des notes d'après les données les plus récents de la science et une notice historique par Paul Bory*. Paris: Berche e Tralin, 1881.

CUVIER, G. & BRONGNIART, A. Essay sur la géographie des environs de Paris. Par M. M. G. Cuvier et Alex Brongniart. *Annales du Muséum d'Histoire Naturelle*, 11, p. 170-88, 1808.

_____. Essay sur la géographie des environs de Paris. *Journal des Mines*, 23, p. 421-58, 1808.

CUVIER, G. & GEOFFROY SAINT-HILAIRE, E. Sur les espèces d'élephans. *Bulletin de sciences par la Societé Philomathique de Paris*, 1, p. 90, 1795.

CUVIER, G. & HOEFER, J. C. F. *Discours sur les révolutions du globe, par Cuvier, avec des notes et un appendice d'après les travaux récents de M. M. Humboldt, Florens, Lyell, Lindley, etc.* Paris: Firmin Didot, 1864.

CUVIER, G.; JOUBERT, P.C. H. & PASSARD, F. L. *Discours sur les révolutions de la surface du globe, étude sur l'ibis et mémoire sur la vénus hottentote; Il n'y a que deux règnes dans la nature; du perfectionnement ou de la dégénérescence de l'homme; la Atlantide et les atlantes etc.* Paris: Passard, 1864.

CUVIER, G. & SAINT-AGY, M. *Histoire des sciences naturelles depuis leur origine jusqu'a nous jours, chez tous les peuples connus, commencés au Collège de France par Geogres Cuvier, complétée par M. Magdeleine de Saint-Agy*. Paris: Fortin, Masson et Cie., 1841. v. 2.

_____. *Histoire des sciences naturelles depuis leur origine jusqu'a nous jours, chez tous les peuples connus, commencés au Collège de France par Geogres Cuvier, complétée par M. Magdeleine de Saint-Agy*. Paris: Fortin, Masson et Cie., 1843. v. 4.

DAUBENTON, L. Mémoire sur des os et des dents remarquables par leur grandeur. *Histoire de l'Académie Royale des Sciences*, p. 206-29, 1764.

DARWIN, C. *Carta de Darwin a Owen, 19/12/1836*. Disponível em: <http://www.darwinproject.ac.uk/entry-329>. Acesso em: 27 dez. 2009.

_____. On certain areas of elevation and subsidence in the Pacific and Indian Oceans, as deduced from the study of coral formations. *Proceedings of the Geological Society of London*, 2, 51, p. 552-4, 1837.

_____. Observations on the parallel roads of Glen Roy, and of other parts of Lochaber in Scotland, with an attempt to prove that they are of marine origin. *Philosophical Transactions of the Royal Society of London*, 1, p. 39-81, 1839.

_____. *On the origin of species*. London: Murray, 1859.

DE CANDOLLE, A. P. Géographie botanique. *Dictionaire des Sciences Naturelles*. Paris: s/n, 1820. v. 18, p. 359-422.

DE LA BECHE, H. & CONYBEARE, W. Notice of the discovery of a new fossil animal, forming a link between the ichthyosaurus and the crocodile; together with general remarks ont the osteology of the ichthyosaurus. *Transactions of the Geological Society of London*, 5, p. 559-94, 1821.

DE LUC, J.-A. *Lettres physiques et morales sur les montagnes et sur l'histoire de la terre et de l'homme: addresées à la Reine de la Grande-Bretagne*. La Haye: Detune, 1778.

_____. *Lettres physiques et morales sur les montagnes et sur l'histoire de la terre et de l'homme: addresées à la reine de la Grande-Bretagne*. La Haye: Detune, 1779. v. 1.

_____. Vingt-sixième lettre de M. De Luc a M. Delamethérie, sur l'origine des sables superficiels et sur celle de nos continens, origine de la végétation sur ces continens, et des aterrissemens qui les étendent. *Observations sur la Physique, sur l'Histoire Naturelle et les Arts*, 41, p. 221-39, 1792.

DESHAYES, G. P. Tableau comparatif des espèces de coquilles fossiles des terrains tertiaires de l'Europe, et des espèces de fossiles de ces terrains entr'eux. *Bulletin de la Société Géologique de France*, 1, p. 185-9, 1831.

DESNOYERS, J. Mémoire sur la craie, et sur les terrains tertiaires du contentin. *Mémoires de la Société d'Hisotire Naturelle de Paris*, 2, p. 176-248, 1825.

DESROVHERS, P. C. Nécrologe de 1832, ou notices historiques sur les hommes le plus marquans tant en France que dans l'étranger, morts pendant l'année 1832. Paris: L'Auteur-Editeur, 1833.

DOLOMIEU, D. G. Mémoire sur les pierre composées et sur les roches. *Observations sur la Physique, sur l'Histoire Naturelle et les Arts*, 39, p. 374-407, 1791.

_____. Discours sur l'étude de la géologie, prononcé par Déodat Dolomieu, membre de l"Institut National, à l'ouverture de son cours sur le gisement des minéraux, comencé en ventose de l'an 5. *Journal de Physique, de Chimie, d'Histoire Naturelle et des Arts*, 45, p. 256-72, 1797.

D'ORBIGNY, A. *Cours élémentaire de paléontologie et de géologie stratigraphiques*. Paris: Victor Masson, 1839. v. 1.

_____. *Paléontologie française. Description zoologique de tous les animaux mollusques et rayonnés fossiles de France*. Paris: L'Auteur, 1840. v. 1.

_____. *Prodrome de Paléontologie stratigraphique universelle des animaux mollusques et rayonnés, faisant suite au cours élémentaire de Paléontologie et Géologie stratigraphiques*. Paris: Victor Masson, 1850. v. 1.

DURIS, P. "L'enseignement de l'histoire naturelle dans les écoles centrales (1795-1802). *Revue d'Histoires des Sciences*, 9, 1, p. 23-52, 1996.

DUVERNOY, G. L. *Notice historique sur les ouvrages et la vie de M. le Baron Cuvier*. Paris: Levrault, 1833.

EDWARDS, W. *The early history of palaeontology*. London: British Museum, 1967.

EYLES, J. M. William Smith: some aspects of his life and work. In: SCHNEER, C. J. (Ed.). *Toward a history of geology*. Massachusetts: MIT Press, 1969. p. 142-58.

FARICHILD, T; TEIXEIRA, W & BABINSKI, M. Em busca do passado do planeta: tempo geológico. In: TEIXEIRA, W.; TOLEDO, M.; FAIRCHILD, T. & TAIOLI, F. (Org.). *Decifrando a Terra*. São Paulo: Oficina de Textos, 2000. p. 305-26.

FAREY, J. Geological remarks and querries on messrs Cuvier and Brongniart's memoir on the mineral geography of the environs of Paris. *Philosophical Magazine*, 35, p. 113-39, 1810.

FARIA, F. F. A. Condições de existência: uma constrição para a plenitude das formas. In: MARTINS, L., et al. (Ed.). *Filosofia e História da Biologia 2 – Seleção de trabalhos do V Encontro de Filosofia e História da Biologia*. São Paulo: Fundo Mackenzie de Pesquisa, 2007. p. 179-90.

_____. O paradigma de Cuvier. In: MARTINS, R. A. et al. (Ed.). *Filosofia e história da ciência no cone sul – seleção de trabalhos do 5º encontro*. Campinas: Associação de Filosofia e História da Ciência do Conesul, 2008. p. 163-71.

_____. Peter Lund e o questionamento do catastrofismo. *Filosofia e História da Biologia*, 3, p. 139-56, 2008.

_____. Discussões de Lazzaro Spallanzani sobre a origem e a constituição dos fósseis. *Filosofia e História da Biologia*, 5, p. 73-95, 2010.

FISCHER, P. Note sur la vie et les travaux d'Alcide D'Orbigny. *Bulletin de la Société Géologique de France*, 3, 6, p. 434-53, 1878.

FOUCAULT, A. & RAOULT, J. F. *Dictionnaire de géologie*. Paris: Dunod, 2005.

FLOURENS, M. J. P. *Analyse raisonnée des travaux de Georges Cuvier, precede de son éloge historique*. Paris: Paulin, 1841.

_____. *Recueil des éloges historiques lus dans les séances publiques de l'Académie des sciences*. Paris: Garnier Frères, 1856.

GAUDRY, A. Alcide D'Orbigny: ses voyages et ses travaux. *Revue des Deux Mondes*, 19, p. 816-47, 1859.

_____. *Les ancêtres de nos animaux dans le temps géologiques*. Paris: Baillière, 1888.

_____. *Essai de paléontologie philosophique*. Paris: Masson, 1896.

GEIKIE, A. *The founders of geology*. London: Johns Hopkins Press, 1901.

GILLISPIE, C. C. *Science and politic in France: the revolutionary and napoleonic years*. Princeton: Princeton University Press, 2004.

GORDON, E. B. The life and correspondence of William Buckland. London: John Murray, 1894.

GRAINVILLE, A. B. *The Royal Society in the xix century, being a statistical summary of its labours during the last thirthy-five years*. London: Impresso pelo Autor, 1836.

GUILLO, D. *Les figures de l'organisation*. Paris: Presses Universitaires de France, 2003.

HALLAM, A. *Grandes controvérsias geológicas*. Barcelona: Labor,1985.

HATIN, E. *Blibliographie historique et critique de la presse périodique française*. Paris: Firmin Didot, 1866.

HOMBRES-FIRMAS, L. A. Notice sur les ossemens humain fossiles. *Journal de Physique et de Chimie, d'Histoire Naturelle et des Arts*, 92, p. 227-33, 1821.

HOME, E. Some account of the fossil remains of an animal more nearly allied to the fishes than to any of the classes of animal. *Philosophical Transactions of the Royal Society of London*, p. 571-7, 1814.

_____. Some farther account of the fossil remains of an animal, of wich a description was given to the Royal Society in 1814. *Philosophical Transactions of the Royal Society of London*, p. 318-21, 1816.

_____. Additional facts respecting the fossil remains of an animal, on the subject of which two papers have been printed in the Philosophical Transactions, showing that the bones of the sternum resemble those of the *ornithorhynchus paradoxus*. *Philosophical Transactions of the Royal Society of London*, p. 24-32, 1818.

_____. An account of the fossil skeleton of the proteosaurus. Reasons for giving the name proteo-saurus to the fossil skeleton which has been described. *Philosophical Transactions of the Royal Society of London*, p. 214-6, 1819.

HOMO, S. On Jameson's preface to Cuvier's theory of the earth. *Philosophical Magazine*, 46, p. 225-9, 1815.

HOUAISS, A. I. *Dicionário Eletrônico (CD-Rom)*. Rio de Janeiro: Objetiva, 2001.

HUMBOLDT, A. Extract des lettres de M. A. de Humboldt. *Journal de Physique et de Chimie, d'Histoire Naturelle et des Arts*, 57, p. 190-200, 1803.

HUNTER, W. Observations on the bones, commonly supposed to be elephant bones, which have been found near the river Ohio, America. *Philosophical Transactions of the Royal Society of London*, 58, p. 34-45, 1769.

HUOT, J. J. Observations sur le banc de Grignon, sur le calcaire renfermant les végétaux, et sur les couches supérieurs de cette localité. *Annales des Sciences Naturelles*, 3, p. 68-9, 1824.

HUTTON, J. *Theory of the earth, with proofs and illustrations*. London: Cadell, Junior & Davie, 1795. v. 1.

HUXLEY, T. H. *Evidence as to man' place in nature*. New York: Appleton, 1863.

_____. On the animals wich are most nearly intermediate between birds and reptiles. *The Annals and Magazine of Natural History*, 2, 4, p. 66-75, 1868.

INSTITUT de France, *Procès-verbaux des séances de l'Académie, tenues depuis la fondation de l'Institut jusqu'au mois d'août 1835 (1800-1804)*. Hendaye: Observatoire d'Abbadia, 1912. v. 2.

_____. *Procès-verbaux des séances de l'Académie, tenues depuis la fondation de l'Institut jusqu'au mois d'août 1835 (1804-1807)*. Hendaye: Observatoire d'Abbadia, 1913a. v. 3.

_____. *Procès-verbaux des séances de l'Académie, tenues depuis la fondation de l'Institut jusqu'au mois d'août 1835 (1808-1811)*. Hendaye: Observatoire d'Abbadia,1913b. v. 2.

_____. Procés-verbaux des séances de l'Académie, tenues depuis la fondation de l'Institut jusqu'au móis d'août 1835 (1828-1831). Hendaye: Observatoire d'Abbadia, 1921. v. 9.

GORDON, L. H. D. Jacques-Louis, comte de Bournon. In: LEWIS, C. L. E. & KNELL, S. J. (Ed.). *The making of Geological Society of London*. London: Geological Society, 2009. p. 105-13.

JAHN, M. E. Some notes on Dr. Scheuchzer and on *Homo diluvii testis*. In: SCHNEER, C. J. (Ed.). *Toward a history of geology*. Cambridge, MIT Press, 1969. p. 192-213.

JAMESON, R. *Essay on the theory of the earth by M. Cuvier, with mineralogical notes and an account of Cuvier's geological discoveries by Professor Jameson*. London: William Blackwood, 1817.

JAUSSAUD, P. & BRYGOO, É. R. *Du jardin au muséum en 516 biographies*. Paris: Publications Scientifiques du MNHN, 2004.

JEFFERSON, T. A memoir on the discovery of certain bones of a quadruped of the clawded kind in the western parts of Virginia. *Transactions of the American Philosophical Society*, 4, p. 246-60, 1799.

KÖNIG, C. On fossil human skeleton from Guadaloupe. *Monthly Magazine, or British Register*, 38, 2, p. 352-5, 1814.

KUHN, T. *The structure of scientific revolutions*. Chicago: University of Chicago Press, 1962.

_____. *A estrutura das revoluções científicas*. São Paulo: Perspectiva, 2003.

LAMANON, R. P. Des divers fossiles trouvés dans les carrières de Montmartre, près Paris, e vues générales sur la formation des pierres gypseuses. *Observations sur la Physique, sur l'Histoire Naturelle et sur les Arts*, 19, p. 173-94, 1782.

LAMARCK, J. B. P. A. *Philosophie zoologique*. Paris: Dentu, 1809. v. 1.

LA MÉTHERIE, J. C. Idées de Werner sur quelques points de la géognosie: extraits de ses conversations. *Journal de Physique, de Chimie, d'Histoire Naturelle et des Arts*, 55, p. 443-50, 1802.

_____. Discours préliminaire (An 1810). *Journal de Physique, de Chimie, d'Histoire Naturelle et des Arts*, 70, p. 5-128, 1810.

LA ROCQUE, A. Bernard Palissy. In: SCHENEER, C. J. (Ed.). *Toward a history of geology*. Cambridge: MIT Press, 1969. p. 226-41.

LAROUSSE, *Lexis Larousse de la langue française*. Paris: Larousse, 2002.

LARTET, E. Note sur les ossements des terrains tertiares de Simorre, de Sansan, etc., dans le département du Gers, et sur la découvert te d'une mâchoire de singe fossile. *Comptes Rendus Hebdomadaires des Seances de l'Académie des Sciences*, 4, p. 85-93, 1837.

_____. Sur les migrations anciennes des mamifères de l'époque actuelle. *Comptes Rendus Hebdomadaires des Seances de l'Académie des Sciences*, 46, p. 409-14, 1858.

LAURENT, G. Albert Gaudry et la paléontologie évolutive. In: BLANCKAERT, C. et al. (Ed.). *Le muséum au premier siècle de son histoire*. Paris: Muséum National d'Histoire Naturelle, 1997. p. 295-312.

LAVOISIER, A. Observations générales, sur les couches modernes horizontales, qui ont été déposées par la mer, et sur les conséquences qu'ont peut tirer de leurs dispositions, relativement à la ancienneté du globe terrestre. *Histoire de l'Académie des Sciences (Année 1789)*, p. 351-71, 1793.

LEE, M. *Mémoires du Baron Georges Cuvier*. Paris: Fournier, 1833a.

_____. *Memoirs of Baron Cuvier*. London: Longman, 1833b.

LEFRANC, A. *Histoire du Collège de France depuis ses origines jusqu'a la fin du premier empire*. Paris: Hachette, 1893.

LEIBNIZ, G. W. *Protogea*. Tradução e comentários N. Papavero; D. M. Teixeira & M. C. A. Ramos. São Paulo: Plêiade, 1997 [1749].

LEWIS, C. L. E . & KNELL, S. J. (Ed.). *The making of Geological Society of London*. London: Geological Society, 2009.

LUNA FILHO, P. E. *Peter Wilhelm Lund: o auge de suas investigações científicas e a razão para o término das suas pesquisas*. São Paulo, 2007. Tese (Doutorado em História). Faculdade de Filosofia, Letras e Ciências Humanas, Universidade de São Paulo.

LUND, P. W. Segunda memória sobre a fauna das cavernas (1837). In: COUTO, C. P. (Ed.). *Peter Wilhelm Lund: memórias sobre a paleontologia brasileira*. Rio de Janeiro: Instituto Nacional do Livro, 1950a. p. 131-203.

_____. Terceira memória sobre a fauna das cavernas (1838). In: COUTO, C. P. (Ed.). *Peter Wilhelm Lund: memórias sobre a paleontologia brasileira*. Rio de Janeiro: Instituto Nacional do Livro, 1950b. p. 207-50.

_____. Quinta memória. As espécies de carnívoros atuais e fósseis nos planaltos centrais do Brasil tropical (1841). In: Couto, C. P. (Ed.). *Peter Wilhelm Lund: memórias sobre a paleontologia brasileira*. Rio de Janeiro: Instituto Nacional do Livro, 1950c. p. 381-455.

_____. Notícia sobre ossadas humanas fósseis achadas numa caverna do Brasil (1844). In: Couto, C. P. (Ed.). *Peter Wilhelm Lund: memórias sobre a paleontologia brasileira*. Rio de Janeiro: Instituto Nacional do Livro, 1950d. p. 465-88.

_____. Novas observações sobre a antiguidade do homem em Lagoa Santa (1844). In: Couto, C. P. (Ed.). *Peter Wilhelm Lund: memórias sobre a paleontologia brasileira*. Rio de Janeiro: Instituto Nacional do Livro, 1950e. p. 493-8.

Lyell, C. *Principles of geology been an attempt to explain the former changes of the earth's surface, by reference to causes now in operation*. London: John Murray, 1830. v. 1.

_____. *Principles of geology been an inquiry how far the former changes of the earth's surface are referable to causes now in operation*. Londres: John Murray, 1835. v. 3.

_____. *The geological evidences of the antiquity of man, with remarks on theories of the origin of species by variation*. London: John Murray, 1863.

Martins, R. A. et al. (Ed.). *Filosofia e história da ciência no cone sul – seleção de trabalhos do 5º encontro*. Campinas: Associação de Filosofia e História da Ciência do Conesul, 2008.

Mather, K. F. & Mason, S. (Ed.). *Source book in geology*, New York: McGraw-Hill, 1939.

Mauri, A. L. F. *L'ancienne Académie des Sciences*. Paris: Didier, 1864.

Mayor, A. *The first fossil hunters*. Princeton: Princeton University Press, 2000.

Mayr, E. *O desenvolvimento do pensamento biológico*. Brasília: UnB, 1998.

Mulder, E. W. A. Maastricht cretaceous finds and dutch pioneers in vertebrate palaeontology. In: Touret, J. L. R. & Visser, R. P. W. (Ed.) *Dutch pioneers of the earth sciences*. Amsterdam: Royal Netherlands Academy of Arts and Sciences, 2004. p. 165-76.

Neves, W. A.; Powell, J. F.; Prous, A.; Ozolins, E. G. & Blum, M. Lapa vermelha IV hominid I: morphological affinities of the earliest know American. *Genetics and Molecular Biology*, 22, 4, p. 461-9, 1999.

Oakley, K. Folklore of fossils. *Antiquity*, 39, p. 9-16, 117-25, 1965.

Outram, D. (Ed.). *The letters of Georges Cuvier: a sumary calendar of manuscipt and printed materials preserved in Europe, the United States of América, and Australasia*. Lancaster: British Society for the History of Science, 1980.

_____. *Georges Cuvier: vocation, science and authority in post-revolutionary France*. Manchester: Manchester University Press, 1984.

_____. Le Muséum National d'Histoire Naturelle après 1793: institution scientifique ou champ de bataille pour les familles et les groupes d'influence. In: Blanckaert, C. et al. (Ed.). *Le muséum au premier siècle de son histoire*. Paris: Muséum National d'Histoire Naturelle, 1997. p. 25-30.

Owen, R. On the *archaeopterix* of von Meyer, with a description of the fossil remains of a long-tailed species, from the lithographic stone of Soloenhofen. *Philosophical Transactions of the Royal Society of London*, 113, p. 33-47, 1864.

Papavero, N. et al. *História da biologia comparada. Desde o Gênesis até o fim do Império Romano do Ocidente*. Ribeirão Preto: Holos, 2000.

Parkinson, J. Observations on some of the strata in the neighbourhood of London, and of fossil remains contained in them. *Transactions of the Geological Society of London*, 1, p. 324-54, 1811.

Pictet, F. J. *Traité élementaire de paléontologie ou histoire naturelle des animaux fossiles*. Paris: Langlois & Leclerq, 1846. v. 4.

Pinel, P. Nouvelles observations sur la structure et la conformation des os de la tête de l'eléphant. *Observations sur la Pysique, sur l'Hstoire Nturelle et les Arts*, 43, p. 47-60, 1793.

_____. *Traité médico-philosophique sur l'alienation mentale*. Paris: Brosson, 1809.

Plínio, *The natural history*. London: Henry G. Bohn, 1857. 6 v.

Pottier, C. *Le gravettien moyen de l'abri Pataud*. Dordogne, 2005.(Tese Doutorado em Pré-história). Museum Nationelle d'Histoire Naturelle.

Pough, F. H. et al. *A vida dos vertebrados*. São Paulo: Ateneu, 1999.

Pozzi, E. *Les magdaléniens: arts, civilizations, mode de vie, enviroments*. Grenoble: Jérôme Grillon, 2004.

Prinsep, J. (Ed.). Proceedings of the Asiatic Society. *The Journal of the Asiatic Society of Bengal*, 6, 2, p. 890-900, 1837.

Proceedings of learned societies. *Philosophical Magazine*, 46, p. 70-5, 1810.

Purrington, R. D. *The first professional scientist: Robert Hooke, and the Royal Society of London*. New Orleans: Tulane University, 2009.

Quarteley Review (Ed.). Art. x. – 1. Marino Faliero, Dodge of Venice an historical tragedy. – 2. Sardanapalus, a tragedy. – 3. The two Foscari, a tragedy. – 4. Cain, a mistery. *The Quartely Review*, 27, p. 476-524, 1822.

Rozier, A. & Mongez, J. A. Nouvelles literaires: oryctographie de Bruxelles on description de fossiles, tant naturels qu'accidentels découverts jusqu'à ce jour dans les environs de cette ville; par François Xavier Burtin. *Observations sur la Physique, sur la Histoire Naturelle et sur les Arts*, 24, p. 173-4, 1784.

_____. Nouvelles literaires: oryctographie de Bruxelles on description de fossiles, tant naturels qu'accidentels découverts jusqu'à ce jour dans les environs de cette ville; par François Xavier Burtin. *Observations sur la Physique, sur la Histoire Naturelle et sur les Arts*, 26, p. 76-8, 1785.

Rudwick, M. J. S. Charles Darwin in London: the integration of public and private science. *Isis*, 73, p. 186-206, 1982.

_____. *The meaning of fossils: episodes in the history of palaeontology*. Chicago: University of Chicago Press, 1985a.

_____. *The great devonian controversy: the shapping of scientific knowledge among gentlemanly specialists*. Chicago: University of Chicago Press, 1985b.

_____. *Scenes from deep time: early pictorial representations of the prehistoric world*. Chicago: Chicago University Press, 1992.

_____. Cuvier and Brongniart, William Smith, and the reconstruction of geohistory. *Earth Sciences History*, 15, p. 25-36, 1996.

_____. *Georges Cuvier: fossil bones, and geological catastrophes – new translations & interpretations of the primary texts*. Chicago: Chicago University Press, 1997a.

____. Recherches sur les ossements fossiles: Georges Cuvier et la collecte d'alliés internacionaux. In: BLANCKAERT, C. et al. (Ed.). *Le muséum au premier siècle de son histoire*. Paris: Muséum National d'Histoire Naturelle, 1997b. p. 591-606.

____. Georges Cuvier's paper museum of fossil bones. *Archives of Natural History*, 27, p. 51-68, 2000.

____. *Bursting the limits of time: the reconstruction of geohistory in the age of revolution*. Chicago: Chicago University Press, 2005.

SAINT-FOND, F. B. Lettre de Faujas-St-Fond, professeur, administrateur du Muséum National d'Histoire Naturelle, a La Métherie, auteur du Journal de Physique & d'Histoire Naturelle. Sur des dents d'eléphans, d'hippopotamus, et autres quadrúpedes, trouvés à diz-huit pouces de profondeur, dans une carrière, à une lieue à l'ouest de la ville d'Orléans. *Journal de Physique, de Chimie, d'Histoire Naturelle et des Arts*, 45, p. 445-8, 1797.

____. *Histoire naturelle de la montagne de Saint-Pierre de Maestricht*. Paris: Jansen, 1799.

____. *Essay de géologie, ou mémoires pour servir à l'histoire naturelle du globe*. Paris: Patris, 1803a.

____. Sur une grosse dent de requin et sur un écuson fossile de tortue trouvés dans les carrières des environs de Paris. *Annales du Muséum National d'Histoire Naturelle*, 2, p. 103-9, 1803b.

____. Sur deux especes de boeuf dont on trouve les crânes fossiles en Allemagne, en France, en Anglaterre, dans le nord de l'Amérique et dans d'autres contrées. *Annales du Muséum National d'Histoire Naturelle*, 2 p. 188-200, 1803c.

____. Memoir on some rare fossils of Vestena Nova, in the Veronais, not yet described, which were given to the Museum of Natural History at Paris by M. De Gazola. *Philosophical Magazine*, 19, p. 263-7, 1804.

SARJEANT, W. & DELAIR, J. An Irish naturalist in Cuvier's laboratory: the letters of Joseph Pentland 1820-1832. *Bulletin of the British Museum*, 6, p. 245-319, 1980.

SAUSSURE, H. B. *Voyages dans les Alpes, précédés d'un essai sur l'histoire naturelle des environs de Geneve*. Neuchatel: Samuel Fauche, 1779. v. 1.

____. Agenda ou tableau general des observations et des recherches dont les résultats doivent servir de base à la théorie de la terre. *Journal des Mines*, 20, p. 1-70, 1796.

SCHLOTHEIM, E. F. *Die Petrefactenkunde auf ihrem jetzigen standpunkte durch die Beschreibung seiner sammlung versteinerter und fossiler Überreste des Thierund, Pflanzeinreichs der Vorwelt erläutert*. Gotha: Becker'schen, 1820.

____. On the use of fossils in geological investigations (From: *Taschenbuch für die Gesamemte Mineralogie* [1813]). In: MATHER, K. F. & MASON, S. (Ed.). *Source book in geology*, New York: McGraw-Hill, 1939. p. 174-5.

SCHMERLING, P. C. *Recherches sur les ossemens fossiles découverts dans les cavernes de la provence de Liège*. Liège: F. J. Collardin, 1833. v. 1.

____. *Recherches sur les ossemens fossiles découverts dans les cavernes de la provence de Liège*. Liège: Collardin, 1834. 2 v.

Felipe Faria

SCHNEER, C. J. (Ed.). *Toward a history of geology*. Cambridge, MIT Press, 1969.

SCHOBENBENHAUS, C. C. et al. (Ed.). *Sítios geológicos e paleontológicos do Brasil*. Brasília: DNPM (SIGEP), 2002.

SERRES, M. Observations sur les ossemens humains découverts dans les crevasses des terrains secondaires, et en particulier sur ceux que l'on observe dans le caverne de Durfort, dans le department du Gar. *Bibliothèque Universelle des Sciences, Belles-Lettres et Art*, Genebre, 23, p. 277-95, 1823.

_____. Observations générales sur les cavernes à ossemens et les brèches osseuses du midi de la Farance. *Mémoires de la Société Linnéenne de Normandie*, p. 16-58, 1828.

_____. *De la cosmogonie de Moïse comparée aux faits géologiques*. Paris: Lagny, 1859. v. 1.

SIMÕES, M. G. & HOLZ, M. Tafonomia: processos e ambientes de fossilização. In: CARVALHO, I. S. (Ed.). *Paleontologia*. Rio de Janeiro: Interciência, 2000. p. 19-46.

SLOAN, P. R. Le Muséum de Paris vient à Londres. In: BLANCKAERT, C. et al. (Ed.). *Le muséum au premier siècle de son histoire*. Paris: Muséum National d'Histoire Naturelle, 1997. p. 607-34.

SMITH, J. C. *Georges Cuvier: an annoted bibliography of his published works*. Washington: Smithsonian Institution Press, 1993.

SMITH, W. *Strata identified by organized fossils*. London: W. Arding, 1816.

SOCIÉTÉ Géologique de France. *Bulletin de la Société Géologique de France*, 1, 1830--1831.

_____. *Mémoires de la Société Géologique de France*, 1, 1, 1833.

SOULAVIE, J. L. *Histoire naturelle de la France méridionale, ou recherches sur la minéralogie du Vivarais, de l'Auvergn et.de la Provence*. 1781. 4 v. Disponível em: <http://imgbase-scd-ulp.ustrasbg.fr/displayimage.php?album=405&pos =0>. Acesso em: 13 jan. 2011.

SPALLANZANI, L. Observations faites dans l'ile de Cythere en 1785, par Spallanzani, tireés des memoires de la société italienne. *Journal de physique et de chimie,d'histoire naturelle et des arts*, 4, p. 278-83, 1798.

SPRAT, T. *The history of the Royal Society of London for the improving of the natural knowledge*. London: Martin, 1667.

STENO, N. Of solids naturally contained within solids (from The prodromus of Nicolaus Steno's dissertation concerning a solid body enclosed by process of nature within a solid [1671]). In: MATHER, K. F. & MASON, S. (Ed.). *Source book in geology*. New York: McGraw-Hill, 1939. p. 33-44.

TAQUET, P. The earliest known restauration of a pterosaur and the philosophical origins of Cuvier's *Ossemens fossiles*. *Comptes rendus Palevol*, 3, p. 157-75, 2004.

_____. *Georges Cuvier: naissance d'un génie*. Paris: Odile Jacob, 2006.

TASSY, P. *L'invention du mastodonte*. Paris: Belin, 2009.

THOMSON, T. *History of the Royal Society, from its institution to the end of the eighteenth century*. London: Robert Baldwin, 1812.

TOURET, J. L. R. & VISSER, R. P. W. (Ed) *Dutch pioneers of the earth sciences*. Amsterdam: Royal Netherlands Academy of Arts and Sciences, 2004.

Tournal, P. Note sur deux cavernes à ossemens, découvert à Bire [sic.], dans les environs de Narbonne. *Annales de Sciences Naturelles*, 12, p. 78-82, 1827.

_____. Note sur la caverne de Bize près Narbonne. *Annales de Sciences Naturelles*, 15, p. 348-51, 1828.

_____. Considerations théoriques sur les cavernes à ossemens de Bize, prés Narbonne (Aude), et sur les ossemens humains confundus avec des restes d'animaux appartenant à des espèces perdues. *Annales de Sciences Naturelles*, 18, p. 242-58, 1829.

_____. Considérations générales sur le phénomène des cavernes à ossemens. *Annales de Chimie et Physique*, 52, p. 161-81, 1833.

_____. Catalogue du musée de Narbonne et notes historiques sur cette ville. Narbonne: Emmanuel Caillard, 1864.

Viènot, J. *Georges Cuvier: le Napoléon de l'intelligence*. Paris: Fischbacher, 1932.

Wagner, A. An excerpt from tortoises and saurians from litographic limestone (Source: Schildkröten und Saurier aus dem lithographischen Schiefer [1861]). In: Weishampel, D. B. & White, N. M. (Ed.). *The dinosaur papers 1676-1906*. Washington: Smithsonian Books, 2003. p. 271-5.

Webster, T. On the freshwater formations in the Isle of Wight, with some observations on the strata over the Chalk in the south-east part of England. *Transactions of the Geological Society*, 2, p. 161-254, 1814.

Weishampel, D. B. & White, N. M. (Ed.). *The dinosaur papers 1676-1906*. Washington: Smithsonian Books, 2003.

Woodward, H. B. *The history of the geological society of London*. London: Longmans, Green & Company., 1908.

Woodward, J. *An essay towards a natural history of the earth, and terrestrial bodyes, especialy minerals: as also of the sea, rivers and springs. With an account of the universal Deluge: and of the effects that it had upon the earth*. London: Bettesworth & Taylor, 1723.

Zittel, K. A. R. *History of geology and palaeontology: to the end of the 19th century*. London: Walter Scott, 1901.

Índice de termos

Índice de autores

Este livro foi composto em filosofia
e impresso em papel pólen 80 g/m²
na Prol Editora Gráfica
em fevereiro de 2012